从青岛走向世界

——青岛市头脑奥林匹克活动10周年

刘海军 主编

中国海洋大学出版社

·青岛·

图书在版编目（CIP）数据

从青岛走向世界: 青岛市头脑奥林匹克活动10周年 / 刘海军主编. —青岛: 中国海洋大学出版社, 2015.3
ISBN 978-7-5670-0844-1

Ⅰ.①从⋯ Ⅱ.①刘⋯ Ⅲ.①智力测验 – 竞赛 – 概况 – 青岛市 Ⅳ.①G449.4

中国版本图书馆CIP数据核字（2015）第043229号

出版发行	中国海洋大学出版社		
社　　址	青岛市香港东路23号	邮政编码	266071
出 版 人	杨立敏		
网　　址	http://www.ouc-press.com		
电子信箱	youyuanchun67@163.com		
订购电话	0532-82032573（传真）		
责任编辑	由元春	电　　话	0532-85902495
装帧设计	青岛乐道视觉创意设计工作室		
印　　制	青岛新华印刷有限公司		
版　　次	2015年5月第1版		
印　　次	2015年5月第1次印刷		
成品尺寸	170 mm × 240 mm 1/16		
印　　张	31.25		
字　　数	406千		
定　　价	87.00元		

编委会

主　任：刘海军

副主任：聂麦花　边毅纯　孙树珍

成　员：邱晓宁　李　蔚　周　杰

（以下按姓氏笔画排列）

王冠峰　任敦厚　张　涌　张文进　郝　光

徐永俊　徐爱真　徐　华　袁淑萍　温燕生

主　编：刘海军

副主编：（按姓氏笔画排序）

李　蔚　邱晓宁　周　杰　聂麦花

架科学虹桥 启创造大门

郑守仪

中国科学院院士、青岛市少年科学院顾问郑守仪题词

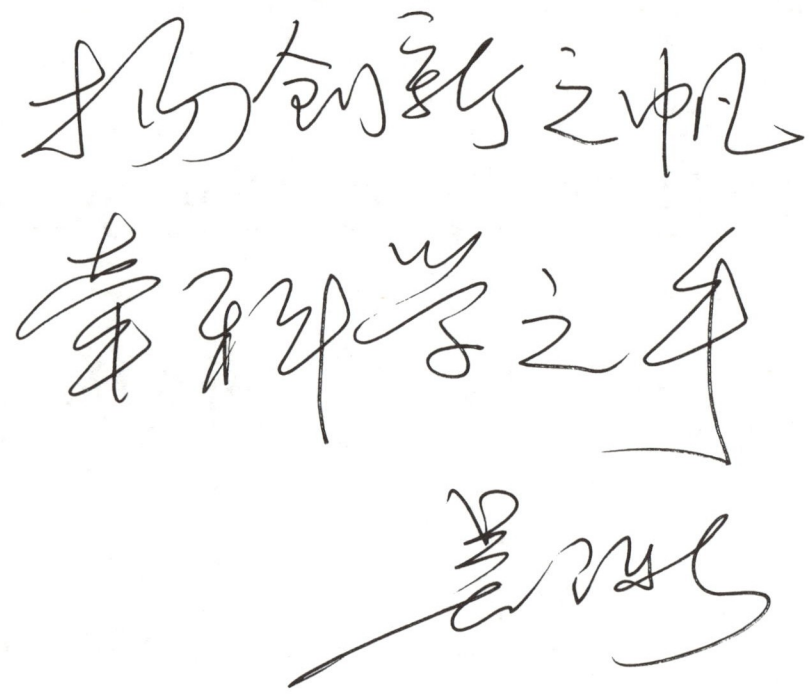

中国科学院院士、中国海洋大学教授吴立新题词

It is my privilege to send my note of recognition and appreciation to the Qingdao Youth Academy of Sciences. The international Odyssey of the Mind c "OM" munity is proud of the support given to the program by the Qingdao Youth Academy of Science as demonstrated in presenting a world class program in Qingdao city and the Shandong province. We celebrate the first ten years of a wonderful relationship and look forward to many more years of a great Odyssey of the Mind program for the students in Qingdao city and across the entire Shandong province. Congratulations to the China Odyssey of the Mind and its many supporters.

Kind regards,

Samuel C. Micklus

世界头脑奥林匹克协会主席米克卢斯贺信

山东省委常委、青岛市委书记李群为崂山区实验小学取得世界第三十四届头脑奥林匹克决赛冠军致信祝贺

贺　信

崂山区实验小学代表队的小朋友们:

在"六一"国际儿童节即将到来之际,得知你们作为青岛少年儿童的代表,在世界第34届头脑奥林匹克决赛上,勇夺小学组"翻滚的结构"竞赛项目世界冠军,我由衷地为同学们感到骄傲和高兴,谨向参赛选手表示热烈的祝贺!向全市的小朋友们致以节日的问候!

想象和创造是少年儿童的天性,每一个孩子都是天生的发明

家。你们积极参加国际性的青少年科技创新比赛,并取得这样的佳绩,必将激励全市的孩子们在学习和生活中独立思考、发挥潜能,养成多动脑、多动手、勤学善思的好习惯,在创新创造中快乐地成长,为充满希望的人生打好素质基础。

  小朋友们,你们就像冉冉升起的太阳、含苞欲放的花朵,代表着未来和希望,寄托着家庭、社会和国家的梦想。希望你们从小立志向、有梦想,爱学习、爱劳动、爱祖国,德智体美全面发展,勇于追求和实现自己的梦想,成为实现中国梦的栋梁之才。

  让孩子们成长得更好,是我们最大的心愿。希望全社会都能担当责任,营造氛围,创造机会,齐心协力,关心和保护少年儿童权益,努力为孩子们学习成长提供良好条件和环境。

  愿你们追逐幸福、放飞梦想,拥有精彩的人生!

山东省委常委、青岛市委书记
李　群
2013 年 6 月 1 日

中国上海头脑奥林匹克协会
Shanghai China Odyssey of the Mind Association

地址：中国上海长宁路491弄36号　邮编：200050　电话：86-21-62513995　传真：86-21-62525560　网址：www.omchina.org　E-mail：omchina@163.com

青岛市少年科学院：

  在青岛开展"OM"活动十周年之际，我谨代表世界头脑奥林匹克中国区组委会和中国上海头脑奥林匹克协会向你们表示诚挚的感谢和热烈的祝贺！

  过去十年，在你们的辛勤努力下，"OM"在青岛生根、发芽、开花，结出了丰硕的成果。未来十年，"OM"必将在青岛根深叶茂，成为参天大树。让我们携手合作，共同努力，培养青少年的创造力，实现美好的中国梦。

世界头脑奥林匹克中国区执行主席

陈伟新

2014 年 1 月

【前言】Preface

创新是一个民族的灵魂,对广大青少年创造力的培养在当今显得尤为重要。联合国教科文组织在《学无止境》的报告中指出:"全球问题千头万绪,但人类面临的最大问题是怎样开发人的创造力,发挥人的潜能,提高人类解决复杂问题的能力,以消除人类在对付全球性问题方面的差距。在未来的挑战面前,人类已不能依靠有限的资源、能源,也难以依靠历史的经验,只有抓住'创造'这个关键,通过发明创造,才能取得突破。"

时光荏苒,我们迎来了青岛市头脑奥林匹克活动十周年。2004年,青岛市少年科学院将头脑奥林匹克这项国际创造力比赛引入青岛,在市教育局以及全市大中小学的大力支持下,头脑奥林匹克活动经过十年的发展,已在青岛本土生根发芽、开花结果。十年间,头脑奥林匹克活动以培养学生的创新精神与团队精神为己任,将动脑与动手、科学与艺术、自然与社会紧密结合,充分展示学生的科学素养,彰显出这项赛事的独特魅力。十年间,头脑奥林匹克活动在青岛已具有了时代的特质和城市的气息,开启了青岛科技教育的创新之路,受到了全市中小学生的热烈欢迎。

十年来,青岛市少年科学院坚持做好头脑奥林匹克活动的普及、创新、提高、发展,在全市中小学校普及头脑奥林匹克活动理念,提高了广大中小学校的参与热情；借鉴国际赛事，因地制宜，结合实际，融入青岛海洋特色；建立完备的创新机制，提高全市比赛水平。十年来，青岛市少年科学院积极争取政策支持，组织教师培训，建立选拔机制，成立专家团队，不断搭建创新教育的平台。在比赛中探索，在实践中超越，青岛市头脑奥林匹克活动已走向全国、迈向世界，迸发出蓬勃的生机与活力。2004年，我市首次参与头脑奥林匹克活动的学校仅有30余所300多人，2014年青岛市第10届头脑奥林匹克竞赛，参与学校达到186所，近2000人，上至大学生，下至幼儿园儿童均热情参与这项赛事，参加全国与世界比赛的获奖数量更是呈倍数攀升。

十年来，青岛市头脑奥林匹克活动硕果累累。2010年青岛市参赛队一举取得全国头脑奥林匹克竞赛第一名，从此走出青岛，走向全国；2011年青岛市参赛队的综合成绩开始超越北京、南京、成都等城市，开始走出国门，首次赴美参加世界决赛；2013年赴美国参加世界决赛，夺得世界头脑奥林匹克竞赛桂冠，登上了该项活动的世界之巅；2014年，青岛市参赛队在全国头脑奥林匹克竞赛中荣获14个一等奖，占全国一等奖总数量的1/3，成为全国一等奖获奖比率最高的城市，并在世界比赛中取得一金一铜的历史最好成绩。灿烂的奖牌展示了青岛市中小学生的创新活力，头脑奥林匹克活动让青岛市的中小学生走出国门，鸿鹄展翅，收获丰硕。

在这本书里，我们收录了青岛市、全国和世界头脑奥林匹克活动的部分题目、优秀参赛案例、特色学校活动经验及参赛师生的体验感悟等内容。这本书既是青岛市头脑奥林匹克活动十年成果的展示，更是青岛市中小学科技教育不断创新提高的历程写照，可为广大学校暨科技辅导教师开展头脑奥林匹克竞赛活动提供有益的借鉴。

编　者

2015年3月

第一章 头脑奥林匹克简介

第一节 什么是头脑奥林匹克 / 3

第二节 头脑奥林匹克在中国 / 7

第三节 青岛市头脑奥林匹克蓬勃开展 / 9

第二章 头脑奥林匹克活动规则

第一节 长期题规则 / 19

第二节 即兴题规则 / 28

第三章 头脑奥林匹克活动经典赛题

第一节 头脑奥林匹克竞赛长期题选录 / 39

第二节 头脑奥林匹克即兴题选登 / 83

第三节 青岛市历届头脑奥林匹克竞赛赛题 / 108

第四章 头脑奥林匹克活动解题案例

《古典——发现宝藏》解题案例·少年科学院院士参赛队 / 199

《食物法庭》解题案例·青岛市城阳区第二实验小学 / 206

《古典导游》解题案例·青岛市崂山区实验小学 / 214

《神秘的科学》解题案例·青岛市第五十中学 / 225

《奥德赛天使》解题案例·青岛市第二十三中学 / 233

《翻滚的结构》解题案例·青岛市崂山区实验小学 / 244

《古典——艺术建筑：音乐剧》解题案例·青岛市太平路小学 / 255

《宠物计划》解题案例·青岛市第七中学 / 265

《不同寻常的鬼屋》解题案例·青岛市宁夏路第二小学 / 272
《叠加的结构》解题案例·青岛市崂山区实验小学 / 279

第五章　参赛感悟

第一节　学校篇 / 291
"OM",我们不仅仅当它是一场比赛·青岛市市南区少年宫 / 291
就这样走向美国·青岛市宁夏路第二小学 / 300
体验"头脑奥赛"的"三种境界"·青岛市太平路小学 / 307
筑梦天山,续梦"头奥"·青岛市天山小学 / 314
尚美科技　创意飞扬·青岛市莱芜一路小学 / 319
"OM"点燃创想校园·青岛市市北区第二少年宫 / 323
携手并进　再创辉煌·青岛市第五十中学 / 329
展开想象翅膀　放飞创新梦想·青岛市崂山区实验小学 / 337
"头脑奥林匹克"引领学校科技教育发展·青岛市普集路小学 / 344
共享创意的盛宴·青岛市顺兴路小学 / 349
让梦想从这里起飞·青岛市平安路第二小学 / 354
快乐　创新　挑战·青岛市寿光路小学 / 358
创造力,让校园更美好·青岛市大名路小学 / 361
扬创新之帆　启智慧之门·青岛市嘉定路小学 / 366

第二节　教师篇 / 371
攻坚克难　别样精彩·纪海燕 / 371
民族的,才是世界的!·管宏丽 / 374
"OM"竞赛——挑战你的思维极限·朱华梅 / 378
触摸"OM"　感受创新与协作·王宝秋 / 383
在合作中创新·马田雨 / 386
无悔头脑奥林匹克·彭蔚 / 389
与"OM"对话——培养学生的创造力与团队合作能力·修文菁 / 392
探究　创造　合作　发展·张丽丽 / 395

如何指导学生参加"头脑奥赛"·袁淑萍 / 399

"头脑奥赛"历程体验·王莉丽 / 404

赴美参赛日记·张燕 / 409

"头脑奥赛"感悟·陈杰　朱丽娜 / 414

头脑奥林匹克参赛随笔·周杉 / 419

第三节　学生篇 / 423

世界"头脑奥赛",我们来了·郝欣 / 423

难忘,那次击掌·孙明钰 / 428

"OM"竞赛,梦想的舞台·李晓琦 / 431

参赛比获奖更重要·张嘉琦　王佳凝 / 434

头脑的风暴　头脑的洗礼·张昊哲 / 437

快乐,不仅是一瞬间的·郑柏楠 / 441

一次难忘的经历·黄飞翔 / 443

"头脑奥赛"赛后感·耿逸尘 / 446

动手动脑　创造精彩·冯羽轩　刘汉霖 / 449

附录：历届头脑奥林匹克竞赛青岛市获奖学校

Part 1

头脑奥林匹克简介

第一节
什么是头脑奥林匹克 p3

第二节
头脑奥林匹克在中国 p7

第三节
青岛市头脑奥林匹克蓬勃开展 p9

第一节
什么是头脑奥林匹克

　　头脑奥林匹克(简称"OM")是一项青少年创造力的竞赛,现在已成为国际上颇具知名度的培养青少年创造力的活动。头脑奥林匹克竞赛于1976年由美国新泽西州葛拉斯堡罗州立学院教授Samuel Micklus先生发起,从1978年开始,每年在美国举行一次世界性决赛。目前,中国大陆、美国、俄罗斯、英国、德国、日本、加拿大、澳大利亚、中国台湾地区、中国香港地区等30多个国家和地区开展这一活动。

　　创造力培养是头脑奥林匹克的核心。它不仅要求学生有全新的解决问题思路,而且还要有把思路变成现实的本领,旨在培养高素质、综合性的人才。头脑奥林匹克不同于一般的智力竞赛,它不同于学科奥林匹克竞赛,也不是问答类的智力竞赛,而是一种全新的创造力比赛,倡导动脑与动手结合、社会科学与自然科学结合、科学与艺术结合。它的赛题非常有趣,没有最终、唯一、标准的答案。

　　每年9月,世界头脑奥林匹克协会发布英文版竞赛长期题,参与活动的学校需要申请成为头脑奥林匹克协会的会员单位,会员单位可以得到长期题,参加竞赛。次年的5月中下旬,世界头脑奥林匹克决赛将在美国各州立大学轮流举行,现已举办35届。

头脑奥林匹克活动,是开发创造力的崭新形式。世界头脑奥林匹克之友协会前主席威廉·琼斯先生把头脑奥林匹克活动的宗旨归纳为十条原则,具体内容如下。

(1)团体努力

头脑奥林匹克竞赛的首要原则是团体努力、相互合作。所有的竞赛活动都是以队为单位来完成的。一个队是一个整体,在活动的全过程中都要体现团队精神。长期题的选择、解题方案的讨论、装置和道具的制作等工作都由大家一起完成。只有集中大家的智慧,才能完成一个最佳方案。每个队员在队中的表现,都将影响整个队的成绩,因此,团体合作至关重要。

(2)发散思维

发散思维又叫求异思维,是沿不同的方向去探求多种答案的思维形式,发散思维是创造性思维的核心。在解答头脑奥林匹克长期题和即兴题的时候,应该鼓励队员学会发散思维,学会创造性的解题方法,只有这样才有可能取得高分。

(3)独立解题

头脑奥林匹克要求竞赛者自己想出解题的方法。解题需要的装置、道具、布景、服装等都需要队员们自己规划、自己设计、自己制作;头脑奥林匹克活动的内容禁止一切成人协助(除非题目另有规定),教师、家长不能替代队员完成上述任何一项课题,或者帮助队员完成部分作品,否则都将被看成违反竞赛精神,并将受到扣分的处罚。

(4)人人出力

头脑奥林匹克认为人人都有创造的潜力,只是一些人没有意识到。头脑奥林匹克竞赛为每个队员提供了一把打开创造潜力之门的钥匙。让每个队员的创造性都得到尽情发挥,鼓励队员想出各种各样的主意。

严禁任何议论和嘲笑。让每个队员的思维都能像脱缰的野马自由驰骋，即便是荒谬的主意，也应让队员讲，有时在荒谬中会孕育出新的思想、新的方法。鼓励与众不同的答案，这可能就是一种创造。

（5）学得愉快

头脑奥林匹克特别强调趣味性，使队员学得愉快、学得生动、学得主动。通过头脑奥林匹克课外活动，促进队员增加对学校课堂教学的兴趣。头脑奥林匹克对长期题和即兴题进行了精心设计，长期题的内容涉及人们感兴趣的问题，如旅游、车辆、建筑、考古、广告、买卖等。同时，还为队员提供了许多为解决这些问题而开展的丰富多彩的活动。通过这些形式多样、生动活泼的活动，队员们还可以学习并了解到文学、戏剧、历史、音乐、数学、物理、化学等方面的相关知识，还可以学到服装设计、广告制作等方面的本领。

（6）正面鼓励

在队员们进行解题时，所有的主意都应该得到鼓励，不允许有任何批评。头脑奥林匹克强调正面鼓励，使所有参赛队员处于一种轻松的、无拘无束的状态，让大家能消除种种顾虑，大胆启发，从而激励出更新的、更合理的思想。一些科学家在创造发明的时候，也往往采用这种方法。

（7）正确引导

青少年的精力旺盛，如果不加以正确引导，有时会形成破坏性的力量。头脑奥林匹克为之提供了具有挑战性的题目，来吸引广大队员参加，所有的题目都没有刻板的、固定的答案。每个队员都可以自由发挥。题目所涉及的领域异常宽广，向队员希望发展的任何方向开放。头脑奥林匹克的目标是培养队员的创造力，使他们的聪明才智得到充分发掘，使他们有用武之地，感受到自身的价值。

（8）鼓励差生

学习成绩差的队员，往往被人瞧不起，被排斥在许多活动之外。然而，一些成绩差的队员走上社会后，却作出了杰出的贡献。科学研究证明，创造力与学习成绩、智商并不完全成正比。头脑奥林匹克认为，学习成绩的好坏对于参赛并不重要，鼓励差生参加头脑奥林匹克活动，使他们也有崭露头角的机会，使他们有成功感，进而发掘所有队员的创造潜力。

（9）从小抓起

为了从小培养学生对创造的兴趣，培养未来的头脑奥林匹克队员，头脑奥林匹克为8岁以下的幼儿设立一个年龄分组，为他们设计了一套初级题，用作训练和表演，使他们也分享到创造的乐趣，为他们今后参加头脑奥林匹克竞赛打下基础。

（10）广交朋友

学校的头脑奥林匹克队员往往来自各个班级，在地区竞赛或头脑奥林匹克夏令营中，大家又来自于不同的学校、不同的年级，这给大家创造了一个交往的机会。通过头脑奥林匹克活动，大家可以广交朋友。

第二节
头脑奥林匹克在中国

我国从 1988 年开始在上海开展头脑奥林匹克活动。中国现已成为美国之外头脑奥林匹克参与单位最多的国家。全国有十多个省市组织开展了这一活动，每年 2 月底、3 月初在上海举办中国区头脑奥林匹克选拔赛，在比赛中取得冠军的学校才能有资格参加世界头脑奥林匹克决赛。

截至 2013 年底，我国在世界头脑奥林匹克竞赛中获得 37 个冠军，展示了我国中小学生优秀的科学素养与实践能力。

2013 年 2 月 18 日，《中国教育报》报道：上海交大自主招生的试题，主要侧重于考查创新潜质、创新思维和创新实践。"请写一个科幻型、富有创意的微型小说"，"请设想一个发明，把创新法则用于日常生活中。比如把现有物品进行上下、左右、前后颠倒，变高射炮为打桩机；对现有事物进行扩展，变电炉为电热毯等"，"手机为什么是长方形的？请设计 3 款创新形状的手机，并说明各自的优点"，等等。

针对这些问题，考生们给出的回答精彩异常、创意十足。创新法则的应用有："马克杯 + 搅拌棒"可以成为自动搅拌杯；暖宝宝的原理也可以用来清除北方城市道路上的积雪;仿照植物的趋光性可以制作自动寻找光源的太阳能板;用瞳孔控制电脑图像的大小;防尘口罩加净水设备制造出恒温面罩;钢琴键与键盘相连,将文章变成音乐……

以上题目我们在头脑奥林匹克活动中会经常遇到。打破思维定式,培养创新思维,是头脑奥林匹克活动的内涵。头脑奥林匹克活动不仅符合素质教育的精神,而且融趣味性、知识性于一体,是中小学创新思维教育的有效载体。同时,头脑奥林匹克活动提倡的诚信、团队合作、不怕失败、重在参与的精神,也与德育教育的要求不谋而合。头脑奥林匹克活动在我国开展20多年来,受到了各级领导、专家的亲切关怀和大力支持。

第三节
青岛市头脑奥林匹克蓬勃开展

2013年10月26日,青岛市第十届头脑奥林匹克竞赛成功举行,全市大学、中学、小学、幼儿园共计282支参赛队参加了比赛,成为历届参赛规模最大的一次。

青岛市开展头脑奥林匹克活动的十年,也是这项国际活动本土化的十年。自2004年引入这一国际性活动,十年来,全市共有500余所学校参加比赛,10所学校赴美参加世界决赛,是青岛市唯一一项大学、中学、小学、幼儿园都可以参加的科技创新活动,头脑奥林匹克现已成为青岛市科技教育活动的品牌。

1. 头脑奥林匹克打上了青岛的烙印

2003年7月19日,青岛市少年科学院成立,少年科学院像一颗刚发芽的种子,它要面对的是成立初遇到的种种问题。少年科学院是做什么的?它与科协、妇儿活动中心等其他校外科技活动场所有什么区别?少年科学院究竟要如何发展?

2004年初春时节,青岛市教育局基础教育处领导带队,全市骨干科技教师一行12人赴上海考察。当时正值第17届中国上海头

脑奥林匹克竞赛在上海卢湾高级中学举行。翻阅当年考察团的总结,上面写道:在本次大赛中,从长期题的设置到参赛选手们的表演,无一不体现着创新思维。特别是在"球的策略"比赛项目中,每个代表队所设计的装置都是别具一格、独具匠心,虽然他们利用的材料是非常低廉的,有的是将一些废旧物进行改造,但是创意却有独到之处,每一种设计显然都是经过深思熟虑的,有的设计成笤帚的样子,有的是利用几根皮筋做的回收箱,还有的选手制作了回收机器人,思想的火花在这里迸发,创意的灵感在这里闪现。在上海举行的头脑奥林匹克竞赛让考察团大开眼界,科技与艺术完美地结合,鼓励废物利用,提倡全面地思考解决问题,培养学生的创新精神与发散思维。考察团返青后,市教育局决定将头脑奥林匹克活动引入青岛，由市少年科学院具体实施承办。

2004年7月，市少年科学院举办了首届头脑奥林匹克竞赛，当时仅有40余所学校参加，题目使用的是上海比赛用过的项目。但是，如何将这一国际活动开展得有自己的特色？市少年科学院自此开始了在头脑奥林匹克道路上的实践与探索。

2008年的北京奥运会万众瞩目，青岛承办的奥帆赛也牵动着岛城人民的心。市少年科学院抓住奥运会的契机，发挥头脑奥林匹克活动的人文特点，将奥运的元素与头脑奥林匹克活动结合。2007年至2008年，"奥林匹克结构""奥运接力车""奥运纪念物""传递奥运圣火""奥帆小主人"等活动内容揭开了青岛头脑奥林匹克本土化的序幕。

2008年的"奥帆小主人"竞赛项目，要求参赛队创作一个主题并进行表演，节目中必须包括一个环游地球宣传北京奥运、宣传奥帆之都的奥帆小主人、三个场景。奥帆小主人要在三个地方进行停留，其中两个地方是人类知晓的，第三个地方是由参赛队自创的未被发现的地方。在"传递奥运圣火"竞赛项目中，要求设计、制造、装饰并驱动1～3辆小车和1个奥运圣火模型，小车运送奥运圣火的火种，经过跋山涉水，最终点燃奥运圣火，并为此创造和显示奥运的主题。精彩的活动内容让全市中小学生耳目一新，让媒体大开眼界。在2007年第四届头脑奥林匹克竞赛中，"中国人民网"全程直播，并以"青岛举行头脑

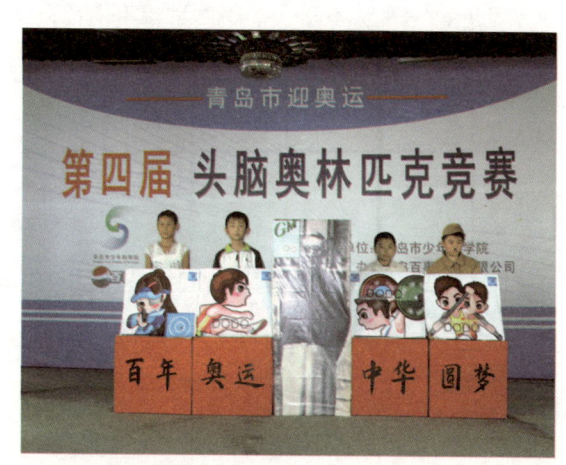

奥林匹克竞赛,项目全面与奥运结合"为题给予全面报道。新华社以"奥运,改变青岛的城市生活"为题,在全国各大媒体报道青岛的头脑奥林匹克活动。"更高、更快、更强"的奥运精神和丰富多彩的奥运元素,与头脑奥林匹克完美地结合在一起。

在青岛市第十届头脑奥林匹克竞赛"发现青岛"项目中,参赛队需要创作并表演一个小品,表演要包括在青岛发现两个宝藏的描述:一个描述是参赛队自创的,发现青岛历史上确实存在的宝藏;另一个描述是现存的一个现代人工建筑或雕塑,但是在未来被发现的宝藏。学

生们在准备比赛的过程中,需要查阅大量有关青岛的历史资料,在科技活动中让学生们对青岛有了更多更深的了解。

2008～2013年,"海洋动物园""海洋的生命""齐心协力""团结合作""世园游览车""发现青岛""迎世园帽子""世园会庆典"等活动内容精彩纷呈,普及与提高相结合,吸引了全市中小学生的热情参与。发挥地域资源优势,彰显本土特色,与奥运结合、与世园会结合、与蓝色海洋结合、与青岛的城市结合、与学生的生活结合,使头脑奥林匹克活动打上了青岛烙印。

2. 青岛头脑奥林匹克走向全国、迈向世界

随着头脑奥林匹克活动在青岛的普及,自2008年开始,青岛市少年科学院从各学校中选拔学生,混合组队,统一训练参加全国比赛。由于参赛学生来自各学校,指导教师缺乏对学生的了解,辅

导的针对性不强,加之临时选拔,准备不充分等问题,使得2008、2009连续两年在全国比赛中均没有很好地突破。2011年,少年科学院在机制方面开始创新。首先,改变了往年从各校选拔学生统一组队的模式,而是为各学校搭建平台,让学校"各自为政",在全市中小学形成竞争的博弈态势。为帮助参赛学校迅速进入角色,少年科学院发挥自身资源优势,从全市范围遴选高水平的科技教师组成专家团队,在备赛过程中专家团多次举行研讨会,研究比赛规则,并深入到每所参赛学校,对长期题解答、剧本编写、作品制作、道具完成、即兴题训练等方面给予指导。另外,在头脑奥林匹克竞赛中植入崭新的选拔模式,从原来的指定参赛变为比赛选拔,以市头脑奥林匹克竞赛、科技节为载体,为全市中小学校搭建平台,点燃更多学校的参赛热情。

选拔机制的改变调动了各中小学校的积极性，参赛队数量出现井喷式增加。从2004年的42支参赛队增加到2013年的
282支参赛队。在头脑奥林匹克竞赛普及的基础上，少年科学院加大对部分重点特色学校的打造，制定政策，优先推荐，发挥它们的经验、项目特长，提高它们的竞赛成绩。譬如，对崂山区实验小学、青岛太平路小学、青岛第五十中学等特色学校进行重点帮扶。少年科学院多次召开参赛学校研讨会，交流经验，商讨辅导训练的对策，促进参赛成绩的提升。自2011年以来，青岛市头脑奥林匹克竞赛在水平、成绩方面出现了质的飞跃。当年参加中国第二十四

届头脑奥林匹克创新大赛,青岛市13所学校参赛,荣获2个全国一等奖。2012年参加中国第二十五届头脑奥林匹克创新大赛,18所学校参赛,荣获4个全国一等奖。2013年参加中国第二十五届头脑奥林匹克创新大赛,24所学校参赛,荣获7个全国一等奖,同年参加世界决赛首次获得世界冠军,青岛市委书记李群为此发来贺信。2014年参加中国第二十五届头脑奥林匹克创新大赛,31所学校参赛,荣获14个全国一等奖,在世界决赛中荣获世界一金一铜两项大奖,创出了青岛市在世界头脑奥林匹克竞赛中的最好成绩。

Part 2

头脑奥林匹克活动规则

第一节
长期题规则　19

第二节
即兴题规则　28

第一节
长期题规则

一、比赛规则

1. 参赛队员

在世界及全国头脑奥林匹克竞赛中,每个参赛队的人数不超过7名。青岛市头脑奥林匹克竞赛要求每个参赛队的人数为5名。

2. 比赛分数

在世界及全国头脑奥林匹克竞赛中,只设团体比赛,分数由长期题分数、风格分数和即兴题分数三部分组成。为了更好地彰显学生的创新潜质,青岛市头脑奥林匹克竞赛设团体比赛与个人比赛两部分。团体比赛的分数由长期题与风格分数两部分组成,以长期题和风格两个分数的总和来决定团体名次。个人比赛的分数由个人能力测试成绩与团体分数组成,其中各占50%。自2006年第三届头脑奥林匹克竞赛开始进行个人能力测试,测试采用头脑奥林匹克竞赛即兴题的形式,分动手与笔试两种,通过7年的有效尝试,个人能力测试的开展提高了中小学生动手实践能力,更好地展现了学生的创新素质。

3. 比赛时间

比赛时间限定为 8 分钟。所有队员和教练可以帮助把比赛有关的装置、道具搬到准备区，准备区裁判将检查队员表格、解题装置、道具并向队员提问。计时裁判说开始后，比赛开始计时，参赛队员才能把解题装置、道具、视听设备等搬运到比赛区开始比赛。

比赛时间到，如果题目没有超时的处罚，裁判会说："时间到。"比赛时间结束以后的表演将不再计分；如果题目超时会有相应的处罚，比赛时间结束时，裁判不会发出信号，任由队员表演下去，超过的时间按评分标准进行扣分处罚。比赛时间结束后，裁判会进行一些提问，队员必须如实回答。当裁判要求队员退场时，队员再退场。退场时除了迅速拿走道具等物外，还必须把比赛场地打扫干净。

4. 队籍标志

每个队在比赛时必须有一个队籍标志，以便让观众和裁判识别。队籍标志必须有参赛队的名称，能在 8 米以外被看清，并在整个比赛过程中展示出来。队籍标志就像一个商品的标签，提倡个性化。以青岛啤酒为例，青岛啤酒商标上面的青岛著名景点栈桥的图案，让每个看到这个图案的人，都会由此联想到青岛啤酒，这就是标志的作用，突出特色，展现独有的风格。

5. 风格

头脑奥林匹克竞赛十分强调创造性，不仅要找到解决问题的答案，还要使答案能创造性地体现出某种风格。

风格是指"加到题目上去的，与题目解答有联系的，但不是解题必需的那种东西"。比如要制作一辆载人的小车，车轮、车架、动力、方向盘、座位等都是解题必需的，但小车的外貌并没有规定形状。参赛队根据表演的需要，有的把小车外形装饰成龙舟，有的装饰成鞋子，有的装饰成大蛋糕，有的装饰成轮船，这都是参赛队的风格。

　　风格实际上也是参赛队的外包装，使得赛题的解答能更加引人注目、使人难忘、充分炫耀自己。为了在竞赛时能让裁判了解参赛队的风格，以便于计分，要求参赛队必须填写风格表，竞赛前要把风格表交给赛场裁判。

　　选择风格要突出创造性和幽默感。表演要突出主题，能使裁判理解、看得懂。可以从下列几个方面考虑。

　　（1）队员的角色

　　在进行风格表演时，队员可以考虑化妆成不同的角色，机器人、动物、科学家、妖怪、小丑等等。角色的外貌可以从服饰（帽子、服装、鞋子、项链、手套等）、面部化妆、手中拿的小道具（拐杖、佛珠、猎枪、照相机、魔杖等）等来衬托。

　　（2）表现形式

　　可以多种多样，要有独创性，最好能产生激动人心的效果。可以是寓言、童话剧、古代传说、哑剧、庆典活动、杂技、魔术、舞蹈、音乐、游戏、武术、曲艺、歌舞、体操、戏曲等形式。

　　（3）舞台效果

　　竞赛一般在室内体育馆（场）内举行，表演时裁判在四周观看。为突出舞台效果，参赛队员可以从舞台的视觉效果和听觉效果上考虑，从布景、道具、音乐、队员的外貌、幽默和夸张的表演等方面体现。

　　（4）风格表的填写

　　每道题目的风格都有不同的规定项目，但是具体内容又可以是不同的。例如，风格的一个规定项目是"一个队员的服装"，参赛队要决定哪件服装及服装的哪些方面要计分。有的参赛队可能选择小丑的服装，而另一个参赛队可能选择牛仔服装。另外，第一个队可能选择小丑的所有服装，另一个队可能选择牛仔服装的某些方面,譬如只选择帽子。

如果希望对服装的某一个方面进行评分,就必须在风格表上明确指出是哪一个方面,并指明哪个队员穿这件服装。例如,队员选择"牛仔帽子的外貌",或"牛仔服装的制作方法",或"牛仔服装使用的材料"。在任何情况下,队员要提供足够的信息,使裁判准确地知道牛仔服装哪一部分需要评分。如果参赛队写"牛仔服装",裁判会把服装的每一部分都考虑进去。

在风格的"自由选择"项中,对于长期题已规定的计分项目,队员不能再选,如果是不同的计分方面则可以选择。譬如,小车的功能已作为长期题计分项目,那么队员可把小车的外貌作为风格自由选项。"自由选项"应该是队员解题中最具创造性的方面。队员必须非常仔细地填写风格表,注明哪些项目希望评分。下面以"外星人"角色为例:

● 如果队员准备把外星人的整个外貌——服装、化妆、发式等计分,那么应该写"小丑的外貌"。

● 如果队员准备把外星人的特定方面作为计分项目,在风格表上可以写"外星人服装的外貌"或"外星人化妆的外貌"。

● 如果队员使用独特的方法制作服装并想计分,那么应该写"缝制外星人服装的材料和技术"。

● 如果队员写"外星人",裁判会对外星人的所有方面进行评分,包括表演,这就可能比对具体项目的评分要低。

"自由选择"项目一般包括特殊效果、工艺制作、服装、音乐、舞蹈、诗歌、灯光或特殊的戏剧、幽默的效果。队员可任意选择,包括图画、解题模型、展示模型、服装或解题本身特殊的项目。队员可选择解题中有创造性的部分进行评分,甚至表演的整体创造性。譬如,队员在表演期间朗诵一首诗,朗诵本身没有创造性,可选择诗作为风格的自由选择项目。

风格中"整体效果"的评分标准是指各个风格项目结合在一起产生的综合效果。

为了使裁判充分了解参赛队的风格,参赛队必须认真填写风格表,按时上缴风格表。如果在竞赛时没有缴纳风格表,除了风格得分为零分外,还要受到"违反竞赛精神"的扣分处罚。

6. 成本限制

为了使所有的参赛队都能平等地使用材料,比赛对成本作了限制。成本是指在比赛时为解答长期题和风格表演中所使用的实际材料价值,包括特意购买的、自己原有的、借来的、捐赠的、从废物中捡来的材料。队员穿戴的任何东西,只要裁判看得见,都要计入成本。

下列物品不计入成本:乐器和乐谱类音像制品、学校标准的视听设备(幕布、收音机、录音机、扩音机、话筒等)、接线板、电池、废弃物品(丢弃的、大家都可以不花钱得到的东西)、铺地板的材料、课桌椅、画架、扫帚、畚箕、废纸篓以及只用于搬运道具的小车等。

7. 外部协助

为了使队员公平竞争,使活动更有意义,解题的装置、道具、服装和队籍标志必须由队员自己制作,或者对买来的零件进行装配,所有的制作必须要体现队员的某种设计。在比赛期间只能有 5 名队员中的一人或几人放置队籍标志、移动道具、开关视听设备。不准再有其他人进行口头或行动上的协助。不允许任何人员帮助队员准备比赛(包括化妆、修理道具),或者在比赛过程中协助完成某些比赛任务。如果赛场的任何工作人员发现某队有外部协助的话,裁判可以给该队处罚。

8. 比赛表格

比赛中,参赛队要递交下列表格。所有参赛队必须根据要求填写两份《风格表》、一份《成本表》、一份《参赛队登记表》。

9. 其他规则

现场不准使用活的动物，不要使用不适当的冒犯性词语，不要涉及不愉快的社会主题。各参赛队可在赛后 30 分钟内对分数提出疑问。如果队员对计分有异议，可以与裁判长商量，也可上诉到仲裁委员会，仲裁委员会的决定是最终的决定。

二、训练方法

1. 熟读题目

参赛队得到长期题后，首先要组织队员熟读题目。教练和队员必须多次、反复、认真阅读。通过阅读要搞清赛题要求解决的问题和完成的任务、各种限制条件、赛场布置、竞赛规则、风格、评分标准（包括得分、扣分和风格分）等内容。

2. 明确题意

在了解题意时，可能会遇到许多问题，参赛队员讨论几次后就可以理解。否则，应与竞赛主办单位联系咨询。

3. 讨论解题

明确题意后，参赛队就可以开展解题方案的讨论。讨论内容主要有：完成赛题规定任务的方法、表演主题、风格、表演需要的各种道具及制作方法。在技术类长期题中，为完成规定的任务要制作一些装置，例如要完成承重而制作的结构等。

由于竞赛要用艺术表演的形式来体现长期题的解题过程，因此，首先要确立一个主题，主题一般选择人们共同关心的、发生在身边的问题。要注意对政治问题、民族问题、宗教问题等有争议的问题不要涉及。参赛队要根据主题编写剧本。

风格表演要围绕主题来安排，赛题中对风格有一些规定。为突出表演的气氛，表演中还要制作一些有关的道具，队员要化装成某一个角色，还需要服装，这些都要事先有所考虑。

解题方案一定要多次讨论，方案尽量要多。把每次好的方案肯定下来，一次次缩小范围，优中选优，最后挑选一个符合赛题要求的、有创造性的、适合参赛队自己的方案。讨论时一定要让每一个队员充分发表自己的意见，要集思广益。教练和队员不要轻易否定他人的意见。

4. 编写剧本

解题方案基本确定后，要编写一个比较完整的剧本。编写剧本要注意几点。

（1）表演的形式可以是话剧、哑剧、舞蹈等。

（2）表演中使用的语言要少而精，不要长段的对白。

（3）剧情要幽默，要出其不意。

（4）一般竞赛时间限制为 8 分钟，包括搬运道具（从准备区搬到竞赛区）、布置场地和表演。还要考虑一些机动时间，用以处理突发事件（如电源、录音机、道具的故障排除），因此表演的时间不能太长。

（5）长期题竞赛时由五名队员上场，在角色安排和出场顺序上要考虑周到。

（6）为增强表演效果和掌握表演时间，可使用背景音乐、音响等效果手段，允许使用录音带播放。

5. 制作道具

道具制作工作量较大，在制作过程中会碰到各种各样的问题，如材料买不到、不会做、工具不会用、时间不够、设计错误。这时辅导教师要多给学生鼓励和启发，培养他们克服困难、战胜困难的毅力和信心。

制作道具时要注意道具尺寸，要考虑携带出入比赛场地、运输方便等问题。制作的道具还要注意性能可靠，要经得起排练时反复多次的使用，要突出创造性、便于携带、便于运输，要注意减少成本，一定要队员自己动手制作。

6. 不断排练

道具制作完毕后，参赛队马上要进入排练阶段，除了表演排练外，还应该排练场地布置。当表演基本定型后，可以配音乐排练，一定要进行多次彩排，在彩排中会暴露一些问题。通过不断地排练，使参赛队员们能够相互配合、熟悉表演、熟悉道具、不出差错。

7. 准备参赛

比赛前，参赛队员要彻底检查装置、道具、布景、服装、电池、接线、其他设备等，发现问题及时报告队长，并修复损坏的部分。然后把各种比赛用品装入道具箱（或袋）内，集中在一起，准备参赛时运往赛场。

三、竞赛

竞赛前30分钟做好一切准备工作到赛场报到，教练和队员可以一起搬运道具到准备区。交《风格表》《参赛队登记表》《成本表》及另外要求的表格。到了准备区后，教练和其他人员退到场外，上场的队员做好竞赛的一切准备工作。

准备区裁判将检查参赛队所交表格上填写的内容是否正确，如有不当之处允许参赛队当场改动。

当参赛队做好准备工作后，计时裁判向观众和裁判宣布比赛开始，并开始计时。此时参赛队要马上把道具从准备区搬运到比赛区，布置场地、进行表演。

当表演结束时，裁判会对队员进行提问，队员必须如实回答。当裁判通知参赛队可把道具搬下去后，参赛队要马上把道具搬运到赛场外，此时其他人员可以帮助参赛队搬运道具。参赛队搬下道具后应把场地清理干净。裁判此时开始统计该参赛队的计分。

参赛队比赛结束后,教练可以向裁判长索取成绩单。教练如对计分有疑义,可在30分钟内向裁判长交涉,30分钟后不再受理,即参赛队认可成绩。

第二节
即兴题规则

头脑奥林匹克竞赛除了长期题比赛外,还要参加即兴题的比赛。即兴题题目事先是保密的,当参赛队进入比赛场地后,裁判才向参赛队宣读题目,宣读完题目后参赛队马上开始解题。所有比赛没有结束前,任何人不能泄露题目。

即兴题比赛时,教师、家长、记者、工作人员等非本赛题组裁判都不能进入即兴题比赛区域。比赛时任何人不得摄影、摄像,不得干扰队员比赛。

一、即兴题的类型

即兴题主要考查队员能够即兴创造性地解决问题的能力。即兴题分语言类、动手类和混合类三种。

1. 语言类

要求队员用语言来解答问题,或者把即兴创作和表演结合起来。在规定时间内回答出尽可能多的答案。主要考查队员发散思维能力和语言表达能力,创造性的答案比普通答案得分高。

2. 动手类

要求队员利用提供的材料,动手创造性地解决具体问题。主要考查队员创造性地解决问题的实践动手能力。

3. 混合类

兼顾语言类、动手类两种题型。

二、语言类即兴题

1. 语言类即兴题的题型,通常有造句、对话、故事、情景描述等。如,对"一元的硬币"讲句话;对"钥匙"讲句话;纸的用途;玻璃的缺点;故事接龙等。

2. 语言类即兴题比赛的一般规则

(1)宣读题目

裁判朗读题目一遍,对题目中的重要条目根据规定裁判还要重复朗读一遍。宣读结束后,裁判会说"思考开始"并开始计时。

(2)思考和讨论

当裁判宣布思考开始后一般有 1～2 分钟的时间给队员思考或讨论。但根据题目的不同要求,有的题目允许队员之间相互讨论,有的题目不允许队员之间相互讨论,必须独立思考。这段时间队员对题目不理解的地方可以向裁判提问,提问时继续计时。当思考讨论时间结束时裁判会宣布时间到,并不再回答队员提出的问题。

(3)回答

参赛队员一般有 2～4 分钟的答题时间,此时队员之间不能交谈。答案必须能让裁判听清楚、听明白,对听不清楚和听不明白的答案,裁判有权让队员重复一遍或解释清楚,但计时继续进行。回答方式按题目要求有所不同,一般有以下几种。

● 按顺序轮流回答:队员分别站在编有号码的位置上,按所在位置的号码顺序轮流回答,直到比赛时间结束为止。

比赛过程中不能轮空，答案不能重复，其他队员不能提示。轮到谁时，如果回答不出，则比赛结束。有些题目有"弃权卡"，轮到谁回答时，如果回答不出，可以交一张"弃权卡"，下面的队员就可以接着回答了，但这样做会影响得分。

有些题目要求，每名参赛队员有7张"答题卡"，如果"答题卡"用完就不能再回答了，这种方法限制了答案数。

● 翻牌回答：桌上有一叠编有1~5号码的卡片（号码朝下），号码的顺序按题目要求排列，但参赛队是不知道的。队员分别站在有编码的位置上，由裁判翻第一张卡片，位置号与卡片上号码相同的队员回答，当该队员回答后由该队员翻下一张卡片，与卡片号码相同的队员接着回答，以此类推。回答时也不能轮空。

● 随意回答：每名队员有一定数量的"答题卡"，队员可以随意回答，但回答时必须交一张"答题卡"，当某个队员的"答题卡"用完时，他就不能再回答了。"答题卡"不能共用。

（4）评分

每个普通答案得低分（1分），每个有创造性或幽默的答案得高分（3~5分）。如果队员的答案和前面的某个答案非常相似（前个答案可能是创造性的答案），这个答案只能算作普通答案。

当比赛时间结束时，某个队员正在答题，该队员可继续答完并计分。在比赛规定时间内（或比赛结束前）5名队员的所有得分之和为参赛队的得分。

三、动手类即兴题

动手类即兴题比赛会提供一些常见的材料，要求队员能创造性地使用提供的材料完成规定的任务，各种题目都必须在规定的时间内完成。除了对任务计分外，还要对解决问题的创造性方法和队员的合作情况进行计分。

1. 动手类即兴题的类型

动手类即兴题有结构类、发送类、包装类、信号类、测量类等。

（1）结构类

此类题目往往提供一些牙签、塑料吸管、纸、空心面、橡皮泥、黏性标签纸、回形针、软糖、葡萄干等材料。制作成的结构有的要求尽量高，有的要求尽量长，有的要求能承受尽量多的重量……

（2）发送类

此类题目往往要求把乒乓球、网球、高尔夫球、桌球、线团、铅笔、袜子等物品，从一个地方发送到另外一个地方，制作发送装置的材料有尺、纸、塑料杯子、抹布、橡皮筋、扫帚、绳子、纸盆等。

（3）包装类

此类题目要求把易碎物品（灯泡、鸡蛋等），利用提供的材料（橡皮筋、回形针、纸、信封、黏性标签纸、线等）进行包装，完成规定的任务。

（4）信号类

此类题目要求队员利用提供的材料，建立一套通讯系统（分视觉信号或听觉信号）。参赛队分成两组，发信号组和收信号组。利用建立的通讯系统，发信号的队员指挥收信号的队员完成规定的任务。

（5）测量类

此类题目要求队员利用提供的材料，测量某点的高度和几点之间的距离。

（6）其他类型

即兴题除了上面介绍的几种类型还出现过其他类型，如：音响、计算、连接等。

2. 动手类即兴题的评分

动手类即兴题除了对完成的任务计分外，还要对参赛队的团体合作程度进行计分,这是裁判的主观评分。裁判一般根据参赛队在比赛期间的具体表现进行评分。

（1）合作精神：所有队员以积极态度参与,没有消极的态度。

（2）队员间明确分工：所有队员的任务要均衡,队长的作用能很好地发挥。

（3）接受他人意见：能共享各种想法、接受不同的意见。

（4）想法的多样性：有多种解决问题的想法。

（5）有以建设性的方式来解决不同看法的能力。

（6）有利用所有队员的合力一起进行解题的能力。

（7）有取得解决问题一致看法的能力。

团队合作精神评定分数的范围是 1～10 分,一般按照下列标准评分。

1～3 分：
- 某队员占据支配地位以致限制其他队员的参与
- 合作不多
- 难以取得共识或无法取得共识
- 缺少交换意见

4～7 分：
- 有一些分工
- 有一些合作
- 能交换意见和接受其他队员的意见
- 能取得共识

8～10 分：
- 分工明确
- 合作密切
- 能意见共享和频繁交换意见
- 参赛队有模范作用

3. 材料使用的创造性

动手类即兴题比赛中，由于解决问题的方法多种多样，虽然大家都同样完成了任务，但有的参赛队能创造性地使用材料来完成任务，这是应该提倡的。因此，在动手题比赛时还要对参赛队如何创造性地使用材料完成任务进行计分。

什么是创造性？创造性是指在解答长期题和即兴题时展示的一种原创的、独特的思路；是一种全新的思路，不是对已有想法的改进。参赛队可以使用已有的思路，但他们的得分不会很高；是其他参赛队都没有想到过的思路，在比赛期间，只有一个参赛队可能提出这个思路或给予这样的答案。是否具有创造性，由每个裁判主观判断；是无法预料和期盼的，可能要冒风险，因为参赛队无法确定他们的想法是否成功，以及裁判是否能理解。参赛队可以通过许多方式来展示他们的创造性。

四、混合类即兴题

1. 混合类即兴题（又称作语言或动手题）：有的题目提供道具（绳子、电线、木梳等），要求队员用提供的道具回答或即兴表演等。有的题目提供一些材料，要求队员先利用提供的材料制作某样东西，然后对制作的东西作回答或表演。

2. 方法基本上与语言题相同。评分有的题目只根据回答来计分，有的题目除了对回答计分外，还要对制作的东西计分。

五、即兴题的训练

1. 听题

裁判宣读题目，只朗读一遍，对题目有密切关系的重要条目裁判会再重复或强调一遍（题目中黑体字部分）。队员在这么短的时间内要把题意全部理解有一定的难度，由于题目是由英文翻译成中文的，有些句子可能比较难理解。在刚开始训练时，队员必须先学会听。有些队员，往往在裁判宣读题目到一半时，就考虑怎样解题了，这对参赛队的解题很不利，因此一定要训练队员学会听题。题目中的内容有：要求完成的任务、限制条件、比赛时间、评分标准等。

在裁判宣读题目时，有一份题目的复印件放在参赛队面前，参赛队要充分利用。

2. 思考、讨论、练习

在理解题意后，参赛队才能对解题方案思考、讨论、练习。由于这时已经开始计时，参赛队一定要抓紧时间。思考时，如果没有限制队员之间讨论的话，参赛队一定要相互讨论，主要讨论那些有创造性的方案，经过讨论往往会想出更好的解题方法。

有些题目在第一部分时可以练习，参赛队一定要抓紧时间，尤其是信号类的题目。通过练习来检验参赛队的解题方案是否可行，这样能使解题方案更加完善。另外，对参赛队在这段时间内的各种表现（语言和行动），裁判会认真观察并将之作为评定团体合作程度分的依据。

3. 提问

在裁判宣读完题目后，参赛队可能对题意不理解，这时可以通过向裁判提问，进一步理解题意。在解题过程中，有些问题裁判是不会主动告诉参赛队的，只有当参赛队提问后才会告诉队员。由于提问时间计入比赛时间，参赛队一定要掌握好时间。

4. 解题

在充分理解题意后，经过讨论选出大家认为最佳的解题方案，参赛队要抓紧时间进行解题。在解题过程中，还应该注意不断地修改方案，要有随机应变的能力，使解题更完善、更顺利。对突然发生的事情要冷静处理，一定要掌握时间，队员要分工合作好。

参赛队员要考虑好策略，并不是所有分数都容易获得。对于有些题目要考虑得小分，丢大分，积少成多可以变成高分。有些题目要考虑得大分，丢小分，也是争取变成高分。有些题目就应该有分必得了。

5. 队长

由于即兴题比赛时，教练是不允许进入赛场的，因此在即兴题比赛时，队长的作用相当重要。参赛队要通过训练，发现苗子，挑选具有一定解题能力和领导能力的队员当队长。在平时的训练中，要不断树立队长的威信。

比赛时，经过讨论会产生许多解题方案，但最终采用什么方案由队长决定，一旦队长作出决定，所有队员必须无条件服从。但在解题目过程中，队长也应该随机应变。

第一节
头脑奥林匹克竞赛长期题选录　39

第二节
头脑奥林匹克即兴题选登　83

第二节
青岛市历届头脑奥林匹克竞赛赛题　108

Part 3

头脑奥林匹克活动经典赛题

第一节

头脑奥林匹克竞赛长期题选录

1. 古典——发现宝藏

（2010年世界比赛赛题）

※ 问题

参赛队的问题是创作并表演一个小品，表演包括发现两个考古宝藏的描述：一种描述是参赛队自创的，发现历史上确实存在的宝藏的说法；另一种描述是现存的一个现代人工建筑或雕塑，但会在未来被发现。这些发现可通过不同舞台风格进行表演，表演包括两个宝藏的艺术再现和作为考古队成员的参赛队自创的角色，以及通过声音和动作的配合达到的戏剧效果。

问题的创造性重点是："两个发现"的描述，"未来"考古发现的场景布置，在戏剧效果里声音是如何产生的，以及作为考古队成员的两名参赛队自创的角色。

※ 限制条件

1. 竞赛时间限制为8分钟。计时员说"开始"，解题开始，8分钟包括赛场布置、风格表演和解题。

2. 该题目的成本限制为 125 美元,解题所需的材料包括风格表演,不得超出这个成本限制。

3. 参赛队要创作一个原创性的表演,包括:

(1)参赛队自创的、发现一件历史上真实存在的宝藏的说法。

(2)会在未来发现的一个现代建筑或雕塑。

(3)发现历史真实存在的宝藏的艺术再现。

(4)在未来被发现的一个现代建筑或雕塑的艺术再现。

(5)作为考古队成员,参赛队自创的角色。

(6)声音和动作配合达到的艺术效果。

4. 一件历史真实宝藏的发现:

(1)必须在历史上某个时间真实发生过的。被发现的宝藏是真实存在的,可能是丢失的或未知,直到被发现;或只被一群当地人知晓,但世界上其他人并不知道,直到被发现。

(2)不必像真实发生过的那样表演,但设置的时间和地点必须是真实的。

(3)由考古队中至少两名角色进行表演。

(4)表演可安排在任何时候。

5. 在未来发现的一个现代宝藏:

(1)表演的一个建筑或雕塑必须是今天存在的,但在宝藏被发现时,可认为以前是丢失或遗忘了,或当时的人们并没意识到宝藏的存在。

(2)必须发生在未来的任何时间、任何地点,通过任何手段。

(3)由考古队中至少两名队员进行角色表演。

(4)要有参赛队自创的场景布置。

(5)表演可安排在任何时候。

(6)舞台风格必须有别于真实历史宝藏的发现。

6. 被发现的宝藏：

（1）历史上的宝藏：

①必须包括一件真实的任何类型的人造物品。比如：宝藏可以是一件单个物品，也可以是一套包含一个或多个人造物品的遗迹，如中国西安秦始皇陵里的兵马俑。如果参赛队能提供宝藏被个人或一群人发现的相关文件，这也是允许的。

②必须被世界认可，发现前不为人知或被遗忘了。

③不必拘泥名称，如文件中的宝藏等字样。

（2）现代宝藏：

①必须是一个公元1900年后完成的人工制作的三维建筑或雕塑，至今仍存在于当今世界上的任何地方。

②不必是传统意义上的宝藏，但应该是为大多数人所熟知的。

③发现地点与宝藏现存地点不必相同。

7. 宝藏的艺术再现：

（1）必须是三维的复制品。绘画、素描等物品形似即可。

（2）可以用任何一种方法建造。

（3）如果复制品在表演中改变了外观，可在任何环境中展示宝藏。

（4）在表演中，要让裁判和观众看得见。在发现过程中，宝藏也可不被看见。

8. 两支考古队：

（1）可以是任何人和物，表演的方式不限。

（2）每支队伍至少要有两名参赛队自创角色，也可有更多角色。

（3）每次有一名角色将被计分。对两支队伍来说，虽然其他角色可能会相同，但必须是两个不同的角色。

9. 参赛队必须提供两个宝藏的相关文件资料，与有关发现历史宝藏的相关文件资料类似。可以是网页的打印件、书本中照片的复印件等。文件必须展示现存的宝藏资料，以及历史宝藏是何时何地被发现的。

10. 声音和动作达到的戏剧效果：

（1）必须是参赛队设计的。

（2）不能是预先录制的声音，必须是在8分钟表演中创作的声音。

（3）可以包括各种声音和不同风格的动作。动作可以由角色、道具、布景等做出，只要动作能让裁判看见即可。

（4）在表演中任何时候都可产生。可以是连续性的表演或一个片段，可融入戏剧风格。

※ 计分

1. 整体表演的创造性（原创性、效果）：2～16分

2. 表演的质量（声音、动作、台风）：2～16分

3. 历史宝藏的发现：3～20分

a. 如何表演的创造性：3～15分

b. 表演中时间和地点的准确性：0或5分

4. 未来宝藏发现表演的创造性：3～15分

5. 两种舞台风格的效果：2～14分

6. 艺术再现：5～31分

a. 历史宝藏的艺术质量：2～13分

b. 艺术再现与历史宝藏的相似度：1～5分

c. 现代宝藏的艺术质量：2～13分

7. 在历史考古队中，参赛队自创的角色：3～21分

a. 角色的原创性：1～8分

b. 角色的冲击力：2～13分

8. 在未来考古队中，参赛队自创的角色：3～21分

a. 角色的原创性：1～8分

b. 角色的冲击力：2～13分

9. 在未来宝藏发现中的场景：3～22分

a. 概念的创造性：1～7分

b. 结构的质量：1～7分

c. 时代和地点的表达程度：1～8分

10. 声音和动作达到的戏剧效果：4～24分

a. 声音产生的创造性：2～12分

b. 表演的冲击力：2～12分

※ 风格

1. 队籍标志的艺术质量：1～10分

2. 一件服装、道具或场景中材料使用的创造性：1～10分

3. 自由选择：1～10分

4. 自由选择：1～10分

5. 整体效果：1～10分

2. 食物法庭
（2011年世界比赛赛题）

※ 问题

题目要求参赛队创作并表演一个幽默剧，内容是以一种食物不健康或者某些方面有害为由，把另一种食物告上法庭。被告上法庭的食物必须为自己辩护。该剧中所有的角色都必须是食物，并且包括"原告""被告"以及一个陪审团，这个陪审团要在一个参赛队创作的审判中发出信号，告诉观众被告到底是有罪的还是清白的。表演还应包括一个参赛队创作的关于营养的"事实"和一种艺术表现。

问题的创造性重点在于原告所作的指控、被告所作的辩护、参赛队创作的关于营养的"事实"、陪审团的表现方式和信号。

※ 限制条件

1. 比赛的时间限制为 8 分钟。计时员宣布比赛开始。在 8 分钟内参赛队需要布置场地、通过表演进行解题，其中包括风格表演。

2. 该题的成本限制为 125 美元。参赛队解题所需要的材料费包括风格表演，总费用不得超出成本限制。

3. 参赛队要创作一个原创的幽默剧,这包括:

(1)剧中所有的角色都必须是食物。

(2)原告:一种食物,以不健康为由把另一种食物告上法庭。

(3)被告:一种食物,因为不健康被告上法庭,它要为自己辩护。

(4)一个参赛队创作的关于食物的"事实"。

(5)一种艺术表现。

(6)一个陪审团,这个陪审团要发出是有罪还是清白的信号。

4. 该剧中所有的角色都必须是食物而不是其他东西。角色展现的食物:

(1)必须是当今世界人们经常食用的食物,作为主餐或快餐的全部或部分。

(2)并不包括人们吃的所有东西。比如,作为仪式一部分摄取的东西,在野外仅仅为了生存而吃的、维生素和药不能作为角色。参赛队必须提供关于其选择食物的文件,以避免角色不符合要求的可能性。

(3)可以是商业生产出的食物,也可以是由多种食料共同制成的"混合型"食物(如披萨)。

(4)必须是准备给人们食用(烧过、混合过、切片过等)时候的样子或是它们正被拿出来出售时的样子(未去皮的、罐头装的、盒装的、打包的等)。对那些通常要经过处理才食用的食物(比如肉类),是不可以出现的食物形式。食物的形式可以多样,比如一只整的番茄、一块番茄、番茄酱等。

5. 原告必须指控,人食用后是有害的或者是不健康的。控告:

(1)可以是真实的或者不真实的、恰当的或者不恰当的看法或者事实,不要局限于食用该食物的生理效果。

(2)可以把任何消极的东西同在获取、准备、食用过程中的任何一部分、或者食用被告的效果联系起来。

（3）不一定要在被告出现在表演中时完成。

（4）被告必须为自己辩护，以应对原告的指控。控辩双方可以是发散的，其他角色可以支持任何一方。

7."审判"：

（1）可以用任何方式展现辩论，并不一定要呈现一个真实的法庭审判。

（2）必须包含原告和被告双方。

（3）必须以陪审团的信号做结束。

8. 陪审团：

（1）必须至少由5个食物组成。它们可以是同类食物或者不同类食物。

（2）不可以通过各种方式由参赛队队员亲自扮演，队员可以为食物配音。

（3）必须发出信号，告诉观众指控是否真实。不作出决定或同等裁决是不允许的。判决：

①必须是评判员和观众能看见或能听见的。

②不一定要声明"有罪"或"清白"。

③可以是表达了某一角色胜诉的任何东西。

9. 参赛队创作的关于食物的事实：

（1）必须是一个不知道会成为真实的原创想法。

（2）不可以作为控告被告的依据。

（3）必须解释清楚，使它看起来是真的。

（4）可以在表演中的任何时候呈现出来。

10. 艺术表现要求：

（1）必须是原创的和参赛队创作的。

（2）必须是下面的一种或者一个组合体：音乐、诗歌、舞蹈、绘画、雕塑或哑剧。

※ 计分

1. 整体表演的创造性（原创性、效果）：2 ~ 16 分
2. 表演的质量（声音、动作、台风）：2 ~ 16 分
3. 历史宝藏的发现：3 ~ 20 分
（1）如何表演的创造性：3 ~ 15 分
（2）表演中时间和地点的准确性：0 或 5 分
4. 未来宝藏发现表演的创造性：3 ~ 15 分
5. 两种舞台风格的效果：2 ~ 14 分
6. 艺术再现：5 ~ 31 分
（1）历史宝藏的艺术质量：2 ~ 13 分
（2）艺术再现与历史宝藏的相似度：1 ~ 5 分
（3）现代宝藏的艺术质量：2 ~ 13 分
7. 在历史考古队中，参赛队自创的角色：3 ~ 21 分
（1）角色的原创性：1 ~ 8 分
（2）角色的冲击力：2 ~ 13 分
8. 在未来考古队中，参赛队自创的角色：3 ~ 21 分
（1）角色的原创性：1 ~ 8 分
（2）角色的冲击力：2 ~ 13 分
9. 在未来宝藏发现中的场景：3 ~ 22 分
（1）概念的创造性：1 ~ 7 分
（2）结构的质量：1 ~ 7 分
（3）时代和地点表达的程度：1 ~ 8 分
10. 声音和动作达到的戏剧效果：4 ~ 24 分
（1）声音产生的创造性：2 ~ 12 分
（2）表演的冲击力：2 ~ 12 分

※ 风格

1. 队籍标志的艺术质量：1～10分
2. 一件服装、道具或场景中材料使用的创造性：1～10分
3. 自由选择：1～10分
4. 自由选择：1～10分
5. 整体效果：1～10分

3. 古典——导游

（2011年世界比赛赛题）

※ 问题

参赛队问题是创作并进行一场原创表演。表演包括一名出自经典文学中某一角色的导游。导游会带一群游客去三个地方：两处是已知存在的，还有一处是由参赛队创造的场所。在其中一处景点，导游会对一些东西给出错误的解释，一名游客会给出正确的解释。表演包括一个无生命的物体显现出生命迹象，以及一件物品虽无价值，却由一名守卫看护，并给出这件物品需要被看护的原因。

问题的创造性重点是：正确的和不正确的解释，参赛队创造的场所，无生命的物体如何出现生命迹象，无价值的物品和需要被看护的原因。

问题的精神是：参赛队创造并进行一场原创表演，其中包括一名代表经典文学形象的导游，由他带着旅行团游览三个不同的地方。表演包括导游给出的不正确解释和游客给出的正确解释。表演还包括一个无生命的物体出现生命迹象，以及一名守卫看护一件无价值的物品，并给出物品需要被看护的理由。

※ 限制条件

1. 竞赛时间限制为 8 分钟。计时裁判说"开始",解题开始。8 分钟包括赛场布置、风格表演和解题。

2. 该问题的成本限制为 125 美元,解题所需的材料包括风格表演,不得超出这个成本限制。

3. 参赛队要创作一场原创表演,包括:

(1) 一个导游角色,这个角色是经典文学中某个角色或在此基础上塑造的人物。

(2) 游客。

(3) 两个现存已知的场所,表演中游客会去参观。

(4) 一个参赛队自创的场所,表演中游客会去参观。

(5) 对其中一个场所中某些事物的不正确解释和正确的解释。

(6) 一件无生命的物体出现生命迹象。

(7) 展现一件无价值的物品。

(8) 一个守卫角色,他会解释为什么要守护这件无价值的物品。

4. 导游:

(1) 可以由一名或多名参赛队员扮演。

(2) 带领游客们参观三个不同场所。

(3) 必须被描绘成下列经典文学作品中的某个角色或是在此基础上塑造的人物。

①《绿野仙踪》中来自西方的邪恶巫婆,作者:弗兰克·巴姆

②《福尔摩斯探案》系列丛书中的夏洛克·福尔摩斯,作者:阿瑟·柯南·道尔

③《化身博士》中的杰凯尔博士或海德先生,作者:罗伯特·路易斯·斯蒂文森

④《神秘园》中的玛丽·莱农克斯,作者:弗朗西斯·豪森·本

奈特

⑤《白鲸记》中的阿博船长，作者：赫尔曼·梅尔维尔

⑥《小妇人》中的乔瑟芬，作者：路易莎·梅·阿科特

⑦《长袜子皮皮》丛书中的皮皮，作者：阿斯特丽·德林格伦

⑧《彼得·潘》丛书中的彼得·潘，作者：J.M.巴瑞尔

⑨《阿米莉亚·贝德利亚》系列丛书中的阿米莉亚·贝德利亚，作者：佩吉·派里什

⑩《雾都孤儿》中的杰克·道金斯，作者：查尔斯·狄更斯

5. 游客：

（1）可以是现实生活中的，或通过想象进行扮演。

（2）必须是一个团队，也就是说，在每次旅行中，必须有一个以上游客。

（3）每次旅行的游客可以不同。

6. 游客参观的场所：

（1）必须描绘现存于地球上的。

（2）包括两个现存的景点，它们不用与实景完全一致。

（3）包括一个参赛队创造的场所，它必须是原创的。

7. 不正确的解释：

（1）在某一个参观场所，针对一些事物，导游向游客给出一个不正确的解释。

（2）一名游客针对同一事物，给出一个正确的解释。

8. 无生命的物体：

（1）不能由参赛队员扮演。

（2）必须融入某个参观场所中。

（3）第一次出现必须是无生命的，在表演中的某个时间点出现生命迹象。

（4）当它出现生命迹象时，必须能被裁判和观众看见或听到。

9. 无价值的物品：

（1）必须出现在某个参观场所。

（2）可以是任何没有价值或表现出无价值的东西。

（3）可以用任何方式描绘。

10. 守卫角色：

（1）可以用任何方式描绘成任何东西。

（2）将解释为什么要守护这件无价值的物品。

※ 计分

1. 表演的整体创造性（原创性、效果）：1～15分

2. 表演质量（声音、动作、台风）：1～15分

3. 导游：3～40分

（1）经典角色的性格塑造程度：1～15分

（2）表演中角色的表现效果：1～15分

（3）不正确解释的创造性：1～10分

4. 游客：2～25分

（1）根据所述，包括一名给出正确解释的游客：0或5分

（2）给出正确解释的创造性：1～10分

（3）表演中游客表现效果：1～10分

5. 场所一：1～15分

（1）是否描述：0或5分

（2）视觉效果：1～10分

6. 场所二：1～15分

（1）是否描述：0或5分

（2）视觉效果：1～10分

7. 参赛队创造的场所：2～25分

（1）是否描述：0或5分

（2）概念的创造性：1～10分

（3）视觉效果：1～10分

8. 无生命物体：2～25分

（1）是否描述：0或5分

（2）设计的创造性：1～10分

（3）如何产生生命迹象的表演效果：1～10分

9. 守卫：1～15分

（1）在演出中出现：0或5分

（2）解释守卫无价值物品的创造性：1～10分

10. 无价值物品的创造性：1～10分

※ 风格

1. 解题中废弃物品使用的创造性：1～10分

2. 守卫服装的创造性：1～10分

3. 自由选择：1～10分

4. 自由选择：1～10分

5. 整体效果：1～10分

4. 神秘的科学

（2012年世界比赛赛题）

※ 问题

问题要求参赛队创造并呈现一场原创表演,展示一组科学家为揭示神秘事件的产生原因而进行的科学考察。科考地点从美国宇航局地球天文台的图片中选择。在考察期间,科学家们将使用参赛队创造的装置采集2个样品。表演将包含一个神秘事件的技术展示,旅行的真实呈现,以及科考发现的汇报。

问题的创造性重点是神秘事件和它的技术展示、科学家、参赛队创造的装置以及旅行的呈现。

问题的精神是参赛队创造并呈现一个原创演出,包括一组科学家为了揭示神秘事件而进行的科学考察。他们使用参赛队创造的装置在考察中采集两个样品并汇报科考成果。表演还将包括旅行的呈现。

※ 限制条件

1. 竞赛时间限制为8分钟。计时裁判说"开始",解题开始。8分钟包括赛场布置、风格表演和解题。

2. 问题成本限制为145美元，解题所需的材料包括风格表演，不得超出这个成本限制。

3. 参赛队创造的原创表演包括：

（1）一组科学家在科考过程中揭示神秘事件发生的原因。

（2）参赛队创造的用于科考中采集两件样品的装置。

（3）科学家对于科考发现的报告。

（4）神秘事件的技术展示。

（5）旅行的场景。

4. 科学家：

（1）可以是任何事物，但必须被描绘为一支队伍。

（2）不一定要由参赛队员扮演。

（3）可以是生物、也可以是无生命的，或两者的结合体。

（4）要扮演成在某个地点开展科考，目的是揭示在那里发生的神秘事件的原因，地点可以从以下链接的图片中选择。（http://earthobservatory.nasa.gov/odysseyofthemind/event_selector.php）

5. 神秘事件：

（1）必须基于被选中的那张图片，而且发生的原因未知。也就是说，图片中发生的现象成因不必是真实的原因。例如，火山爆发的现象被呈现，而爆发的原因来自其他，而非火山。

（2）必须发生在所选择的图片中的地点。

6. 参赛队创造的装置：

（1）必须被一个或多个科学家在科考中应用，以采集2个样品。必须在裁判看得见的情况下以一定的方式应用。

（2）装置的功能性设计和操作将被计分。

（3）必须设计得可以安全操作，而且不会损坏比赛场地或伤害任何人。

7. 两个样品：

（1）必须是裁判可见并且可触摸的。

（2）可以是两种不同的事物，不必由参赛队创造。

（3）应被科学家在科考中用参赛队创造的装置采集到。允许被表现的样品可以不是在实际地点发现的。

（4）样品可以由任何材料制成。

（5）应该是科学家在科考成果汇报中的题材。

8. 神秘事件的技术呈现：

（1）必须呈现上面提到的神秘事件。

（2）必须结合一些机械方面的元素，以表现在该地点发生的活动。

（3）允许包括参赛队成员。

（4）不必是事件的精确复制品。

9. 旅行的呈现：

（1）可以任何形式呈现。呈现时参赛队员可以按照他们希望的来移动。

（2）必须表现出一个或多个科学家的旅行是从某个地点，到某个地点或在某个地点。

※ 计分

1. 表演的整体创造性（原创性、效果）：1 ~ 25 分

2. 表演的质量（声音、动作、台风）：1 ~ 25 分

3. 科学家：2 ~ 30 分

（1）扮演的创造性：1 ~ 15 分

（2）表演的效果：1 ~ 15 分

4. 神秘事件：1 ~ 25 分

（1）根据美国宇航局的图片：0 或 5 分

（2）发生在图片显示的地点：0 或 5 分

（3）神秘事件描绘的原创性：1～15 分

5. 参赛队创造的装置：1～25 分

（1）由一个或多个科学家使用采集 2 个样品：0，5 或 10 分

（2）功能性设计和操作的创造性：1～15 分

6. 科考发现：1～20 分

（1）有科学家进行解释：0 或 5 分

（2）科学家解释的原创性：1～15 分

7. 神秘事件的技术表现：2～25 分

（1）与图片中活动的贴近程度：1～10 分

（2）创造性和功能性设计承担的风险：1～15 分

8. 旅行的呈现：2～25 分

（1）一个或多个科学家从某地点出发、到达或在某个地点的描述：0 或 5 分

（2）科学家如何在旅行中出现的创造性：1～10 分

（3）表演的效果：1～10 分

※ 风格

1. 样品的艺术水平：1～10 分

2. 一个科学家的总体外貌：1～10 分

3. 自由选择：1～10 分

4. 自由选择：1～10 分

5. 整体效果：1～10 分

5. 翻滚的结构

（2013年世界比赛赛题）

※ 问题

参赛队的问题是设计、制作一个只能使用轻木和胶水的单个结构，所有部件连在一起。结构具有参赛队自创的广告效应。结构从斜坡上被释放后，落在地上，越过一定的距离，然后在参赛队不接触的情况下运送到测试装置上。结构一旦安放在测试装置上，参赛队就要对其进行测试：在保持平衡的情况下，承受尽可能多的重量。结构的得分由结构越过计分线和承受住的总重量决定。往结构上放置重量的过程要和参赛队的表演相结合。

问题的创造性重点是广告效应、结构如何运送到测试装置以及重量放置如何与参赛队的表演相结合。

问题的精神是设计、制作一个用轻木和胶水组成的、具有广告效应的结构，结构从斜坡上释放，并在地面前行，然后在参赛队不接触的情况下把结构运送到测试装置，接着把重量放置到结构上进行测试。重量放置要和表演相结合。

※ 限制条件

1. 比赛时间限制为 8 分钟。当计时员宣布"开始"时开始计时。在 8 分钟时间里,参赛队要完成赛场布置、风格表演及解题。

2. 成本限制为 145 美元。参赛队解题时所用的所有材料包括风格表演,总费用不能超过成本限制。

3. 参赛队的解题包括:

（1）用轻木和胶水组成的结构从斜坡落到地面,并能越过计分线。

（2）具有广告效应的结构能从斜坡移动下来。

（3）在参赛队不接触的情况下运送到测试装置底座。

（4）通过放置重量测试结构。

（5）重量放置要和表演相结合。

4. 结构:

（1）必须由参赛队员设计和制作,不能受外界任何影响。

（2）必须由轻木和胶水组成,不能有任何人为加固,结构不能有其他任何材料。

（3）可以用其他物品或装置来组装,但这些物品必须在比赛称重前除去。

（4）重量不超过 15 克。

（5）放置在测试装置底座上,在支撑承压板时,高度最小为 8 英寸(1 英寸 ≈ 2.54 厘米)。不能有任何仅为达到高度要求而设置的延伸物。

（6）斜坡必须在 24 英寸 × 42 英寸测量区域内,结构从斜坡移动下来。结构必须通过自身移动,也就是说,在结构上不能附加任何东西,在斜坡上或地面上也不能放置任何东西等。

（7）必须能完整地放在测试装置底座内而不接触测试装置的边角支撑体。

（8）必须要有一个开口，可以容纳一根直径为 2 英寸的安全管。因此，结构的开口必须大于 2 英寸。开口将在称重区检测。在放置杠铃片过程中，安全管必须处在结构的开口中。

（9）在整个过程中，所有部件必须连接成一个单位。

5. 用于结构制作的轻木：

（1）必须是商业生产的轻木条。参赛队不允许使用其他任何类型的轻木条。

（2）横截面不大于 1/8 英寸 × 1/8 英寸。某些厂商切割木条时会有不同，所以允许最大尺寸为 0.135 英寸，略微大于 1/8 英寸。

（3）参赛队收到时必须至少是 36 英寸长的木条。

（4）除参赛队员外，其他人不能挑选木材。参赛队员可以从普通渠道获得木材，但其他人不允许参与木材挑选。如有其他人参与，裁判将给予外部援助的处罚。

（5）必须由参赛队自行切割。唯一例外的是原始的木条已成垂直地被切割了。如果发现不是由参赛队员自行切割，裁判将给予外部援助的处罚。

（6）可以做记号或着色，但不能用任何方法人为加固。

6. 用于结构制作的胶水：

（1）参赛队可以使用多种型号的胶水。

（2）必须是从商店购买的。不能在胶水中加任何东西，也不能和其他东西混合，除非制造商指定的两种成分组合而成的胶水。

（3）由制造商家提供的管状物、容器、盒子或说明书上的商标，必须要有胶水、环氧树脂、结合剂或胶粘剂的字样。

（4）不允许使用催速剂（促进剂）。在进行干燥修改时不能用化学方法，运用热空气或冷空气，其中不添加化学材料。

7. 广告效应：

（1）必须包括结构从斜坡向下移动中。

（2）必须在结构第一次从斜坡向下释放前开始。

（3）可以是参赛队希望的任何东西。

8. 结构从斜坡向下释放：

（1）参赛队必须提供一个斜坡，它可以是任何形状和由任何材料做成。斜坡调整完后，结构从斜坡向下释放时，无论从什么方向测量，斜坡必须在 24 英寸 × 42 英寸的区域里。也就是说，斜坡不能展开或用任何方法调整。

（2）整个斜坡必须放在出发线后面，并且不能超过出发线的垂直面。

（3）参赛队要把结构放在整个斜坡的上半部释放。斜坡的末端必须至少离开地面 6 英寸，而且在释放结构时斜坡要在出发线的后面，结构从斜坡往下移动。

（4）结构不能同时接触斜坡和赛场的地面。如果发生这种情况，参赛队在不计次数的情况下再试一次。

（5）结构一旦释放，参赛队就不能接触，直到结构完全停下。要得到分数，结构必须越过计分线，计分线距离测试装置底座 5 英尺（约 1.524 米）。参赛队可以进行 3 次释放。

（6）在一次成功越过计分线或第 3 次失败后，必须把结构运送到测试装置上进行杠铃片放置。在结构被运送到测试装置时，参赛队员不能接触结构。一旦结构放上测试装置的任何部位，参赛队员就可以接触结构，并调整结构位置，准备压重等。

9. 参赛队自创的表演可以是任何东西，只要它能和在结构上放置杠铃片的过程相结合。

10. 参赛队必须使用由赛场主任提供的砝码（比赛中用杠铃片替代）和测试装置。这些只能在放置杠铃片的正常过程中使用。例如，杠铃片不能用于风格表演、不能对测试装置进行装饰等。

11. 参赛队每次只能往结构上放置一块杠铃片。第一个重量必须是赛场主任提供的承压板，它将计入总的承重量。

12. 第一组的参赛队在放置20磅(约10千克)以上的杠铃片时，可以由一名成人(18岁或更大)帮助，但至少有一名参赛队员同时放置。第二组的参赛队在放置40磅(约20千克)以上的杠铃片时，可以由一名成人帮助，但至少有一名参赛队员同时放置。第三组和第四组的参赛队员必须自己放置杠铃片。对所有的组来说，杠铃片的放置顺序由参赛队员自己决定。

成人只能帮助放置杠铃片。参赛队员必须自己选择杠铃片并主动参与放置，在杠铃片堆上将杠铃片安放成一直线。成人不能传送杠铃片，除非参赛队员也握住杠铃片。

13. 在结构支撑重量、参赛队员的头低于承压板时，如参赛队员在安全区域内，他们必须戴上安全护目镜、塑料片眼镜或由裁判认可的其他保护眼睛的东西。这点适用于在安全区域进行承重测试的任何人。

14. 一块杠铃片在杠铃片堆上必须保持3秒钟后才能计入承受总重量，对参赛队员放置杠铃片的速度没有限制。

15. 在承重测试时，参赛队员可以从杠铃片堆上移去杠铃片，但只有在杠铃片放置结束，杠铃片堆上的杠铃片才可计分。

16. 如果需要，可以在安全管上加根延伸管。

17. 参赛队可以在8分钟比赛的任何时间内进行结构测试和风格表演。若表演在结构毁坏后进行，建议参赛队员通知准备区裁判。如果参赛队没有通知裁判，也不予扣分。

18. 处理和判断结构的测量、称重、检查木条、开放区和人为加固等事宜都发生在称重区。裁判们不会联系称重区，这会给称重裁判的注意力带来某些困难。处罚可以在参赛队比赛前或比赛后进行。

※ 计分

1. 承重得分：1～150 分

（在每个组别中，结构承受重量最多的参赛队将得到 150 分。所有其他参赛队的结构将根据承重量的百分比得到相应分数。）

2. 广告效应的创造性：1～10 分

3. 结构越过计分线（只计一次）：0，5，10 或 15 分

（1）第一次测试：15 分

（2）第二次测试：10 分

（3）第三次测试：5 分

4. 结构如何运送到测试装置的创造性：1～15 分

5. 放置杠铃片如何与表演相结合的创造性：1～10 分

※ 风格

1. 解题中一件废弃物的创造性使用：1～10 分

2. 斜坡的视觉效果：1～10 分

3. 自由选择：1～10 分

4. 自由选择：1～10 分

5. 整体效果：1～10 分

6. 古典——艺术建筑：音乐剧
（2013年世界比赛赛题）

※ 问题

参赛队的问题是创作并呈现一个原创表演，表演中包括一个建于公元 1000 ~ 1600 年的古典建筑复制品。表演还包括，三件艺术作品"消失"，两名角色想方设法找到这些作品。当角色找到这些作品时，作品便成为古典建筑复制品的一部分。表演必须包含两首配合舞蹈动作的歌曲。

问题的创造性重点是：表演；艺术作品如何消失，以及如何成为古典建筑复制品的一部分；两名角色的装扮；寻找艺术品；舞蹈动作和歌曲是否合拍。

问题的精神是参赛队创作并呈现出一个表演，其中包括一个古典建筑的复制品，复制品包含三件原创艺术作品，艺术作品莫名其妙地消失，至少两名角色寻找并找到这些艺术作品；被找到的艺术作品融入建筑复制品中；表演还包括两首与舞蹈动作配合的歌曲。

※ 限制条件

1. 比赛时间限制为 8 分钟。计时裁判说"开始",解题开始。8 分钟包括赛场布置、风格表演和解题。

2. 问题的成本限制为 125 美元,解题所需的材料包括风格表演,不得超出这个成本限制。

3. 参赛队要创作一个原创表演,其中包括:

(1) 一座古典建筑的复制品,它的设计中必须包含三个自创艺术作品。

(2) 三个会消失的艺术作品。

(3) 两名寻找并找到艺术作品的角色。

(4) 两首歌曲。

(5) 舞蹈动作。

4. 建筑复制品:

(1) 必须是建于公元 1000～1600 年的古典建筑复制品,且现存于世。这个建筑在公元 1600 年后可能有所改变。

(2) 表演中,建筑外观可以改变。

(3) 建造方式、使用材料和尺寸不限。

(4) 包含三件被找到的艺术作品。融入的艺术作品可以改变建筑复制品的原始外观。

5. 三件艺术作品:

(1) 可以是任何东西,并能以任何方式来表现(雕塑、绘画、照片、马赛克、挂毯等)。

(2) 必须先出现,然后消失,最后在寻找中重现。

(3) 被找到后,必须融入建筑复制品中。

6. 两名角色:

(1) 可以是任何事物,以任何方式呈现。

(2) 表演出寻找并找到艺术品的过程。

7. 两首歌曲：

（1）风格不限，但两首歌曲必须完全不同。也就是说，不能是同一首歌的不同版本，但可以是同一风格的两首不同的歌。

（2）必须分开表演。

（3）必须有曲调和歌词，且在表演中现场演唱。事先录制的声音可作为表演的一部分。

（4）必须包含原创的歌词或曲调。

8. 舞蹈动作：

（1）必须由至少三个不同动作组成一组完整的舞蹈动作。

（2）可以是任何活动的事物，如舞者、背景、场景转换、变装等。

（3）必须在两首歌曲表演期间进行。

（4）裁判和观众能看见。

※ 计分

1. 整个表演的创造性（原创性、效果）：1～20分

2. 表演质量（声音、动作、台风）：1～15分

3. 建筑复制品：5～25分

（1）与所选建筑的相似度：3～10分

（2）建造的艺术质量：2～15分

4. 三件艺术作品：3～35分

（1）整体艺术质量：1～15分

（2）消失方式的创造性：1～10分

（3）如何融入建筑复制品的创造性：1～10分

5. 两名角色：2～25分

（1）扮演的创造性：1～10分

（2）角色的表演效果：1～15分

6. 找到消失的艺术作品过程：2～20分

（1）表演中寻找方式呈现的独创性：1 ~ 10 分

（2）角色如何找到艺术作品的创造性：1 ~ 10 分

7. 两首歌曲：1 ~ 25 分

（1）分开表演：0、5 或 10 分

（2）表演效果：1 ~ 15 分

8. 舞蹈动作：2 ~ 35 分

（1）在每首歌中都出现：0、5 或 10 分

（2）包含三个或三个以上动作：0 或 5 分

（3）整体创造性：1 ~ 10 分

（4）表演效果：1 ~ 10 分

※ 风格

1. 一件在寻找中遇到或使用的道具的创造性：1 ~ 10 分

2. 表演中，一名队员在某时穿戴的物品的创造性：1 ~ 10 分

3. 自由选择：1 ~ 10 分

4. 自由选择：1 ~ 10 分

5. 整体效果：1 ~ 10 分

7. 宠物计划

（2013年世界比赛赛题）

※ 问题

参赛队的问题是设计、制作并操作三辆从不同区域出发的小车，小车要通过障碍完成零件的运送，这些零件用来装配一个宠物。每一辆小车必须以不同的方式来驱动，并需要完成至少三段旅程，将零件运送至装配区。参赛队需要发出信号，让观众知道哪一辆小车将在下一轮运行。一旦装配完成，宠物将表演一个把戏（戏法），或者成为把戏（戏法）的一部分。参赛队需要为表演创作一个主题，表演包含运送零件和动物。

问题的创造性重点是：表演的主题，小车和小车是如何运行的，以及宠物的装配。

问题的精神是：参赛队要设计、制作和运行三辆小车，且每一辆小车都要有不同的推进系统。小车将通过障碍，将零件运到装配区，在装配区中，参赛队将完成对宠物的装配。参赛队要为小车每次运送零件设计一个信号。一旦动物装配完成，它将表演一个把戏（戏法）或者成为把戏（戏法）的一部分。参赛队需要为他们的表演创作一个主题，表演必须包含小车的运行和宠物的装配。

※ 限制条件

1. 竞赛时间限制为 8 分钟。计时裁判说"开始",解题开始。8 分钟包括赛场布置、风格表演和解题。

2. 成本限制为 145 美元,解题所需的材料包括风格表演,不得超出这个成本限制。

3. 参赛队原创的表演包括:

(1)三辆小车,且每一辆小车至少完成三段旅程。

(2)参赛队创设的显示哪一辆车将进行下一轮旅行的信号。

(3)一个至少有 9 个零件构成的宠物,零件将由小车运送至装配区。

(4)一个由宠物表演或者是宠物参与其中的把戏(戏法)。

(5)一个包含了运送零件和动物的主题。

4. 小车:

(1)必须是参赛队原创的,但是可以包含商业生产的部件。

(2)每一辆小车都必须能完全安放在一个 12 英寸 × 18 英寸的矩形面积内。小车可以是任意高度(其中的一辆必须符合在隧道内通行的条件,从而达到获得最高分的条件)。

(3)每一辆小车的驱动都必须不同。

(4)每一次运行都只能有一辆车出发。

5. 推进系统:

(1)每一辆都必须与其他的不同。可以使用不同的能源,也可以使用不同的运用方式来使用同样的能源。能量来源和工程学上能量如何被用来推进小车,是用来判断小车如何驱动的标准。

(2)可以使用扩展部件来帮助小车推进。在小车释放时,这些部分必须在起始线后面,并且这些部分在小车测量时不予考虑。

6. 信号:

(1)可以是任何东西。

（2）必须让裁判和观众们清楚地看见。

（3）将指出哪一辆小车会在下一段旅程中运行。所有的车可以使用同一种类型的信号，也可以每一辆车用不同的信号，或者所有的车辆使用一个系统的信号。

7.宠物：

（1）必须是现存的或者已灭绝的哺乳动物、爬行动物、两栖动物、鱼类或者鸟类。

（2）必须至少由9个部件组成，且这9个部件将由小车运送至装配区。当零件到达后，可以在任何时候装配到动物身上去。

（3）可以包含其他没经小车运送至装配区的零件。在比赛开始后，这些零件可以在任何时候被放置到装配区中。

8.行驶小车来运送宠物零件：

（1）每一辆小车必须从三条起始线中的一条的后面出发运行至装配区。每一辆小车必须从起始线后面开始运行，且在小车每次出发后都要越过起始线的任意部分。

（2）每一辆小车从起始线后面运载一个宠物零件出发，并将零件运送至装配区。装载着零件的小车的任何一部分超过了装配区的垂直面即视为一次成功的运行。

（3）所有的扩展引导部分或推进系统在使用时必须保持在起始线的后面。

（4）在两条起始线和装配区之间会有障碍。在一次成功的运行中，小车可以通过障碍来得分，也可以不通过障碍，这不扣分。赛场主任提供的障碍是：

①三个需要移动的罐头。罐头是空的商业饮料罐，直径不小于2.5英寸，高度超过4英寸。参赛队在一次失败的运行后，可以在两次运行之间移走或重新摆放罐头。如罐头放置位置的标记点清晰可见，视作罐头被成功移动。

②一个在每一次运行中小车都可以通过的隧道。隧道可以由 3/8 英寸的夹板或者类似的木材制成,内部尺寸为长 24 英寸、开口 16 英寸 × 16 英寸。

9. 把戏(戏法):

(1)必须发生在宠物装配完成后。

(2)可以是任意的,只要是由宠物表演的或者是以某种方式参与的。

(3)可以在比赛场地内的任何地方进行表演,但必须能让裁判和观众清楚地看到。

10. 表演的主题可以是任意的,只要能结合车辆运行以及宠物的装配即可。

※ 计分

1. 表演主题的整体创造性:1～20 分

2. 表演的整体质量:1～15 分

3. 推进系统:4～45 分

(1)小车 1 的创造性:1～10 分

(2)小车 2 的创造性:1～10 分

(3)小车 3 的创造性:1～10 分

(4)三辆小车之间的不同:1～15 分

4. 小车的设计,包括推进系统的冒险性:3～21 分

(1)小车 1:1～7 分

(2)小车 2:1～7 分

(3)小车 3:1～7 分

5. 信号:1～15 分

(1)一个在所有规定的运行中使用的信号:0 或 5 分

(2)在表演中的效果:1～10 分

6. 运送至装配区的零件（一个零件 3 分，最多 9 个零件计分）：0，3，6，9…24，27 分

7. 在运行中成功通过的障碍物：0，2，4，6，8，10，12 分

（1）小车撞倒罐头（每撞倒一个罐头 2 分，最多计分 3 次）：0，2，4，6 分

（2）小车通过隧道（每通过一次得 2 分，最多计分 3 次）：0，2，4，6 分

8. 宠物：2～25 分

（1）宠物装配方式的创造性：1～15 分

（2）宠物在表演中的融入程度：1～10 分

9. 把戏（戏法）：2～20 分

（1）宠物参与的程度：1～10 分

（2）表演的效果：1～10 分

※ 风格

1. 一辆小车外貌的创造性：1～10 分
2. 一名队员一件服装的艺术质量：1～10 分
3. 自由选择：1～10 分
4. 自由选择：1～10 分
5. 整体效果：1～10 分

8. 不同寻常的鬼屋

（2014年世界比赛赛题）

※ 问题

创作并呈现一个原创表演，其中包括一个弹出式的不同寻常的闹鬼的"屋子"，在屋子里会发生四种特殊效果。特殊效果的目的在于吓唬别人。但是，取而代之的是，它们产生了一种不同的结果。表演包括：至少一个经历了特殊效果的角色，一个向观众转播角色经历的解说员和一个令人惊讶的结局。

问题的创造性重点在于：鬼屋、特殊效果和经历了特殊效果的角色。

问题的精神是：参赛队创作并呈现一个原创表演。包括一个鬼屋，在这个鬼屋里发生了用来吓唬别人的特殊效果，但却以不同的结果来结尾。表演包括一个经历了特殊效果的角色、一个解说员和一个出人意料的结局。

※ 限制条件

1. 比赛时间限制为 8 分钟。计时裁判说"开始"，解题开始。8 分钟包括赛场布置、风格表演和解题。

2. 成本限制为 145 美元，解题所需的材料包括风格表演，不得超出这个成本限制。

3. 参赛队创作的原创表演包括：

（1）一个鬼屋的环境。

（2）特殊效果。

（3）一个或多个经历了特殊效果的角色。

（4）一个解说员。

（5）一个出人意料的结局。

4. 闹鬼的"屋子"：

（1）不需要被装扮成或被叫作鬼屋。

（2）它必须被表现成一个恐怖的地方。可以是参赛队所希望的任何形式。在表演的过程中，它不需要始终被表现成一个恐怖的地方。

（3）至少包括四个不同的特殊效果。

（4）至少一个访问者，并经历了特殊效果。

5. 四个特殊效果：

（1）每一个特殊效果都必须被设计得使访问者感到惊讶，并在至少一个角色访问鬼屋的时候发生。

（2）必须被表现成试图用来恐吓访问者但实际却产生了一个不同于恐吓的反应。

（3）可以按任意顺序发生，但它们必须在表演中的不同时间发生。

（4）每一种特殊效果都必须有令其生成的机械装置。它们可以使用相同的材料，但每一种机械装置都必须以不同的方式运转。

（5）每一种特殊效果都必须有一个突然发生、弹出或突然出现的成分，可以以参赛队希望的任意方式表现。

（6）必须包括：

①一个要制造出声音。

②一个要引起一名参赛队员的外貌变化。对于效果的反应不被视为改变外貌。它可以改变任何一个参赛队员的外貌，并且在效果发生时，不需要被表现成在表演过程中发生在某个角色身上。

③一个要能引起幻觉，好像表现为某样东西，但实际却是其他东西。

④一个团队创造的特殊效果。

6. 访问鬼屋的角色（们）可以用任何方式来扮演。所有被参赛队列在其中的角色都将被计分。

7. 解说员的角色：

（1）必须由一个或多个参赛队员来扮演。

（2）向观众解释他认为在表演过程中发生了什么。这个解释并不一定是要在表演中真实发生情况的准确描述。

8. 出人意料的结局：

（1）必须被描绘成一些出人意料的事情。

（2）可以包括一个要求的特殊效果，但它不能仅仅是这个效果。

※ 计分

1. 表演的整体创造性（原创性、效果）：1～20 分

2. 表演的质量（声音、动作、台风）：1～20 分

3. 鬼屋的环境：1～30 分

（1）如何被展示成一个恐怖环境的创造性：1～10 分

（2）所有要求的特殊效果都有突然发生的成分：0 或 10 分

（3）所有要求的特殊效果都被展现成一个意外：0 或 10 分

4. 特殊效果——制造声音：2～20 分

（1）声音如何制造出来的工程技术：1～10 分

（2）声音的创造性：1～10 分

5. 特殊效果——改变一个队员的外貌：2～20分

（1）变化如何发生的工程技术：1～10分

（2）变化的创造性和程度：1～10分

6. 特殊效果——幻觉：2～20分

（1）如何制造出幻觉的工程技术：1～10分

（2）幻觉和真实之间的差异程度：1～10分

7. 特殊效果——团队创造：3～25分

（1）原创性：1～10分

（2）工程技术的创造性：1～10分

（3）技术难度：1～5分

8. 访问鬼屋的角色（们）：1～15分

（1）展示没被四个特殊效果惊吓的反应：0或5分

（2）反应的创造性：1～10分

9. 解说员的角色：1～20分

（1）解释每一个要求的特殊效果发生了什么：0或5分

（2）表演的整体效果：1～15分

10. 出人意料的结局的效果：1～10分

※ 风格

1. 解说员外貌的原创性：1～10分

2. 表演中对于一件废弃物品使用的创造性：1～10分

3. 自由选择：1～10分

4. 自由选择：1～10分

5. 整体效果：1～10分

9. 叠加的结构

（2014年世界比赛赛题）

※ 问题

参赛队要设计并制作一个由一些单独部件叠加起来的结构，结构只能由轻木和胶水制作而成。组成结构的部件越多，得分越高。由部件叠加而成的结构，将进行平衡和承受重量的测试。在被叠加前，这些单独的部件将被结合进一个关于地球的艺术表现中。往结构上放置重量和关于地球的艺术表现要融合在参赛队的表演中。

问题的创造性重点是：参赛队如何把关于地球的艺术表现和重量的放置融合在表演中。

问题的精神是：设计制作一个用轻木和胶水制作并且由一些单独的、互相分开的部件组成的结构，然后进行承重测试。在被叠加前，这些部件将被结合进一个地球的复制品中。往结构上放置重量和关于地球的艺术表现要融合在表演中。

※ 限制条件

1. 比赛时间限制为 8 分钟。计时裁判说"开始"，解题开始。8

分钟包括赛场布置、风格表演及解题。

2. 成本限制为145美元。解题所需的材料包括风格表演,不能超过成本限制。

3. 参赛队的解题包括:

(1) 结构由一些单独部件组成,部件只能使用轻木和胶水。

(2) 一个关于地球的艺术表现。

(3) 部件要结合进一个关于地球的艺术表现中。

(4) 通过承重来测试结构。

(5) 放置重量和地球要融合在表演中。

4. 部件:

(1) 比赛开始时,每个部件必须是地球艺术表现的一部分。在表演时,参赛队要将部件叠加成结构。

(2) 每个部件必须由水平、垂直的轻木条组成。

(3) 在叠加成结构时,部件间必须接触,但不能用任何方法使部件相互锁住或连接。

(4) 叠加时只允许一个部件接触承压板的底部,另一不同部件接触测试装置底座。

(5) 每个部件必须有用铅笔或墨水做的标记。按相似的标记把部件连起来。在放置重量期间,必须指明被叠加的每个部件的位置。

5. 叠加的结构:

(1) 必须由参赛队员设计和制作,不能受任何外界影响。

(2) 必须由轻木和胶水组成,不能有任何人为加固,也不能使用其他任何材料。

(3) 可以用其他物品或装置组装,但这些物品必须在比赛称重前除去。

(4) 重量不超过18克。

（5）放置在测试装置底座上，在支撑承压板时，高度最小为8英寸（约20.32厘米）。不能有任何仅为达到高度要求而设置的延伸物。

（6）至少由3个单独的部件组成，并互相叠加。叠加结构不能出现一根从测试装置底座完全伸展到承压板的连续的、坚固的木柱。也就是说，被叠加的部件不能有垂直的木条和其他部件的垂直木条排成一直线。因为如果那样，就会出现一根从顶部直到底座的木柱。这也包括局部重叠现象。

（7）必须能完整地放在测试装置底座内而不接触测试装置的边角支撑体。

（8）必须要有一个开口，可以容纳一根直径为2英寸（约5.1厘米）的安全管。因此，结构的开口必须大于2英寸。开口将在称重区检测。在放置杠铃片过程中，安全管必须在结构的开口中。

6. 用于结构制作的轻木：

（1）必须是商业生产的轻木条。参赛队不允许使用其他任何类型的轻木条。

（2）横截面不大于1/8英寸×1/8英寸（约0.32厘米×0.32厘米）。某些厂商切割木条时会有不同，所以允许最大尺寸为0.135英寸（0.33厘米），略微大于1/8英寸。

（3）参赛队收到时必须至少是36英寸（约0.91米）长的木条。

（4）除参赛队员外，其他人不能挑选木材。参赛队员可以从普通渠道获得木材，但其他人不允许参与木材挑选。如有其他人参与，裁判将给予外部援助的处罚。

（5）必须由参赛队自行切割。唯一例外的是原始的木条已经垂直地被切割了。如果发现不是由参赛队员自行切割，裁判将给予外部援助的处罚。

（6）可以做记号或着色，但不能用任何方法人为加固。

7. 用于结构制作的胶水：

（1）参赛队可以使用多种型号的胶水。

（2）必须是从商店购买的。不能在胶水中加任何东西，也不能和其他东西混合，除非制造商指定的两种成分组合而成的胶水。

（3）由制造商家提供的管状物、容器、盒子或说明书上的商标，必须要有胶水、环氧树脂、结合剂或胶粘剂的字样。

（4）不允许使用催速剂（促进剂）。在进行干燥修改时不能用化学方法，运用热空气或冷空气，其中不添加化学材料，这是允许的。

8. 关于地球的艺术表现：

（1）可以根据参赛队希望，用任何材料组成。

（2）必须让裁判和观众看得见。

（3）在部件没叠加时，必须把这些部件结合到关于地球的艺术表现中。在参赛队从称重区取走结构后的任何时间，可以把这些部件结合进去。

9. 参赛队自创的表演可以是任何东西，只要它能将往结构上放置杠铃片的过程、地球和部件的叠加结合在一起。

10. 参赛队必须使用由赛场主任提供的砝码（比赛中用杠铃片替代）和测试装置。这些只能在放置杠铃片的正常过程中使用。例如，杠铃片不能用于风格表演，不能对测试装置进行装饰等。

11. 参赛队每次只能往结构上放置一块杠铃片。第一个重量必须是赛场主任提供的承压板，它将计入总的承重量。

12. 第1组的参赛队在放置20磅（1磅≈0.45千克）以上的杠铃片时，可以由一名成人（18岁或更大）帮助，但至少有一名参赛队员同时放置。第2组的参赛队在放置40磅以上的杠铃片时，可以由一名成人帮助，但至少有一名参赛队员同时放置。第3组和第4组的参赛队员必须自己放置杠铃片。对所有的组来说，杠铃片的放置顺序由参赛队员自己决定。

成人只能帮助放置杠铃片。参赛队员必须自己选择杠铃片并主动参与放置,在杠铃片堆上将杠铃片安放成一直线。成人不能传送杠铃片,除非参赛队员也握住杠铃片。

13. 在结构支撑重量、参赛队员的头低于承压板时,如参赛队员在安全区域内,他们必须戴上安全护目镜、塑料片眼镜或由裁判认可的其他保护眼睛的东西。这点适用于在安全区域进行承重测试的任何人。

14. 一块杠铃片在杠铃片堆上必须保持3秒钟后才能计入承受总重量,对参赛队员放置杠铃片的速度没有限制。

15. 在承重测试时,参赛队员可以从杠铃片堆上移去杠铃片,但只有在杠铃片放置结束时,杠铃片堆上的杠铃片才可计分。

16. 如果需要,可以在安全管上加根延伸管。

17. 参赛队可以在8分钟比赛的任何时间内进行结构测试和风格表演。若表演在结构毁坏后进行,建议参赛队员通知准备区裁判。如果参赛队没有通知裁判也不予扣分。

18. 关于外部援助的提醒:参赛队员对制作一个原创结构负责。非参赛队员不得就如何制作或改进结构提供想法、建议和信息,这包括拍摄下其他参赛队的解题方法作为参考。直到世界决赛结束后,参赛队员才能与他人讨论他们的解题方法与过程。比赛期间,与他人讨论或在公共论坛上讨论竞赛事宜将被视为"外部援助",会收到处罚的通知。发生这样的事件不报告,会带来重大的处罚,或导致取消资格或终止比赛。

19. 处理和判断结构的测量,称重,检查木条、开放区和人为加固等事宜都发生在称重区。裁判们不会联系称重区,这会给称重裁判的注意力带来某些困难。处罚可以在参赛队比赛前或比赛后进行。

※ 计分

1. 承重得分：1 ~ 150 分

（在每个组别中，结构承受重量最多的参赛队将得到 150 分。所有其他参赛队的结构将根据承重量的百分比得到相应分数。）

2. 部件结合进地球的艺术表现：0 或 10 分

3. 结构中的部件数：0,5,15 或 25 分

（1）最少 3 个部件：0 分

（2）4 个部件：5 分

（3）5 个部件：15 分

（4）6 个或更多部件：25 分

4. 放置杠铃片和地球艺术表现如何融入表演的创造性：1~15 分。

※ 风格

1. 艺术表现和部件如何结合进去的创造性：1 ~ 10 分

2. 一件服装的艺术质量：1 ~ 10 分

3. 自由选择：1 ~ 10 分

4. 自由选择：1 ~ 10 分

5. 整体效果：1 ~ 10 分

第二节

头脑奥林匹克即兴题选登

我

一、向队员宣读：

1. 有 1 分钟时间思考，4 分钟时间回答。可以提问，但要计时。在任何时候，队员间不能互相说话。

2. 每一个普通回答得 1 分，每个创造性回答得 5 分。

3. 每名队员有 7 张卡片。要按顺序依次回答。一名队员给出一个答案后，要把一张卡片放到盒子里。

4. 请大声回答，吐字清晰。一旦计时开始，即使要求你重复回答，或解释回答，或让你给出另一个正确的答案，都不会停止。

5. 不可以打乱顺序回答。如果一名队员回答不出，参赛队的解题就会停下来。

6. 回答时间结束或你用完所有的卡片，你就不能再回答了。

7. 你们的问题是选择一个句子并填空：

（1）当 _____ 时候，我伤害了我的 _____。

（2）当 _____ 时候，我使用了我最后的 _____。

（3）因为 _____，所以我希望 _____。

你可以选择任何一个句子回答。比如，你可以说："因为我病了，所以我希望吃药。"下一名队员可以说："当我摔跤的时候，我伤害了我的肘部。"

二、教练须知：

1. 放一份写有三个句子的复印件，让所有队员都能看到。

2. 给每名队员一叠 7 张的卡片。每叠卡片要有区别。

3. 在队员够得着的地方放一个打开的盒子。

4. 普通回答举例：

可预期的回答："当我从楼梯上摔下来的时候，我伤害了我的脚踝"；"当我买了一瓶汽水的时候，我使用了我最后一元钱"；"因为我感到饿了，所以我希望吃个汉堡包"。

基本回答："当我阅读报纸的时候，我伤害了我的手腕"；"当我写我的读书报告的时候，我使用了我最后一张纸"；"因为我没有其他选择，所以我希望有另外一支笔"。

5. 创造性回答举例：

无形的物体、想法："当我取悦他的时候，我伤害了我的感觉"；"当我做婴儿保姆的时候，我使用了我最后一点耐心"；"因为电影还在继续放映，所以我希望她能安静一点"。

幽默或意料之外："当我思想开小差的时候，我伤害了自己的脑袋"；"当我的阿姨拿出她的度假照片时，我使用了我最后一个出逃计划"；"我希望有人被叫到回答问题"。

动物的任务

一、向队员宣读：

1. 有 2 分钟时间思考和 5 分钟时间回答。可以提问，但要计时行。在回答时你们不能互相交谈。

2. 每个普通回答得 1 分，每个创造性回答得 5 分。

3. 每个队员有 8 张"答题卡"。你们可以按任何顺序回答。在你回答之前，你必须交一张"答题卡"。你们不可以共用"答题卡"。

4. 回答要清晰而响亮。一旦计时开始，将不会中途停止，即使是要求你重复或阐明你的回答，或者要求你给出更恰当的回答。

5. 你们的问题是给一个动物和一项你将用这个动物来完成的任务命名。例如，你可以说："用长颈鹿来打下树上的苹果。"

6. 当比赛时间已到，或你已用完所有的答题卡时比赛结束。

二、教练须知：

1. 在计时开始前，给每个队员一套 8 张的答题卡。每套卡片必须要有区别。

2. 在队员回答前，必须交一张答题卡。队员可按任何顺序回答，但是他们不可以共享他们的卡片。

3. 普通回答举例：

动物和任务是显而易见的匹配：用公鸡来叫醒我的小弟弟；让我的狗来拿报纸；用长颈鹿来打下树上的苹果；用马来行进。

不能算是真正的任务：坐在乌龟上；用老鹰来飞翔；用蜘蛛来做丝巾；用河马来冲浪；用濠猪来做枕头；用鸡来啄树。

任务和动物之间只有一点联系：用蛇来做棒球棍；用猫来做脚凳；用耙子扒树叶和一只鸵鸟；用一只小鸡来做我的琐事。

4. 创造性回答举例：

根据人们对这个动物认识相对适当的任务：用我的鹦鹉来接电话；用老鼠来让我妈妈远离我的房间；用鸡来供应我鸡蛋。

动物双关语：用"驼鹿"moose（与摩丝同音）来给我的头发做造型；用"老鼠"mouse（与鼠标同音）在电脑上玩游戏；用"蝙蝠"bat（与球棒同音）来打垒球；用"蚂蚁"ant（与阿姨同音）来照顾我的弟妹；用"蛇"snake（与迂回前进同音）来通下水道；请

"鲨鱼"shark（与专家同音）来处理我的诉讼……

把人作为动物：第一次使用时评为创造性回答。以后评为普通回答，除非任务是非常的不平常。

由于即兴题的题目都来自美国，美国是使用英语的国家。英语单词有一词多义的特点，还有些单词的读音非常接近，在回答时可利用这些特点。用中文回答时，可利用读音相同，但字意不同的特点，这在中文的一些广告中经常用到。如"时不可失，鸡不再来"等。

修理

一、向队员宣读：

1. 有 1 分钟时间思考，2 分钟时间回答。可以提问，但要计时。你们不能互相交谈。

2. 每个普通回答得 1 分，每个创造性回答得 3 分。

3. 你们必须轮流回答，轮到你时不可以跳过，或给出与别人相同的回答。如果有一个队员停止，整个队将停止。

4. 说话清楚响亮。一旦计时开始，将不会停止，即使要求你重复你的回答，或阐明你的回答，或给出更合适的回答。

5. 你们的问题是说出尽可能多的"什么修理什么"。如：老师修理学生；医生修理病人……

二、教练须知：

1. 普通回答举例：众所周知的某人修理某物。如：园林工人修理花圃；工人修理机器等。

2. 创造性回答举例：意想不到的修理。如：医生修理人的内脏器官；警察修理小偷等。

伤害

一、向队员宣读：

1. 有 1 分钟时间思考，5 分钟时间回答。可以提问，但要计时。你们不能互相说话。

2. 普通回答得 1 分，创造性回答得 5 分。

3. 你们每个人都有 7 张卡片。你们将按顺序回答。在你答完问题后，把一张卡放到盒子里。

4. 说话清楚响亮。如果要求你重复你的回答，或阐明你的回答，或给出更合适的回答，计时将继续进行。

5. 你们的问题是命名某东西是伤害，而且说出什么伤害。比如，你可以说："蜜蜂叮人害人"。

6. 当时间结束时或你的所有的卡片已经用完时，你必须停止。

二、教练须知：

1. 在每个队员的位置上放一套 7 张的卡片。每套必须在颜色、图案等不同于其他。

2. 在队员都接触得到的地方放置一个盒子（可以容纳 35 张卡片）。

3. 普通回答举例：

医术状况：胆囊膀胱的袭击、肾石、盲肠炎、脑膜炎、脊髓灰质炎、结核病等伤害人；头痛伤害头；耳痛伤害耳朵和头；流感伤害全部的身体。

武器：枪、炸弹、手榴弹、地雷、坦克、刀等伤害人。

自然：蜜蜂叮、仙人掌刺、玫瑰树刺、柠檬的刺、毒常春藤等伤害人和动物；狮子伤害兔子；猫伤害老鼠。

严重的天气情况：晒伤、吹风引起的皮肤病、脱水等伤害人；干燥伤害农作物；洪水伤害财产；严寒伤害花。

多方面的：吸烟伤害肺；楼梯伤害摔倒的人；汽车事故伤害

人；有刺的铁丝网篱笆伤害动物；森林火灾伤害树。

4. 创造性回答：

健康和疾病：腹股沟淋巴结炎、瘟疫伤害人；疟疾伤害人；青光眼伤害视力；口蹄疫伤害牛；狂犬病伤害动物和人；疯牛病伤害牛肉工业；病毒伤害免疫系统；缺钙伤害骨骼；关节炎伤害关节。

家和商业：电脑病毒伤害硬盘；经济萧条伤害商业；诉讼伤害银行账号；坏的宣传品伤害销售；倒塌的房子伤害邻居。

自然：白蚁伤害房子；石油泄露伤害海鸟；电线杆伤害风景观赏；化学制品伤害环境；太阳光伤害眼睛；雨伤害野餐机会。

多方面的：不好的学习习惯伤害成绩；在电脑屏幕前太久伤害眼睛；过量运动伤害人的肌肉；不工作伤害职工提升；坏的行为伤害人的声誉；一颗破碎的心伤害爱情；高犯罪率伤害旅游。

请勿入内

一、向队员宣读：

1. 有 2 分钟时间思考和讨论，3 分钟时间回答。可以提问，但要计时。回答时队员间不能互相交谈。

2. 每个队员有 1 张白纸和 1 支铅笔，可以随意使用。

3. 每个队员有 6 张答题卡，回答时可以不按顺序。每回答完 1 次，必须交 1 张答题卡，不可以共用卡片。时间结束时，或当所有的答题卡全部用完时，队员停止回答。

4. 大声回答，吐字清楚。时间开始后，即使让你重复回答，或解释回答，或让你给出另一个正确回答，计时也不间断。

5. 有一个被标明"请勿入内"的区域。你们的问题是创作一个故事，内容是你为什么想进入这个区域和你为什么不被允许进入这个区域。

6. 评分标准：

每个普通回答得 1 分；

每个创造性回答得 5 分；

根据故事的整体创造性得 1 ~ 10 分。

二、教练须知：

1. 宣读完题目后，发给每个队员 1 张白纸和 1 支削好的铅笔。

2. 发给每个队员 6 张一叠的答题卡，每叠卡片要有区别。

3. "请勿入内"的区域可以是房间内的一个区域、一扇门、另一个小房间等等。贴警示标志或指示牌标明"请勿入内"。

4. 根据故事主题的创造性，每个回答是否融于这个故事中，回答之间的关联性，故事中有意想不到的转折、幽默等，对故事的整体创造性进行评分。

5. 普通回答举例：

没有对故事增加意义；和故事主题没关联的回答；与故事主题有关，但没有推动故事情节发展的回答。

6. 创造性回答举例：

故事发展有意想不到的转折；对意想不到的转折有快速回应；幽默的回答；如果一个队员给故事设置了一个特殊的困境，而另一队员巧妙地利用了那个回答来发展故事；恰当有意义的肢体语言或手势，使回答的情形变得戏剧化。

三、解题要点：

故事类的即兴题是比较难的，一个人讲一个故事比较容易，而现在要求用 30 句话完成一个故事，每人每次只能讲一句，并且思考和讨论的时间只有 2 分钟。难度确实很高。

一般来说，一个完整的故事应该有开头、情节和结尾。要有主题、人物和角色、时间和地点，要能吸引听众。讨论时只能初步确定这些主要的东西，其他只能随机应变了。要充分利用白纸，把一些重要的东西记录下来（用文字或图案）。

讲故事时,要围绕事先确定的主题。故事的发展要有意想不到的转折,对这意想不到的转折要有快速回应。故事要有幽默的情节。如果一个队员给故事设置了一个特殊的困境,那另一队员要设法巧妙地利用这个困境来发展故事。讲故事时,最好能使用肢体语言或手势等,这样使得故事的情节变得戏剧化。

平时最好能多训练此类题目,并把故事用录音机录下来,事后再分析、研究,以提高故事的质量。

提醒物

一、向队员宣读:

1. 有1分钟时间思考,2分钟时间回答。可以提问,但要计时,你们不能互相说话。

2. 每个普通回答得1分,创造性和幽默的回答得5分。

3. 你们要按顺序轮流回答,不能跳过、重复或放弃回答。如有人回答不出,则比赛结束。

4. 一旦计时开始,就不能中断。即使要求你们重复、澄清或给出更合适的答案,计时也照常进行。请大声回答。

5. 你们的问题是:请列举各种可能会提醒我们的提醒物,以及它们提醒我们什么事情。回答必须包括完整的说明,如,"日历提醒我们日期"。

二、教练须知:

1. 普通回答举例:

清单提醒我们须做的某些事情;钟提醒我们时间;煤气表提醒我们用气量;红灯提醒我们停车;绿灯提醒我们通行;闹钟提醒我们起床。

2. 创造性回答举例:

成绩单提醒我们进步;老师提醒我们做回家作业;秘书提醒

总经理须做什么事情；广告提醒我们产品；胃里的叫声提醒我们饿得要吃饭；路牌提醒我们在什么地方。

未来的新闻

一、向队员宣读：

1. 有 2 分钟时间思考和讨论，4 分钟时间回答。可以提问，但要计时。回答时不能相互交谈。

2. 每人可获得一张纸和一支铅笔，供需要时使用。

3. 每个普通回答得 1 分，每个创造性回答得 5 分。

4. 你们每人有 5 张答题卡。每次回答时，必须交一张答题卡。回答的顺序不限。

5. 回答时声音要响亮、清楚。一旦开始，即使叫你重新讲一遍，或对该答案予以澄清，或要求更换一个更合适的答案，将连续计时不停顿。

6. 当你们的答题卡用完或答题时间结束时，比赛结束。

7. 你们的题目是想象 100 年以后的情景。说出一个你们可能在新闻中看到的标题。例如，你们可以说："考古学家发现一种据说是汽车的未知装置。"

二、教练须知：

1. 向队员宣读完题目后，给每个队员一张纸和一支削好的铅笔。

2. 给每个队员一套 5 张的答题卡，每套答题卡要有区别。

3. 普通回答举例：

讲出可能性：考古学家发现未知的机器——标注为 Hyundai；我们的参赛队赢得世界决赛冠军 100 周年纪念；选举产生了第 62 届总统；全国性债务减免；新手赢得世界系列赛冠军；选举产生了第一位女性总统；汽车的速度限制提升到了每小时 100 千米；新

型的大众双座小型车亮相——2002怀旧型;第三次世界大战纪念馆落成;奥林匹克委员会被解散;地球上发现了最后一名幸存者。

与当今事件相关的离奇现象:航天员访问了火星殖民地;世界人口达到10万亿;烟雾终于在丹佛升起;太阳能取代电源;全球性气候变暖达到顶峰。

4.创造性回答举例:

无时限的新闻:人类吃狗肉——某些不会改变的事情;埃尔维斯在逛当地的商场;科学家即将找到治疗癌症的方法;去年的时尚变成今年的"遭人嫌"。

未来的可能性:火星人赢得第137届保龄球超霸赛;国会通过跨星系婚姻法;发掘出的木乃伊据说是里克马丁的遗体;第五代洗羊车问世;被告申辩"不是我,是我的克隆人干的";每个家庭都拥有垃圾蒸发器;最后一座永久性电影院被毁坏;比尔·盖茨三世被命名为地球上最富有的人;世界上最年长的女性回顾电脑时代。

明显的夸张:月球的奶酪供应耗尽了;拨号电话以200万美金的价格创拍卖纪录。

外星人的逻辑

一、向队员宣读:

1.有2分钟时间思考和讨论,5分钟时间回答。可以提问,但要计时。回答时队员不可互相交谈。

2.每名队员有6张"答题卡",你们必须按顺序回答。一名队员回答完毕,须交1张"答题卡"。你们不可以共享这些卡片。回答时间到,或所有的卡片用完,比赛结束。

3.大声回答,吐字清楚。一旦计时开始,即使要求你重复回答,或让你解释回答,或是让你给出另一个更合适的回答,计时也不间断。

4. 桌上放着一些物品。假如你们是外星人，来地球参观，带着这些物品回到自己的星球。

5. 你们的问题是告诉你们星球上的人们，你认为这些东西有什么用处。比如，你拿起一支钢笔说："这是用来搅拌液体的。"

6. 轮到回答的队员先交一张卡片，然后拿起一件物品，给出回答，回答完毕，把物品放回桌上。物品被放下后，下一名队员交一张卡片，拿起一件物品回答，以此类推。

7. 每个普通回答得1分，每个创造性回答得5分。

二、教练必须知：

1. 给每名队员一叠6张的卡片。每叠卡片应有区别。

2. 在队员进入房间前，桌子上放置以下物品：

书、棒球帽、小雨伞、弹性圆珠笔、纸币、直尺、女用小钱包、盒子、烧烤手套、围巾、皮带、叉子、鞋拔子。

3. 普通回答举例：

现实中的用途：直尺用来测量距离；皮带用来束裤子；叉子用来吃饭。

普通的转换用途：雨伞用来遮阳；烧烤手套垫在滚烫的锅下，以防损坏桌子；直尺用来画直线。

4. 创造性回答举例：

外星人的用法：钱包用来存放星球间快递的收据；盒子是关宠物"X"（外星动物名字）的笼子；按一下弹性圆珠笔并说"这是用来叫'克里小猫'的（或其他和这种声音有关的外星人名字）"。

精心设计的用途：棒球帽用在大型的争斗中，作为我方的标志；书用来传递知识；纸币在游戏中使用，人们尽可能多地收集材料；出门时，围巾用来把头连在脖子上。

不寻常的用途：皮带用来给孩子荡秋千；书可以用来打死虫

子；打开雨伞并说"这是决定谁是下一个进入游戏的方式"；用圆珠笔写字并说"这是辨别谁是谁的方式，因为它们彼此长得一样"。

糟糕的时候

一、向队员宣读：

1. 有 1 分钟时间思考，5 分钟时间回答。可以提问，但要计时。任何时候都不可以互相交谈。

2. 每个普通回答得 1 分，每个创造性回答得 5 分。

3. 每名队员有 6 张"答题卡"，你们必须按顺序回答。一名队员回答完毕，须交 1 张"答题卡"。

4. 大声回答，吐字清楚。一旦计时开始，即使要求你重复回答，或让你解释回答，或是让你给出另一个更合适的回答，计时也不间断。

5. 回答顺序不可以打乱。如果队伍中有 1 名队员卡住了，那么整支队伍的解题就停止。

6. 当回答时间到，或队员用完所有的"答题卡"，比赛结束。

7. 你们的问题是说某件事情，通常你很喜欢听到它，但在某些时候你却不喜欢听到它。比如，你可以说："当正在下雨时，我不喜欢听到'让我们去野餐吧'。"

二、教练须知：

1. 给每名队员一叠 6 张的"答题卡"。每叠卡片应能区别开来。

2. 普通回答示例：

人们一般不想听到的事情：我们想中断节目播出特别的通告；当正在看我最喜欢的电视节目时。

自然情况：让我们出去散步，在扭伤脚腕后；你的朋友在这里，当我生病卧床时；打开收音机，当我头痛时。

其他："真是奶奶的好孩子"，当我的朋友正在等我时；"指环王今晚在电视台播出",当有线电视出故障时;"马戏团下个星期来镇上演出",当我得去度假时;"来点甜品吧",刚吃过两个麦当劳巨无霸时;"妈妈回来了",我们正在家里开舞会时;"吃晚饭了",足球比赛正在进行中;"让我们去游泳吧",正是隆冬时节。

3. 创造性回答示例:

相互联系:"亲我一下",当我的女朋友正好患了感冒时;"你想骑车回家吗",当我正和一个可爱的女孩一起放学回家时;"学校的帅哥想邀你参加舞会",我已经答应和其他人一起去时。

失望:"你被耶鲁大学录取了",其实我想进哈佛大学;"我买了一本书给你作生日礼物",其实我想要台DVD影碟机;"让我们去吃晚饭",当我知道我们并不是去麦当劳。

食品:"亲爱的,你的烤蛋糕准备好了",一个小时前他们已经做好了;"这是我吃过最美味的鱼",当我想吃鸡肉时。

说话的人:"天哪!你真英俊",当我站在一个陌生男人旁边;"你比我聪明",在照看孩子时,我4岁的妹妹说。

其他:"昨天晚上雪下了3寸厚",在周六早上;"你被选为班干部",当我讨厌处理班级工作时;"我给你加薪1万美元",刚接受了一份新工作;"我要给你一个惊喜",当我的爸爸指着一个满满的垃圾桶时。

艺术交谈

一、向队员宣读:

1. 有1分钟时间思考,3分钟时间回答。可以提问,但要计时。你们不可相互交谈。

2. 一旦计时开始,就不可停止。如果要求你们重复回答,或解释回答,或作更适当的回答时,都要计时,所以回答要响亮,清楚。

3. 每个普通回答得1分,每个创造性回答得5分。

4. 你们每人有 1 枝蜡笔和 7 张答题卡。你们不可以用别人的蜡笔和卡片。

5. 桌上有 2 张纸。一张纸上画有几个图形,另一张是空白的。

6. 你们的题目是作画并回答。

7. 第 1 个队员要用蜡笔在任何一个图形上添画点东西,或者在另外那张纸上画上别的东西。画完后要把一张答题卡放入盒内,并对所画的画儿作一点描述。

8. 之后,必须由其他 2 名队员交出自己的答题卡,并对那张图画作描述。然后,第 4 个队员用自己的蜡笔在任何一个图形上添画点东西,或者另外画别的东西。画完后交出一张答题卡并作描述。另外 2 名队员将把自己的答题卡放入盒子里并对那张图作描述,以此类推。

9. 一旦某个队员用完了答题卡就要退出比赛,如轮到其作画时应轮空。当 5 分钟比赛时间结束或所有的"答题卡"都已用完时,比赛就结束。

二、教练须知:

1. 把一套 7 张的"答题卡"和 1 支深色蜡笔放在每个队员的位置上。每个队员的"答题卡"和蜡笔应各不相同。把 1 个盒子放在 5 名队员都够得到的地方(放卡片用)。

2. 准备 1 张空白的白纸和 1 张画有图形的纸(把下面 4 个图形画在纸的上方),把这 2 张纸一起放在队员面前。

3. 最好是让队员围着一张小圆桌坐,以方便他们互相传递画。必要时他们可以从自己的位置上站起来画画。如果他们在传递画有困难时,教练可给予帮助。

4. 若比赛时间结束时,队员正在回答,则可让队员继续下去,并给予计分。

5. 在一个队员作画及回答后,如有超过 2 个队员把答题卡放入盒子里,则警告参赛队仅允许 2 名队员进行,盒子里多余的卡片不予计算。

6. 一旦某个队员用完了自己的答题卡,必须仍然坐在座位上观看其他的队员继续比赛。当 5 分钟比赛时间结束,或队员用完了所有的答题卡时,比赛即结束。

7. 普通回答举例:

◁ 箭头、路标、蝴蝶翅膀、三角形。 ∪ 水波、两只球、字母 W。
○ 圆圈、苹果、眼球、鸡蛋。 —— 地平线、"除号"、字母 I。

8. 创造性回答举例:

◁ 破碎的盒子、比萨饼、帐篷、扫帚。 ∪ 美式足球肩盔、水泥卵石、桥。
○ 地球、月亮、眼镜、彗星。 —— 鱼骨、音乐符号、心跳示波、尺。

9. 由 2 个或几个图形组成一个画:

三、解题要点:

一定要听清本题的回答方式:第 1 个队员添画、交卡、回答;下 2 个队员一起交卡,1 个队员回答后,另 1 个队员再回答;再下 1 个队员添画、交卡、回答;再下 2 个队员一起交卡,1 个队员回答后,另 1 个队员再回答,以此类推。直到比赛时间到或用完各人的"答题卡",比赛结束。只要有"答题卡"都属于下个队员,不一定每人每轮回答一次,可以连续进行。如有超过 2 个队员把答题卡放入盒子里,那也只能有 2 个队员回答,多放的卡就作废了。

添画时可以改变指定的四个图形的方位。各人所添的画要想法让别人能回答。

绳子挂物

一、向队员宣读：

1. 有 8 分钟时间解题。当时间还剩 2 分钟、1 分钟时会提醒你们。在任何时候，你们都可以提问和交谈。

2. 你们的问题是在一根绳上挂上尽可能多的物品。你们不能改变场地布置。

3. 桌上是提供解题的材料，不能再使用其他任何东西。盒子内是被挂的物品，盒子不能用来解题。

4. 不能单独使用一个材料挂 2 件以上的物品到绳子上。但可用几个材料，分别挂 2 件以上的物品。

5. 被挂物品只能接触绳子和解题材料。被挂物品必须悬空挂在绳上，到时间开始评分。

6. 当你们使用不同的挂物方法且获得成功的时候，会有另外的加分。

7. 你们可以在任何时候要求评分。当你们要求评分或比赛时间到时，解题结束。

8. 评分标准如下：

① 每挂上 1 只乒乓球，得 2 分；

② 每挂上 1 枚硬币，得 3 分；

③ 每挂上 1 支铅笔，得 5 分；

④ 每挂上 1 只垒球，得 10 分；

⑤ 每一种独特的挂物方法，得 5 分；

⑥ 队员的合作程度，得 1～10 分。

二、教练须知：

1. 布置场地：挂物绳子要非常牢固，用来挂物部分的绳长1.5～2.5米，离地约0.7米。绳子尽可能保持水平。可把绳子绑在两个桌子腿或椅子腿的上，确保绳子不会滑落。

2. 准备被挂物品：7枚硬币、6支新铅笔、5只乒乓球、1只垒球（放在一只盒子内）。

3. 提供以下材料，用来帮助挂物品：5根吸管、1张A4纸、3只小杯子（120～180毫升）、2根橡皮筋、1只信封、6根棉线（长30厘米，要牢固，不易被拉断）。

对第2组的队再增加：1根橡皮筋、2枚回形针。

对第1组的队再增加：3枚回形针、2个面具或绘画带（长30厘米）、1张A4纸、1根橡皮筋、2只小杯子。

4. 队员可以移动物品并根据他们的想法挂到绳子上。如绳子发生问题，要求队员进行修理，但计时继续。

5. 如果两件以上物品用的是同一个材料（全部或部分）进行连接挂到绳子上，只计分数最高的那两件物品。同一个材料不代表同一类材料，比如杯子，同一个材料意思就是同一个杯子。队员可以重复使用同一个方法。比如，可用不同的回形针把装有两件物品的两个杯子挂到绳子上，只要它们是独立地挂在绳子上即可。计分时可算4件物品，但方法算1种。同样使用杯子，如用不同方法，会另外计分。

6. 当为合作程度评分时，可参考所有队员的参与程度和策略等，如何分配材料、是否分组。

7. 如队员很明显地表现出没有正确理解题目，应尽可能阐明题意和限制条件。比如，队员把所有的硬币都放在杯子里挂到绳子上，应告诉队员参考第4条。不能帮队员解题，应帮助他们理解。

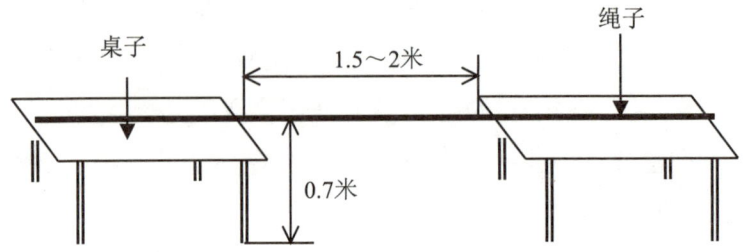

三、解题要点：

本题初看好像很容易，但队员会忽略"当使用不同的挂物方法且获得成功的时候，会有另外的加分"这句话。

悬臂结构

一、向队员宣读：

1. 有10分钟时间来完成这道题目。队员之间可以互相交流。

2. 你们要用50根牙签和1块橡皮泥来制作一个结构，结构要固定在桌面分界线的后面，结构要尽量远地向分界线外伸展，并且不能碰到分界线以外的桌面。如果结构碰到了桌面，那么必须拆除，直到结构成为悬臂。悬臂结构的末端必须在准绳之上。

3. 在10分钟的制作时间结束后，要测量你们的悬臂结构，伸展出分界线的长度将决定你们的得分。

4. 队员必须把悬臂结构放在分界线之后。橡皮泥可以用来粘在桌面上来支撑悬臂结构，你们不能够用身体压住你们的结构。

5. 评分标准：

悬臂结构不接触桌面，并且它的末端在准绳之上，那么每伸展出分界线6毫米得1分。

二、教练须知：

1. 准备50根牙签和1块橡皮泥（2.5立方厘米）。

2. 准备一张在顶端贴了分界线的桌子和一根准绳（见下图）。

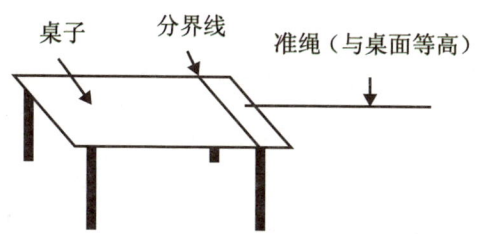

3. 参赛队可以把用剩下的橡皮泥作为配重。

三、解题要点：

悬臂结构就像吊车的吊臂。这里制作的结构的一头是固定在桌面分界线的后面，而另一头必须悬空。由于只能依靠橡皮泥来做连接，因此悬臂越是向外越要轻，也就是连接用的橡皮泥要尽量少。制作时最好能先做底座，做悬臂时要边做边试，不要等到全部做好再放到底座上去，这样有可能使悬臂断裂。

纸的力量

一、向队员宣读：

1. 这道题有两个部分。第一部分有 5 分钟时间讨论、解题。第二部分有 2 分钟时间测试解题。

2. 你们要在桌上制作一个装置，该装置能够承受容器和重物的重量。

3. 在桌上放有一些材料、重物和容器。你们可以运用所提供的材料和工具进行解题，但绝对不允许使用其他材料。

4. 该装置可以接触桌边，装置的其他部分不能接触作业线外的桌面。

5. 当第二部分开始后，你们需要连接一只容器到装置上。

6. 该容器不能接触装置以外的其他物品。你们在操作过程中必须保证该容器与装置连接，并且全部悬空挂在桌子的边缘。

7. 一旦装置能够完全承受住该容器，你们可以开始往容器中加入重物。

8. 每次只允许往容器中放入一个重物,每个重物必须保持3秒钟的时间,才能得分。

9. 评分标准:

装置能承受住容器得10分;

每加入一个重物,将根据它的重量得分值进行计分;

解题的创造性得1～10分;

队员的合作能力得1～10分。

二、教练须知:

1. 在离开桌边38厘米的地方,画一条作业线,作业线必须与桌边平行,并且从任一桌边至作业线的距离都应超过38厘米,参赛队的装置不能超过作业线(见上图)。

2. 在第一部分开始前给每个参赛队一套如下的材料:2只塑料杯、6张标签纸、3张A4纸、10根牙签、6枚回形针、2管清洁剂、3个饮料瓶盖(或直径7.6厘米的圆形薄纸板)。另外准备1把剪刀作为工具。

3. 给参赛队3个不同尺寸的容器(可以是各种尺寸的塑料桶),但是必须至少有一个塑料桶足够可以容纳所有的重物,所有的塑料桶必须有把手(见右图)。

3个大小不一的容器

4. 准备如下标有得分值的重物:标有"20"的1瓶1.25升的塑料瓶装水,标有"5"的4听满的饮料罐,标有"1"的36只高尔夫球(见右图)。

36只高尔夫

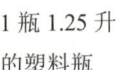
1瓶1.25升的塑料瓶
4听饮料罐

5. 所有物品可以马上发给参赛队，包括材料、重物和容器。参赛队可以把重物用于装置中，也可以用任意一种剩余的重物进行测试。

6. 如果队员在明显的误解情况下操作，应予以澄清问题，但不能进行帮助。例如，队员想他们不可以把重物放进装置中，除非队员要求，你不能告诉他们别的方式。

7. 若容器或装置偶然接触到桌面以外的地方，则允许继续进行操作；若明显是为了提供支持而改变装置的自然状态，就应提醒他们只能接触桌面；若容器被用于为支撑重物而接触或被除装置外的其他物品支持着，则不允许其发生。

三、解题要点：

本题的实质是要利用提供的材料，制作一根有一定强度的"绳子"，塑料杯和 A4 纸可以用剪刀剪成条状，用来制作"绳子"。标签纸、牙签、回形针可以用作"绳子"的接长。而管清洁剂、饮料瓶盖可以用来把"绳子"垫高，使"绳子"不碰到作业线外的桌面。"绳子"的长度只要能使连接的容器不接触桌面即可，尽量增加强度，才能吊起更多的重物。

为了使装置在吊起重物时不至于被重物拉掉，可用标签纸把装置在作业线内与桌面黏接，再用提供的重物把装置压住。题目中重物没有规定只能放在容器里，因而可以用于压住装置，如不能确定是否可用于压住装置，那可以提问。

要考虑得分的策略，并不是把重物全部放入被装置吊起的容器中得分就高，因为有可能办不到。因此要通过试验，挑选出压住装置的重物。只有 5 分钟时间，一定要抓紧时间做试验。

越长越好

一、向队员宣读：

1. 有 8 分钟时间解题,当时间还剩下 2 分钟、1 分钟时会提醒你们。你们可以在任何时候提问和相互交谈。

2. 你们只能利用所提供的材料来创造你们的解题方案,其他的材料不能使用。

3. 你们的问题是制作一个尽量长的结构。

4. 你们的结构可以选择放在地上或拿在手中来测量,但必须在评分前作出决定。

5. 如果你们选择把结构放在地上来测量,整个结构必须沿地面拖动伸长,不能断裂。如果任何一部分断开,这部分就不能计入长度。

6. 如果你们选择把结构拿在手中来测量,你们只能接触结构的两点,所接触的两点之间的距离即为结构的长度。结构不能再接触到其他的东西。

7. 你们可以在任何时候要求评分,比赛将在你们要求评分或比赛时间到时结束。

8. 评分标准:

结构是放在地上测量的,那么每 2.5 厘米得 1 分;

结构是拿在手中测量的,那么每 2.5 厘米得 2 分;

解题的创造性得 1～10 分;

队员的合作程度得 1～10 分。

二、教练须知:

1. 给每个参赛队下列材料:10 根牙签、8 张黏性标签纸、1 只纸盆、4 根吸管、3 根橡皮筋、2 支没削过的铅笔、8 枚回形针、1 张 A4 纸、4 根棉花棒。

2. 当比赛时间结束或参赛队要求评分时,先要求队员作出选择,是放在地上测量还是拿在手中测量。

3. 用根细绳来测量结构长度,注意在测量时教练要拉紧这根测量绳。在测量长度时可在绳子上作记号或用手捏住绳子，再在皮尺上测量绳子的长度、纪录成绩。每2.5厘米为一个计算单位长度，按四舍五入计算。

4. 如果结构是放在地上测量的，一名队员必须拉着结构的一端在地面上拖动伸长，这里没有最低限制要拉多远。如果一部分断开，断开部分就不计长度。长度测量从结构的一端到断开前最远的那点为止。

5. 如果结构是拿在手中测量的，长度就是队员所握的两点间的直线距离，不计任何下垂或弯曲的长度。

6. 当给参赛队评创造性分时，要考虑材料的应用。评团队合作分时，考虑所有队员的参与性、是否重视其他人的付出。

7. 如果参赛队很明显地表现出没有理解题目，可以阐明题目的目的、限制条件，但不能帮助参赛队解题。

三、解题要点：

本题主要就是用提供的材料制作一根尽量长的绳子，可把纸、纸盆等材料用手撕成长细条，把吸管拉长成细条，用牙签、标签纸、回形针等材料把长条和橡皮筋、棉花棒等材料连接成尽量长的长条。还要考虑测量方法，是拿在手中测量还是放在地上测量。如是拿在手中测量的话，虽然得分高，但在拉长时队员一定要非常小心，几名队员要配合好。就怕长条做得过细，在拉长时不小心用力过猛而拉断，这样就得不偿失了。如选择放在地上测量的话，长条的一端可与铅笔连接，并用标签纸把铅笔和地面黏接，队员也要非常小心地拖动，防止断裂。

注意为防止长条中间下垂和弯曲，比较重的东西要放在两端（如纸盆条、棉花棒、铅笔等）。

混合结构

一、向队员宣读：

1. 有 8 分钟时间解题，当时间只剩下 2 分钟和 1 分钟时，会提醒你们。你们可以随时提问和互相交谈。

2. 你们的问题是把桌上的材料制成部件，然后组合成结构，使结构立着并有尽可能的高度。

3. 提供的材料都可以把它们制作成结构中的部件，但剪刀不能成为结构的一部分。不能使用材料以外的物品。

4. 每个部件都必须至少由 2 种材料制成。

5. 你们可以以任何方式使用这些材料，把部件组合成结构。当对高度评分时，只对组成结构的部件打分。

6. 你们制作的结构必须放在桌子上。在测量高度时，任何东西不能接触结构。

7. 任何时候你们都可以要求测量结构。当你们要求测量或时间到时，比赛结束。

8. 评分标准：

运用在结构中的每一部件得 1 分；

结构每高出桌面每 2.5 厘米得 2 分；

结构高于桌面 30.5 厘米奖励 20 分；

解题的整体创造性得 1~10 分；

队员的合作程度得 1~10 分。

二、教练须知：

1. 向参赛队提供以下材料：15 根支牙签、8 张有黏性的信封贴纸、4 枚回形针、4 根塑料吸管、6 根小号橡皮筋、2 块橡皮泥（2.5 立方厘米）、10 支棉签、1 张 A4 纸、1 把剪刀。

2. 使用 1 根绳子测量结构高度。确保测量时，拉紧绳子。在结构最高点处，在绳子相应的地方用做记号，或在这个地方折一下，再用尺测量绳子的长度。长度按照去尾法计算，最小单位为 2.5 厘米。

3. 如果放在桌子上的部件没被连接或组合成一个独立结构，选择最高的一个部件，以此评分。记住，部件必须是独立的，即两个部件不能共用一个面。

4. 不要给队员任何可以测量高度的物品。

5. 部件可以不必完全连接。连接部件用的材料不会被视为第二个材料，除非是用这些材料来制作部件。

6. 当给解题的创造性评分时，参考材料的使用方法、部件的多样性、组合的原创性。当给合作程度评分时，参考所有队员的参与程度（比如是否有部件制作组和部件连接组），每个人投入的情况等。

7. 如果参赛队很明显地表现出没有正确理解题目，应尽可能阐明题意和题目的限制条件。不要帮助参赛队解题，只帮助他们理解题目。

三、解题要点：

一定要听清题目，要求先制作部件，部件要尽量多，因为每个部件可得 1 分。但每个部件至少要有 2 种材料组成，队员可以使用提供的材料组合成不同的部件。结构的高度也有要求，每 2.5 厘米可得 2 分，如果超过 30.5 厘米还可获得奖励分。

第三节

青岛市历届头脑奥林匹克竞赛赛题

1. 重物慢速下落

（2004年）

※ 问题

设计并制造一器具,将20克的重物从距地1.8米高处降至地面的目标区内,速度尽可能慢,但最长时间不超过6分钟。

※ 限制

1. 下落的重物为20克重。

2. 器具落地后不能有任何部分超出目标区。

3. 在下落之前,整个下落塔(包括重物)的高度必须在1.8米以上。

4. 不可使用电气或电子设备。

5. 一旦重物被释放,任何人都不可接触器具或重物,直至重物落地。

6. 重物上有一个和其连接的绳圈,绳圈的直径为2.5~5厘米。

※ 竞赛

1. "下落塔"在1.8米的高处有一个向外伸展出去的臂,开始下降前,器具及附在上面的重物不能低于这个高度。

2. 整个准备时间为5分钟,时间一到,裁判发出信号,重物即开始下落。所允许的最长下落时间为6分钟。

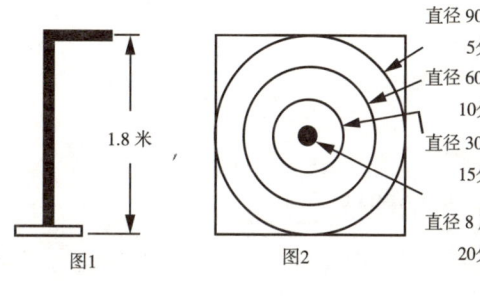

3. 在"下落塔"下面有一目标区。

※ 计分

1. 在下落过程中,重物在空间每滞留2秒钟得1分(但最长时间不超过6分钟),最多180分。

2. 如果重物落在"靶心",得20分;如果落在30厘米的圆线内或30厘米的圆线上得15分;如果落在60厘米的圆线内或圆线上,得10分;如果落在90厘米的圆线内或圆线上,得5分,最多20分。

2. 古怪的圆柱

（2005年）

※ 问题

设计、制作并测试一个由桐木条和胶水组成的结构组。该结构组要能够平衡并承受尽可能多的重量。在竞赛时，结构将放置于两个高度不同的物块上，结构上方还放置一块承压板和砝码，同时，参赛队还需创设一个与结构或结构测试有联系的主题。

※ 限制

1. 竞赛时间限制为 8 分钟，包括安装、风格表演和承重测试。

2. 成本限制为 150 元。在参赛队解题过程中（包括风格部分），所有使用的材料的总价值不能超过成本限制。

3. 结构要求：

（1）只能用桐木条和胶水制作。不允许人为地加固，也不许在结构中使用其他材料。

（2）在安装时允许采用其他的东西和设备，但是在竞赛称重开始前这些设备必须删除。

（3）结构组分别由两个完全独立的结构体组成，但结构组的整

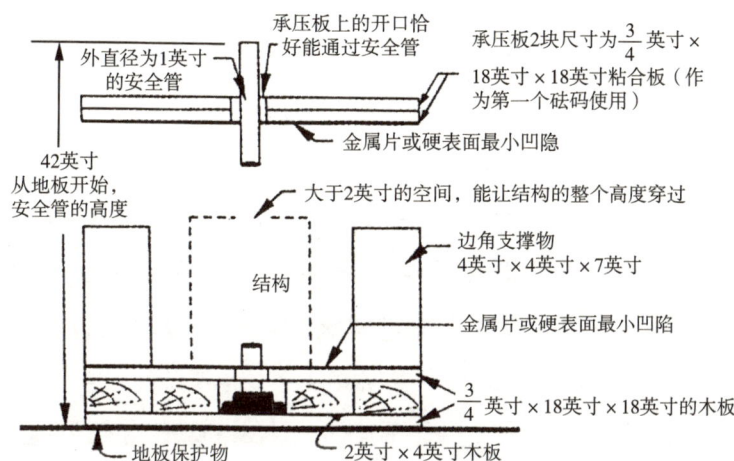

体质量不能超过 18 克。

（4）结构组的其中一个结构体高度必须大于 16.3 厘米，上方能够放置一个承压板。

（5）必须能够安置在两个不同高度的物块上。

4. 搭建结构使用的轻质木条和胶水：

（1）必须是桐木条。

（2）截面积为 0.32 厘米 × 0.32 厘米或小于这个尺寸，木条的宽度和厚度不能大于 0.32 厘米。

（3）轻质木条只能浸在水中以便弯曲成形，但不能使用其他方法。

（4）不能使用任何人工手段加固。

（5）所有使用的胶水必须是能够从商店中购买的，任何牌子和型号的胶水都可以使用。

5. 当要对结构进行承重测试时，结构必须：

（1）全部在测试装置范围内，不能碰到边角的支撑物。

（2）不借助其他装置，自由安放在两个不同的物块上。除了承重板下表面和这两个物块外，结构不能接触其他物体。

6. 参赛队可以使用自行提供的两个物块,这两个物块将被放置在测试装置上。

（1）物块 1 必须是一个 4 厘米 ×9 厘米 ×20 厘米的长方体,可以应用任何材料制成,该长方体的高度为 9 厘米。这个长方体会被放置于测试装置上,完全覆盖住一个 3.2 厘米 ×18.4 厘米的彩色矩形区域。彩色矩形区域内边离开安全管 16.5 厘米。

（2）物块 2 必须是一个 4 厘米 ×9 厘米 ×20 厘米的长方体,可以应用任何材料制成,该长方体的高度为 4 厘米。这个长方体会被放置于测试装置上,完全覆盖住一个 8.3 厘米 ×18.4 厘米的彩色矩形区域。彩色区域的内边离开安全管 10.2 厘米。

（3）物块 1 与物块 2 这两个 长方体必须间隔 26.7 厘米(是指两个长方体面对面的那两个面之间的距离）。

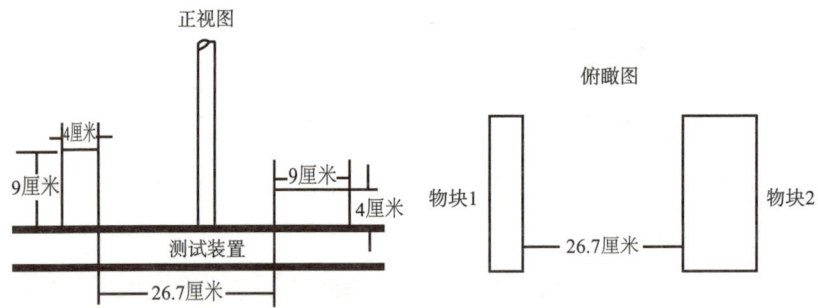

7. 两个物块在称重检查后不能进行修改。竞赛时,裁判会测量物块是否完全覆盖彩色矩形区域。

8. 裁判会为参赛队准备所有备用的物块。如要使用,参赛队员不可以修改由裁判提供的物块。

9. 在称重场地对结构进行检查,包括尺寸、重量、木条、连接点、人为加固等。

※ 计分

1. 在每个分组中,结构承受重量最多的参赛队将得到 150 分,同组其他结构将按承重量的百分比得到相应的分数:1 ~ 150 分。

2. 结构的设计创意:1 ~ 25 分。

3. 风格表演的主题与结构和(或)结构测试的配合程度:1 ~ 25 分。

※ 风格

1. 队籍的标志外貌:1 ~ 10 分

2. 参赛队员服装的创造性:1 ~ 10 分

3. 自由选择:1 ~ 10 分

4. 自由选择:1 ~ 10 分

5. 整体效果:1 ~ 10 分

3. 水驱动车
（2005年）

※ 问题

参赛队设计制作一辆以水为驱动力并能够直线行驶的小车，在小车承载的动力水源全部释放完后，使小车行驶尽可能长的距离。另外，参赛队需创作一个与水驱动车相关的主题并进行表演。

这个题目的创造性表现在设计制作一个有创意的能使小车前进的水力驱动装置和参赛队表现的主题。

※ 限制条件

1. 小车的质量不限；

2. 小车的最大尺寸不得超过：长 500 毫米，宽 250 毫米，高 500 毫米；

3. 驱动用水的容量为 500 毫升；

4. 不可对容器里的水施加任何外力；

5. 小车的动力旨水在自然流淌时所获得的，其他任何形式的能量获得都是不允许的；

6. 费用限制为 150 元人民币，废弃材料，不计入成本；

7. 必须在小车上标明参赛队的名称。

※ 竞赛

1. 参赛队员必须在规定的竞赛时间前 15 分钟,带着所有的道具到比赛场地报到。

2. 按规定填写参赛的有关表格,两份风格表,一份成本表,一份参赛队登记表。

3. 队员可以在 8 分钟比赛的任何时间内让小车进行行使和风格表演。

4. 比赛在光滑水平的地面上进行。

5. 比赛时,队员将车放置在起跑线上并调整好位置(位置自定),车身的任何部分不能越过起跑线。

6. 调整好位置后,释放时不得有助推动作;小车越过起跑线后,任何东西包括参赛队员、外部动力和系统、轨道、导向装置,都不得与小车接触。若队员在小车越过起跑线后接触小车,接触时小车的位置计为小车行驶的终点。

7. 小车原地静止 5 秒钟,即为行驶停止,比赛结束。

8. 以小车停止后起点到终点的直线距离为该项成绩。

9. 如果小车行驶中偏离场外(见下图),偏离点到起点的直线距离为最终成绩。

10. 竞赛中的任何时候,水不可洒落地面。

11. 参赛队必须在 8 分钟的时间限制内解决问题,当裁判说"时间到"时,参赛队必须停止所有的活动或参赛队向裁判示意已经结束。

※ 计分

1. 小车驱动装置创意得分:1 ~ 30 分
2. 主题的创造性:1 ~ 10 分
3. 怎样使水驱动车与主题的相关:1 ~ 10 分
4. 小车的直线距离按厘米计算,每厘米为 1 分

※ 风格

1. 车辆的外观:1 ~ 10 分
2. 一名参赛队员服装的创造性:1 ~ 10 分
3. 自由选择:1 ~ 10 分
4. 自由选择:1 ~ 10 分
5. 整体效果:1 ~ 10 分

4. 奇装异服

（2005年）

※ 问题

参赛队要创作并表演一个原创的节目，这个节目中要求含有一些幽默的特色。这些特色包括队员扮演的角色、表演的一幕喜剧或是滑稽剧等，无论采用何种方式，要能逗乐别人。

※ 限制

1. 表演中至少要展示三套"奇装异服"（可以有多套服装，但只对三套服装计分）。服装可以是人类穿的，也可以是动物（或其他东西）"穿"的。服装包括"帽子""上衣""下衣""鞋子"等一切体现队员外形的东西。

2. 服装必须利用废旧材料制作，不得使用棉（或化纤）纺织物（缝制用的线除外）。

3. 成本限制在150元人民币（废旧材料不包括在内）。

※ 计分

1. 表演主题的创造性(独创性、效果)：1～10 分

2. 表演的质量(声响、动作、台风)：1～10 分

3. 表演的幽默程度：1～10 分

4. 第一套"服装"：2～20 分

（1）视觉效果：1～10 分

（2）材料应用的创造性：1～10 分

5. 第二套"服装"：2～20 分

（1）视觉效果：1～10 分

（2）材料应用的创造性：1～10 分

6. 第三套"服装"：2～20 分

（1）视觉效果：1～10 分

（2）材料应用的创造性：1～10 分

7. 队籍标志的创造性：1～10 分

※ 风格

1. 某件道具的创造性：1～10 分

2. 自由选择：1～10 分

3. 自由选择：1～10 分

4. 自由选择：1～10 分

5. 整体效果：1～10 分

5. 逆风行驶

（2006年）

※ 问题

设计、制作能"逆风行驶"的小车，小车的动力来自终点线后60瓦功率电风扇的风力，小车从起跑线出发，对着电风扇以尽量短的时间行驶尽量长的距离到终点线。另外，参赛队需创作一个与小车相关的主题并进行表演。

这个题目的创造性表现在设计制作一个有创意的能使小车逆风行驶的驱动装置和参赛队风格表演的主题。

※ 限制条件

1. 小车的长、宽、高都不能超过70厘米，小车在行驶途中不能改变尺寸。

2. 小车不得使用遥控、光控、线控等外部控制装置。

3. 小车的动力只能直接来自赛场提供的电风扇的风能。电扇风叶的直径为400毫米，功率60瓦。比赛时，电扇中心离地面高度为450毫米，电扇背面离墙壁至少1米，风速为最大档，队员不能变更电风扇的位置和电风扇的转速。

4. 小车上的任何装置不能损坏和污染场地。

5.. 比赛的成本限制为 200 元。在参赛队解题过程中（包括风格表演部分），所有使用的材料的总价值不能超过成本限制。

※ 竞赛

1. 小车必须从起跑线由静止出发，对着电风扇行驶到终点，小车的任何部分越过起跑线开始计时，任何部分越过终点线停止计时，一旦小车任何部分越过起跑线，队员不能再接触小车，发车时不得外加人为的推动力，行驶途中不能对小车进行任何控制。

2. 赛场设置 3 米、4 米、5 米、6 米、7 米、8 米起跑线，参赛队可以选择不同的起跑线，小车必须行驶到终点线后成绩有效。在比赛中有两次行驶机会，以行驶距离长的一次作为正式成绩；在同一起跑线下，行驶时间少的一次作为正式成绩。（注：以小车的任何部分越过起跑线为一次行驶机会）

3. 终点线后 0.5 米处放置一台 60 瓦的电风扇，终点线的长度为 1 米，起跑线的长度为 1.5 米。

4. 逆风行驶比赛场地平面图

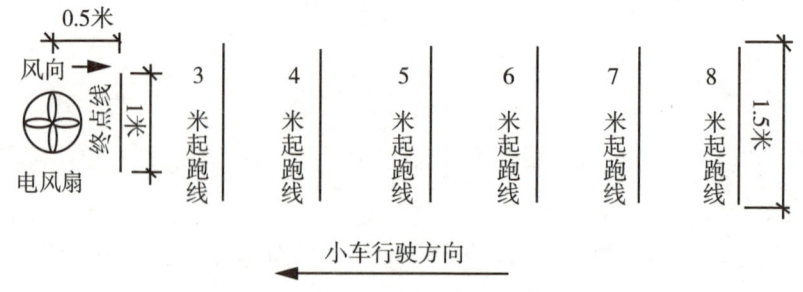

※ 计分

竞赛中，小车从起跑线到终点线行驶的距离优先，在行驶相同距离的情况下，以行驶速度快的优先（时间按秒计算）；参赛队最多可得到 200 分，其他将按名次得到相应分数；如果小车从起跑线出发未能行驶到终点，分数为 0 分。

※ 风格

1. 表演主题的创造性：1～10 分
2. 小车的行驶与主题的相关性：1～10 分
3. 队籍标志：1～10 分
4. 自由选择：1～10 分
5. 整体效果：1～10 分

6. 自编寓言

（2006年）

※ 问题

参赛队的问题是要创作并表演一个原创的节目——团队合作编写一个富有寓意的寓言。在寓言中，除了一个角色——最初是无生命的物体，变活后表现出人类的特征外，其余角色都应该是具有人类特征的动物。寓言中至少有一种动物能够从故事中领会到某种寓意。

问题的创造性重点在于：寓言的编写，寓意的体现，无生命的物体如何变活，动物角色如何领会寓意。

※ 限制条件

1. 竞赛时间限制为8分钟，包括布置、风格表演和解题。

2. 本题的成本限制为200元，解题所需材料（包括风格表演）的总价值不得超过成本限制。

3. 寓言：

（1）参赛队必须创作一个原创的故事。

（2）必须表现动物的特征。

（3）必须出现一种无生命的物体，让它变活，并使它至少显现出一个人类特征。

（4）必须表达一种寓意，这种寓意将由一种动物用口头语言表达出来。

4. 寓意：

（1）必须原创：即不能是已有的寓言，人所共知的故事或谚语等。

（2）必须通过寓言中的一种动物的活动或经历表现出来。

（3）必须教会其中一种动物某些道理，让它能够从自身的经历或从其他动物的经历中学到一些东西。

（4）在表演期间的某一时间，必须通过一种动物的口头语言表达出来。

5. 动物特征：

（1）必须由参赛队员的演出服装来表现。

（2）必须塑造现有的动物（除人类外），但不需要塑造的和动物一模一样，譬如塑造的动物角色可以是披着头发的青蛙，诸如此类。

（3）至少具有一种人类特征，如能说话、直立行走、用杯子喝水等等，可以出现更多的人类特征，但也可能出现一些非人类特征的行为。

（4）必须能彼此相互交流。

6. 无生命的物体：

（1）在表演的某些时间必须变活。

（2）在它变活时，至少要表现出一种人类特征。

（3）可以由参赛队员来扮演。

7. 参赛队可以在寓言中表达一个以上的寓意。然而，只有其中的一种寓意将被按规定记分。

※ 计分

1. 整体表演的创造性：1～30分

2. 表演质量：1～25分

3. 寓言：2～35分

（1）故事的创造性：1～20分

（2）寓意的深度：1～15分

4. 寓意：3～45分

（1）通过一种动物的口头语言表达：0或5分

（2）原创性：1～15分

（3）寓言的效果：1～10分

（4）给予一种动物教育意义：1～15分

5. 动物的特征：2～15分

（1）动物之间的交流：1～5分

（2）模仿人的表演效果：1～10分

6. 无生命的物体：1～15分

（1）变活与否：0或5分

（2）表演人的特性的创造性：1～10分

7. 动物角色领会寓意：3～35分

（1）表演效果：1～10分

（2）角色领会寓意的创造性：1～15分

（3）外貌的创造性：1～10分

※ 风格

1. 从动物所穿服装的创造中悟出寓意：1～10分

2. 一种道具的创造性：1～10分

3. 自由选择：1～10分

4. 自由选择：1～10分

5. 整体效果：1～10分

7. 奥运结构

（2007年）

※ 引言

我们即将迎来了2008年北京奥运会以及在青岛举行的奥帆赛。在奥运会的诸多比赛场馆中，都会涉及建筑结构，结构如何搭建，并能够达到最佳的承重能力，是建设奥运场馆非常重要的问题。在我们的竞赛中尝试用轻质木搭建结构，并能承受难以置信的重量。这道赛题，对参赛队提出了一种设计挑战。

※ 问题

参赛队的问题是设计、制作一些结构的组合件，然后将这些组合件组装成一个完整的结构。这些组合件只能用桐木条和胶水制作，在组合件组装成结构时，不能使用胶水、绳子或其他的结扎物。将各个组合件组装成一个完整的结构必须在参赛队8分钟的比赛时间内完成，然后，完整的结构将承受尽可能多的重量测试，直至结构毁坏或比赛时间结束。另外，参赛队还要将结构或承重与奥林匹克联系起来为本队寻找一个主题进行风格表演。

该题的创造性的重点在于如何设计出各个组合件，并能组装成一个完整的结构。赛题的实质是设计、制作和测试一个桐木结构，该结构由几个组合件组成，各组合件的联结和组合不能使用胶水、绳子或其他任何的结扎物。完整的结构将根据它在测试中承重的多少而给予计分。

※ 限制条件

1. 竞赛时间限制为 8 分钟，包括安装、风格表演和解题。

2. 成本限制为 200 元，在参赛队解题过程中（包括风格表演部分），所有使用的材料的总价值不能超过成本限制。

3. 完整的结构必须：

（1）只能用结构的组合件组成。组合件的联结不能使用胶水、绳子或其他任何的结扎物。

（2）重量不能超过 15 克。

（3）高度为 20～21.5 厘米，上方能够放置承压板。

（4）整个高度内要有一空间，可以容纳一根直径为 5 厘米的圆柱（见右图）。空间可以为任何形状，但必须让完整的结构顺利的安放在圆柱上。空间也必须能放置承重装置的安全管。

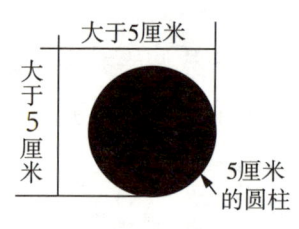

（5）不准接触测试装置的边角，也不能超出测试装置的底座。

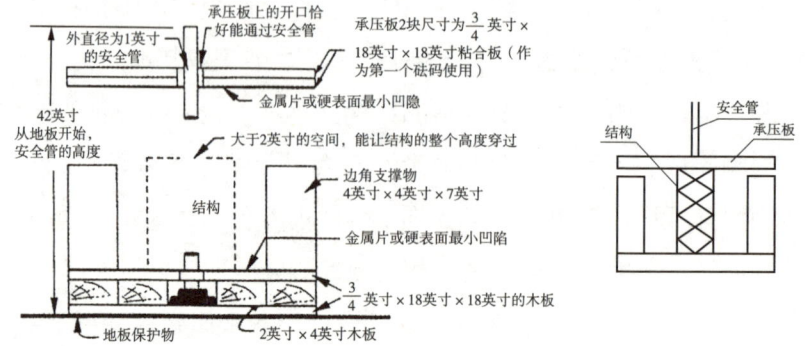

4. 各个组合件必须只能用桐木条和胶水制作。任何用来帮助制作结构部件的东西必须在竞赛称重前除去。组成完整结构的部件数量和它们的最小重量按如下分组要求：

（1）小学组的完整结构必须至少由 1 个组合件组成，可以是单独一个结构。

（2）中学组的完整结构必须至少由 2 个组合件组成。

（3）每一组合件至少重 3 克。

（4）对所有的分组来说，组成完整结构的组合件数可以大于上述要求的最低数。但增加组合件的限制条件必须和规定组合件的要求相同。

5. 桐木条：

（1）截面积为 0.32 厘米 × 0.32 厘米或小于这个尺寸。桐木条的宽度和厚度不能大于 0.32 厘米。

（2）只允许为划切割线而作的记号。这些记号只能由参赛队用铅笔划。

6、在组成完整结构中使用的胶水必须是商业产品，任何牌子和型号的胶水都可以使用。

※ 计分

1. 承重量。

2. 参赛队每增加一个组合件，就将得到 20 千克的奖励重量。

3. 承重总量加上奖励重量决定参赛队重量的原始得分。总分最高的参赛队将得到 200 分，其他参赛队将按承重量加上奖励的百分比得到相应的分数。

※ 风格

1. 一位参赛队员的服装设计：1 ~ 10 分

2. 结构或承重与奥林匹克联系的主题：1～10分。
3. 某件道具的制作：1～10分
4. 自由选择：1～10分
5. 整体效果：1～10分

8. 奥运接力车

（2007年）

※ 引言

我们即将迎来2008年第29届北京奥林匹克运动会，每一届奥运会的圣火从希腊点燃，并在不同的国家进行火炬的接力，唤起了世人对奥林匹克的热情，传播了奥林匹克的精神。百年奥运是"更高、更快、更强"的奥林匹克格言的传承，是"团结、友谊、公平"的奥林匹克精神的接力。在我们的头脑奥林匹克竞赛中，发挥你最好的创意，设计你的奥运接力车。

※ 问题

设计、制造并驱动4种车子驶完5个跑道，并为此创造和显示一个奥运的主题。4辆车子须用不同的方法做动力，可以为电池、机械能（必选）、气体力学（必选）、一种产生振动的动力源或者由参赛队选择的其他驱动方式。

每一辆车子将在跑道上行驶一段距离，在到达终点时。第一辆车将携带一个自己创作的与奥运有关的标志，并传给下一辆，依次传送，参赛队可以决定哪辆车子完成各自的哪一段。其中一辆车子将拖曳一个50克重的重物。行驶在跑道第5段上的车子须要破坏一个气球目标。另外，参赛队需创作一个与奥运相关的主题并进行风格表演。

※ 限制条件

1. 成本限制为200元，在参赛队解题过程中（包括风格表演部分），所有使用的材料的总价值不能超过成本限制。

2. 时间限制为8分钟，包括安装、风格表演和完成竞赛。

3. 关于车子：

（1）必须携带自己创作的标志，标志要有奥运的元素或者与奥运有关，以取得计分的资格，奥运标志由参赛队自己创作，可以取下，以备从一辆车转交给另一辆车，最大规格为8厘米×12厘米。

（2）必须具备轮子、带子、或像坦克的履带（振动车除外），只有这些可以接触地板表面，车子不能离开地面。

（3）必须整套装在一起，即不得有电线、绳索、纱线等使车子与外部物品，如参赛队员、地板上的桩、柱等相连接。

（4）必须依靠自身力量的动力，驰完各自的一段路程。不准有外部物品对车子控制方向，如轨道、栅栏或遥控，但振动车除外。

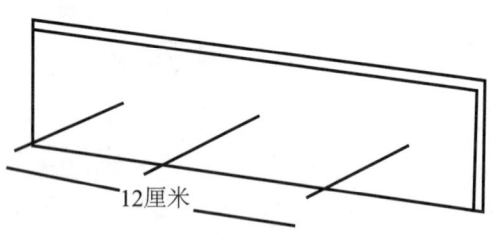

（5）车子最多可以装3枚钉子、针或图钉，以刺破气球目标。边上两枚钉子间的最大距离不得超过12厘米。

（6）车辆的最宽处不得超过20.3厘米，长度包括触针不得超过61厘米，长度依车行方向计量。车子的高度没有限制。

（7）车子可以由队员自己制作的和（或）商业生产的部件来制

作,小学组最多只能使用成套元件制作2辆车子,必须至少设计和制造2辆车子。中学组参赛队员必须设计和制作全部车子。

（8）不得用家用电力、蒸汽或燃料如汽油引擎或任何类型有潜在危险的动力。

（9）车子必须由准备区裁判检查,检查的车子必须与行驶的车子相同,如不符合规格,在时间允许的前提下,可以在准备区内改进,使其符合规格。

（10）必须按1～5次序在跑道上一段接一段进行。

（11）车子可以以任何顺序参赛。

（12）在开出时车辆的任何部位都必须在出发线后面,否则将不能计分,但不另给处罚。一旦一辆车子开始行驶,所有参赛队员可以到场地的任何地方,但不得接触或给予行驶的车子任何帮助,否则将给予处罚。禁止使用遥控。

（13）开出时不得向前推动。如一车被判受过推动,该车就不能计分,不予扣分。

（14）电力车必须由单独贮存的电池能源驱动。

4. 电池：

（1）不得超过4节。它们可以是AAA,AA,C,D或任何组合,参赛队也可用一个半导体收音机用的9伏电池以替代4节电池。

（2）不得改装,如切开、添加化学品或用化学品替换等。

（3）必需放置在车上。

5. 机械动力车：

（1）必须单独使用机械动力,但可以用一个以上的机械动力。

（2）可以用弹簧、捕鼠器、橡皮筋等开动,这些必须放置在车上。

（3）不可以用任何形式的电力、空气动力、斜坡等推进。

注意：必须谨慎操纵弹簧,某些弹簧可能会切断或割破手指。在操纵弹簧或其部件时可能会弹出,必须使用安全玻璃或护目镜。

6. 振动车：

（1）可以使用电池、小电动机、机械能等，以产生振动，推进车子。振动可以由间歇的碰撞或叩击物体等引起，或在一个旋转器上加一个物体以使其失去平衡等，假如使用电池，其限制与上面相同。

（2）可以单独行驶或由一条电线、钢丝、绳索引导，在比赛时间开始后由队员放置在地面上，导线由参赛队自备。该线不可放到距气球目标 0.6 米之内。在最后的 0.6 米距离内不可放置任何物体去引导车辆。一旦振动车开出，参赛队员不可在碰触该导线。

（3）不需要轮子，但无论如何不可损坏地面。

7. 气动车：

（1）必须单独由空气运动为动力。使用任何动力都会引起空气运动，运动的空气又会驱动车子。

（2）一名参赛队员可以使用一个以电池为电源的电扇使空气运动等，但空气源必须始终在出发线后面，除非是装在车子上的。关于电池的限制与上面同。

8. 自由选择的其他驱动方式：

可以有一种与其他车不同的动力源，也可以是所需的任何一种或几种联合动力源。

9. 第 5 段路程，有一个气球目标系在一块木板上，尺寸大约为 9 厘米 ×9 厘米 ×30 厘米，气球约为直径 20 厘米。

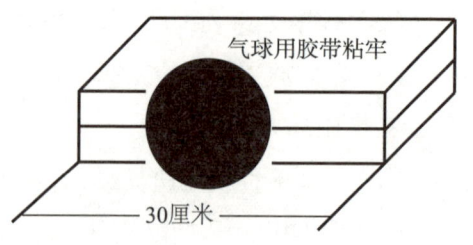

10. 除了振动车之外，必须有一辆车在完成其路程时拖带一个 50 克重的重物，重物必须是被拖拉而不是滚动，当越过出发线时车子必须拖着重物，在一段路程上行进，并到达终点线。这个重物不

必越过终点线。这重物由组委会提供,形状不拘,用绳子系在环上,参赛队员必须把它系在车子上,不得更换绳子和重物。

11. 其中一个车子可以行驶两个跑道,只可以行走一次,当一辆车子任何部分越过出发线,即作为正式行走。路程走完后,标志即被传送给下一辆车。

12. 参赛队可以在任何时候用任何方法从车上拿下标志。如果一辆车上的标志被取走而未到达终点线或未刺破目标,这车子的路程不能得分。到达终点线的定义是接触或越过终点线胶带。

13. 各辆车在行驶全程中必须带着标志,如车子在完成其路程前标志跌落,该车的路程即不能得分。

14. 如一辆车子意外地刺破一个不是其路程中的气球,该气球不予计分,并不予更换。如一个气球被无意破坏,并非直接由于参赛队员或车子造成,气球将由裁判予以更换,但计时将继续进行。

※ 计分

1. 到达终点线的每辆车子(5 个跑道 × 各 20 分):计 0、20、40、60、80 分。

2. 最后一段跑道,车子刺破气球:0 或 20 分。

※ 风格

1. 参赛队表现的主题的创造性(新颖的、独特的):1 ~ 10 分

2. 一位参赛队员的服装设计:1 ~ 10 分

3. 奥运标志的设计:1 ~ 10 分

4. 自由选择:1 ~ 10 分

5. 整体效果:1 ~ 10 分

9. 奥运纪念物

（2007年）

※ 引言

奥林匹克运动会是为纪念伟大的宙斯而举办。建立纪念碑是用来提醒我们回忆历史上的著名的人物或事件，也有些是从很早的年代遗留下来的建筑物，它们有大量不同的规格与设计。我国的长城是世界上最大的人造建筑物，这原先是修筑来防御外敌的，后来被列为国家纪念文物。领袖、名人、宗教人物等的塑像，在世界各地的博物馆、公园、市镇里都可以看到。

※ 问题

创造并表演一个短剧，要包括一个奥运（奥帆）纪念物。这个纪念物由参赛队自定，可以是纪念任何人、地方，或事务。在表演时参赛队必须解释这是什么纪念物和为什么要创造。

这个参赛题的创造性表现在纪念物的选择、描述的程度和表演的创造性方面。因此，参赛题的实质是创造并表演一个短剧，包括一个由参赛队自选的为某事或某人建造的纪念物。

※ 限制条件

1. 成本限制为 200 元,在参赛队解题过程中(包括风格表演部分),所有使用的材料的总价值不能超过成本限制。

2. 竞赛时间的限制(包括安装、风格和表演)为 8 分钟。

3. 纪念物必须:

(1)所纪念的人物、地方或事物可以是真实的或虚构的。

(2)在演出时装配起来,至少包括三个部件。

(3)要具有三维立体(以便能从不同角度看到)。

4. 表演的纪念物可以为:

(1)一个雕塑,穿化妆服的参赛队员等。

(2)实际的尺寸或按比例做的模型(比实际大或小都可以。)

5. 表演必须:

(1)讲述一个关于这个主题起源的故事,为何建立这个纪念物,主题与纪念物的关系。

(2)参赛队员的表演不受艺术限制,可以运用设备和灯光,展示图画、艺术作品,安排布景,操作人体模型,木偶,模特或机器人等等。

6. 表演可以:

安排在任何一段时间,这段时间可以随时改变,可以幽默或严肃(幽默或戏剧效果可以作为一个风格自由选择)。

※ 计分

1. 参赛队表演的创造性:1 ~ 35 分

2. 参赛队表演的质量(音响,舞台风采,动作等):1 ~ 30 分

3. 主题的新颖(所供奉的人物、事件、地方纪念物):1 ~ 20 分

4. 参赛队表演原故事主题的好和坏:1 ~ 25 分

5. 纪念物体现主题的恰当程度(根据参赛队的演出):1 ~ 25

分

6. 表演时纪念物的装配：0 ~ 10 分

7. 纪念物装配方法的创造性：1 ~ 15 分

8. 纪念物的美学外表：1 ~ 20 分

※ 风格

1. 一位参赛队员的外貌：1 ~ 10 分

2. 队籍标志的美学外貌：1 ~ 10 分

3. 自由选择：1 ~ 10 分

4. 自由选择：1 ~ 10 分

5. 整体效果：1 ~ 10 分

10. 奥林匹克结构

（2007年）

※ 引言

我们即将迎来 2008 年北京奥运会以及在青岛举行的奥帆赛。让我们传播奥林匹克的精神，传承奥林匹克"更高、更快、更强"的理念，发挥你的创造力，在我们的竞赛中尝试用最少的轻质木搭建承重最多的结构，追求你最高的承重效率。

※ 问题

参赛队的问题是设计、制作一个结构，结构只能用桐木条和胶水制作。结构要尽量节约材料的使用，减少自重，并达到最高的承重量，使结构的承重效率最高。另外，参赛队还要与奥运会或奥林匹克联系起来为本队寻找一个相关的主题进行风格表演。

该题的创造性的重点在于：如何设计出一个尽量轻但承重尽量多的桐木结构，以及与奥运会或奥林匹克联系起来的风格表演。

※ 限制条件

1. 竞赛时间限制为 8 分钟,包括安装、风格表演和解题。

2. 成本限制为 200 元,在参赛队解题过程中(包括风格表演部分),所有使用的材料的总价值不能超过成本限制。

3. 结构必须:

(1)只能用桐木条和胶水制作。

(2)结构重量不能超过 16 克。

(3)高度为 20 厘米~ 21.5 厘米,上方能够放置承压板。

(4)整个高度内要有一空间,可以容纳一根直径为 5 厘米的圆柱。空间可以为任何形状,但必须让完整的结构顺利地安放在圆柱上。空间也必须能放置承重装置的安全管。

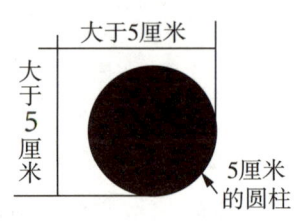

(5)不准接触测试装置的边角,也不能超出测试装置的底座(见下图)。

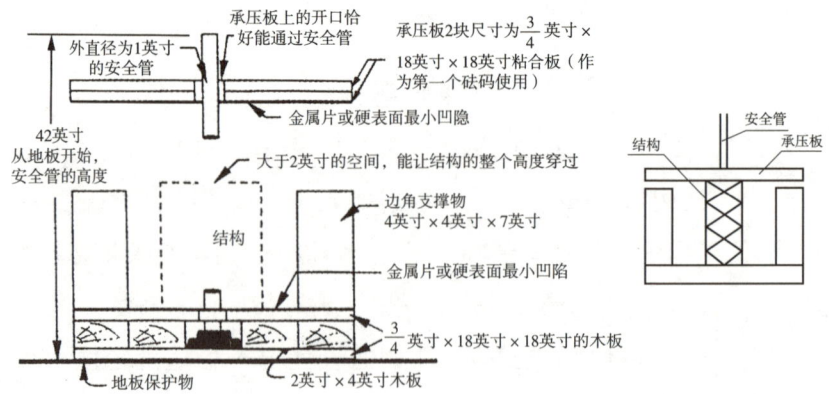

4. 桐木条:

(1)截面积为 0.32 厘米 × 0.32 厘米或小于这个尺寸。桐木条的宽度和厚度不能大于 0.32 厘米。

（2）只允许为划切割线而作的记号。这些记号只能由参赛队用铅笔划。

5.在组成完整结构中使用的胶水必须是商业产品，任何牌子和型号的胶水都可以使用。

※ 计分

1.承重量、结构的重量。

结构的效率＝结构承重量（以公斤为单位）÷ 结构的自重（以克为单位，称重时计算到0.1克，小数点后第二位舍去）。

2.参赛队的结构效率最高的为200分，其他参赛队得相应的百分化分数。

※ 风格

1.队籍标志的设计、制作：1～10分

2.与奥运会或奥林匹克联系的相关主题：1～10分

3.某件与奥运主题有关的道具的设计、制作：1～10分

4.自由选择：1～10分

5.整体效果：1～10分

11. 传递奥运圣火
（2007年）

※ 引言

2008年第29届北京奥林匹克运动会的圣火已经从希腊点燃，奥运的圣火穿越世界五大洲即将来到我们青岛。圣火的传递，唤起了世人对奥林匹克的热情，传播了奥林匹克的精神。点燃你的激情，传递你的梦想，发挥你的创造力，在竞赛中设计你的奥运圣火模型，用你独特的方式来传递并点燃奥运圣火。

※ 问题

设计、制造、装饰并驱动1～3辆小车和1个奥运圣火模型，小车运送奥运圣火的火种，经过跋山涉水，最终点燃奥运圣火，并为此创造和显示奥运的主题。

运送奥运圣火火种的小车要用尽最短的时间穿过高山峻岭（爬坡行驶），克服艰难（颠簸行驶），跨越险阻（爬台阶），经过四个不同的行程（跑道）到达终点，并"点燃"终点处参赛队自己设计的奥运圣火模型。参赛队可以决定由几辆车参赛。另外，参赛队需创作一个与奥运相关的主题并进行风格表演。

这个竞赛题的创造重点是：车子的工程设计、奥运圣火模型的设计及圣火的表现形式和参赛队的风格表演。

※ 限制条件

1. 成本限制为 300 元，在参赛队解题过程中（包括风格表演部分），所有使用的材料的总价值不能超过成本限制。

2. 时间限制为 8 分钟，包括安装、风格表演和完成竞赛。

3. 关于车子：

（1）小车的长度不得超过 50 厘米、宽度不得超过 20 厘米、高度不限。小车的重量不限。

（2）小车的动力源只准使用电池，电池的型号和数量不限，电动机的型号不限。

（3）小车只准使用商品的零件或参赛队自己制作的零件来装配，不得直接使用现成的商品小车。车轮不得损坏和污染地面。

（4）小车在行驶中，外界不得对小车进行任何的控制，包括遥控、线控、光控、磁控和使用轨道。

（5）小车的外形设计装饰必须要体现参赛队风格表演的主题。

（6）车子必须由准备区裁判检查，检查的车子必须与行驶的车子相同。如不符合规格，在时间允许的前提下，可以在准备区内改进，使其符合规格。

（7）小车必须按次序在跑道上一段接一段进行。

（8）车子的数量、车子的参赛顺序由参赛队决定。

（9）在出发前车辆的任何部位都必须在出发线后面，否则将不能计分。一旦一辆车子开始行驶，所有参赛队员可以到场地的任何地方，但不得接触或给予行驶的车子任何帮助，否则将给予处罚。

（10）开出时不得向前推动。如车子被判受过推动，该跑道就不能计分。

（11）每个跑道，小车有两次行驶机会，小车在行驶过程中，不能损坏或污染跑道。

（12）跑道两侧没有界限，小车可以在赛场的任意地方行驶。但必须穿越起跑线和终点线，并完成任务才可以得分。

4.小车完成的任务：

任务1：爬坡行驶。小车由出发线出发，途中要驶过平地、上坡、到达山顶、下坡、再过平地，越过终点线，成绩方为有效。

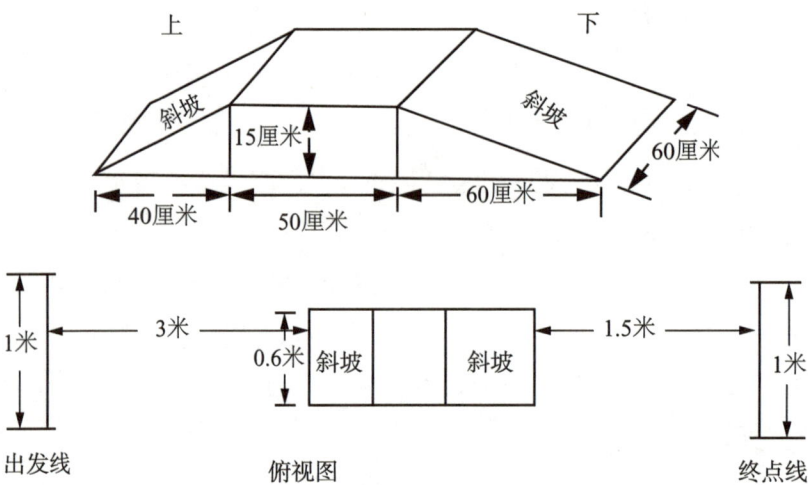

任务2：颠簸行驶。小车在行驶过程中要经过高低不平的路面，驶过终点线才能完成任务。

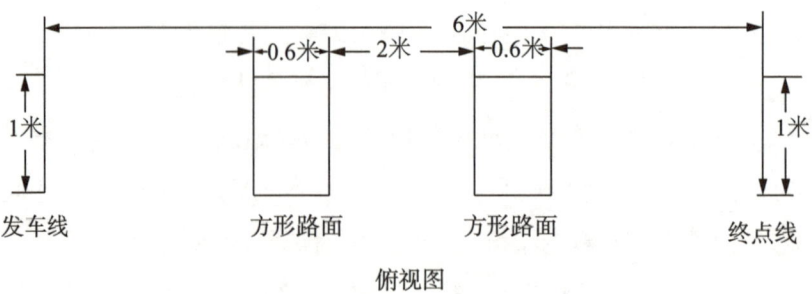

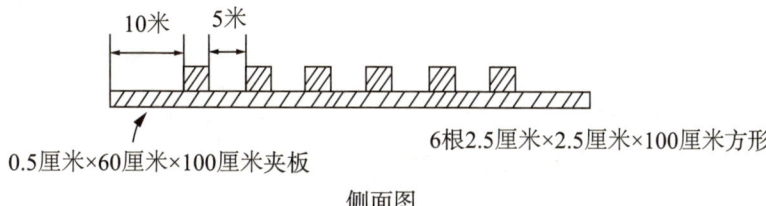

侧面图

任务3：爬台阶。小车由出发线出发，在行驶过程中爬上三阶台阶后从斜坡上驶下，并越过终点线。

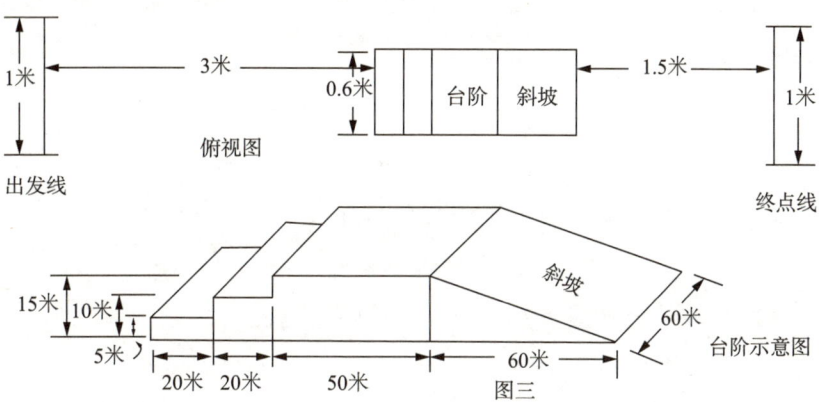

5. 奥运圣火模型

（1）奥运圣火模型的底座不超过1米×1米，高度不超过0.5米。

（2）奥运圣火表现的形式不限，可以是声、光、电、机械等等，不能使用危险易燃的气体或液体以及可能会危害人身安全的装置，不能有损坏场地及周围设施的危险。参赛之前必须接受准备区裁判的检查，未通过安全检查则不能参赛。

（3）奥运圣火由参赛队在比赛开始后置于终点线后，自行固定，并由行驶到终点的小车触发"点燃"。

※ 计分

1. 小车完成每个跑道的任务并到达终点线（4个跑道 × 各30分）：计0、30、60、90、120分。

2. 奥运圣火模型装置触发点燃成功：0、10分。

3. 点燃奥运圣火形式的创造性设计（点燃的方式、圣火表现的形式）：0 ~ 10分。

4. 竞赛中小车从出发线到最终点燃奥运圣火，以行驶速度快的优先（时间按秒计算）；参赛队最多可得到10分，其他将按名次得到相应百分化分数；如果小车从起跑线出发未能行驶到最终点，时间分数为0分。

※ 风格

1. 参赛队表现的主题的创造性（新颖的、独特的、体现奥运）：1 ~ 10分

2. 小车的外形设计及装饰：1 ~ 10分

3. 一位参赛队员的服装设计：1 ~ 10分

4. 奥运圣火模型的外形设计：1 ~ 10分

5. 整体效果：1 ~ 10分

12. 奥帆小主人

（2007年）

※ 引言

2008年的奥运会终于来到眼前，青岛奥帆赛日益临近，虽然你们不一定在海上扬帆竞技，虽然你们不曾亲自组织奥帆赛事，但作为东道主，你们早已将自己作为奥帆小主人了。发挥你的创造力，尽情展示吧！

※ 问题

参赛队要创作一个主题并进行表演，节目中必须包括一个环游地球宣传北京奥运，宣传奥帆之都的奥帆小主人、三个场景。奥帆小主人要在三个地方进行停留，其中两个地方是人类知晓的，第三个地方是由参赛队自创的未被发现的地方。要求参赛队为本次环游宣传设计一件宣传奥帆之都的道具，在表演中要解释为什么要在这三个地方进行停留宣传。

问题的创造性重点是：整体的表演，三个场景的创造，三个地方停留的原因，宣传奥帆之都的道具。

※ 限制条件

1. 参赛时间限制为8分钟,这包括场地布置、风格表演和解题。

2. 解决问题的成本限制为300元人民币,在参赛队解题过程中(包括风格表演部分),所有使用的材料的总价值不能超过成本限制。

3. 参赛队要创作一个原创的表演,其中包括:

(1)一个奥帆小主人。

(2)进行停留宣传的三个地方。

(3)三个地方的场景布置。

(4)解释为什么要在这三个地方停留。

(5)宣传奥帆之都的道具。

4. 宣传奥帆之都的道具:

(1)体现奥帆之都的特色。

(2)体现一定的技术含量。

(3)达到宣传的目的。

5. 环游宣传:

(1)环游宣传的旅程长短不限,也就是说可以不必最后回到出发地。

(2)环游宣传的方式不限,可以是真实的,也可以是想象中的。

(3)环游宣传的三个地方,其中两个是人类知晓的,第三个是参赛队自创的,存在于地球上还未被发现的地方。

6. 选择并停留的三个地方:

(1)停留的原因不能完全相同,但是可以相似。

(2)三个地方必须有不同的舞台场景。

7. 幼儿组参赛队,对三个地方场景布置、宣传道具不作要求。

※ 计分

1. 整体表演的创造性：1~20分

2. 奥帆小主人：2~20分

（1）外貌的创造性：1~10分

（2）表演的效果：1~10分

3. 第一个人类知晓的停留地方：2~20分

（1）场景布置的创造性、艺术性（使用的材料、与真实场景的相似）：1~10分

（2）在此停留的原因的创造性：1~10分

4. 第二个人类知晓的停留地方：2~20分

（1）场景布置的创造性、艺术性（使用的材料、与真实场景的相似）：1~10分

（2）在此停留的原因的创造性：1~10分

5. 第三个自创的停留地方：2~20分

（1）场景布置的创造性、艺术性（使用的材料、与真实场景的相似）：1~10分

（2）在此停留原因的创造性：1~10分

※ 风格

1. 一位参赛队员的服装设计：1~10分

2. 队籍标志的设：1~10分

3. 宣传奥帆之都的道具的创造性设计：1~10分

4. 自由选择：1~10分

5. 整体效果：1~10分

13. 翻山越岭

（2009年）

※ 问题

设计、制造、装饰并驱动一辆小车,用来完成爬山越岭的任务。你的小车要从起点开始,克服障碍,穿越终点线。另外,参赛队需要创作一个与驱动小车相关的主题并进行表演。

这个题目的创造重点是车子的工程设计和参赛队的风格表演。

※ 限制条件

1. 成本限制为300元,在参赛队解题过程中(包括风格表演部分),所有使用的材料的总价值不能超过成本限制。

2. 时间限制为8分钟,包括安装、风格表演和完成竞赛。

3. 关于车子：

（1）小车的长、宽、高不能超过30厘米(包括行驶途中的尺寸改变)。小车的重量不限。

（2）小车的动力源只准使用电池,电池的型号和数量不限,电动机的型号不限。

（3）小车只准使用商品的零件或参赛队自己制作的零件来装配，不得直接使用现成的商品小车。车轮不得损坏和污染地面。

（4）小车在行驶中，外界不得对小车进行任何的控制，包括遥控、线控、光控、磁控和使用轨道。

（5）小车的外形设计装饰必须要体现参赛队风格表演的主题。

（6）车子必须由准备区裁判检查，检查的车子必须与行驶的车子相同，如不符合规格，在时间允许的前提下，可以在准备区内改进，使其符合规格。

（7）小车必须按次序在跑道上一段接一段进行。

（8）在出发前车辆的任何部位都必须在出发线后面，否则将不能计分。一旦小车开始行驶，所有参赛队员可以到场地的任何地方，但不得接触或给予行驶的车子任何帮助，否则将给予处罚。

（9）小车开出时不得向前推动。如一车被判受过推动，该车就不能计分。

（10）每个跑道，小车有两次行驶机会，小车在行驶过程中，不能损坏或污染跑道。

（11）跑道两侧没有界限，小车可以在赛场的任意地方行驶。但必须穿越起跑线和终点线，并完成任务才可以得分。

4. 小车完成的任务：

任务1：小车由出发线出发，途中要驶过平地、上坡、到达山顶、下坡、再过平地，越过终点线，成绩方为有效。

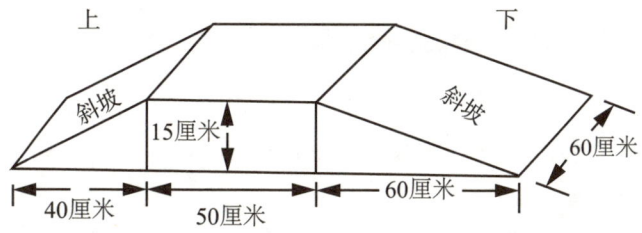

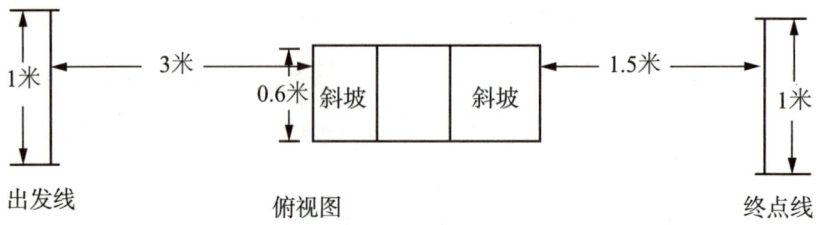

任务2: 小车在行驶过程中要第二次经过斜坡的路面,驶过终点线才能完成任务。

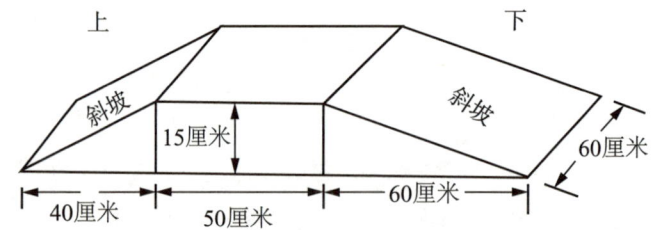

※ 计分

1. 小车完成每个跑道的任务并到达终点线(3个跑道 × 各30分): 0, 30, 60, 90分。

2. 竞赛中小车从出发线到最终点,以行驶速度快的优先(时间按秒计算);参赛队最多可得到20分,其他将按名次得到相应百分化分数;如果小车从起跑线出发未能行驶到最终点,时间分数为0分。

※ 风格

1. 参赛队表现的主题的创造性: 1~10分
2. 小车的外形设计及装饰: 1~10分
3. 一位参赛队员的服装设计: 1~10分
4. 自由选择: 1~10分
5. 整体效果: 1~10分

14. 大笑一场

（2009年）

※ 问题

参赛队要创作并表演一个原创的节目，这个节目要求含有一些幽默特色，这些特色包括：队员、这些队员中扮演的一个木偶或者一些哑剧演员、制造的一种影子幻觉，使有些事情发生得比通常情况下迅速。表演要包含两个由参赛队创设的幽默特色，这两个特色要将别人逗乐。

问题的创造性重点在于：哑剧演员的表演，影子是怎么表现的。

※ 限制条件

1. 比赛的时间限制为8分钟，这包括场地布置、风格表演和解题。

2. 成本限制为300元，在解题过程中，包括风格表演、所需材料的总价值不得超过这个限制。

3. 参赛队必须：

（1）创作一个原创节目，这个节目含有四个幽默特色。

（2）这四个幽默特色中有一个是参赛队原创的。

4. 这些特色可以一次表现一个，也可以联合起来体现，或者作为单独的综合表演。

5. 一个特色可以在表演中出现不止一次。如果一个特色在表演中出现不止一次，那么参赛队要选择哪一次是需计分的，否则将把参赛队的整个表演过程计分。

6. 其中的三个特色可以从以下选择：

（1）一个扮演木偶的演员。这个木偶应该是看起来由绳子操作或者由别人的手操作的。在扮演木偶的过程中，这名队员可以移动，可以说话、制造声响、唱歌等。

（2）一名扮演哑剧演员的队员。这名队员表演时不能说话。

（3）影子的幻觉。一名队员扮演其角色时，另外一名队员作为幻觉的影子出现。这个影子必须模仿角色的部分动作。

（4）有些事情发生得比通常情况下迅速。这些必须是看得见、摸得着的。

7. 余下的一个幽默特色必须是参赛队原创的。这些必须是：

（1）裁判看得见的。

（2）包含动作和（或）互动。

※ 计分

1. 整体表演的创造性（创意、效果）：1～20分

2. 表演质量（视听效果、动作、台风）：1～20分

3. 木偶的特色：2～20分

（1）队员外表及举手投足像木偶的程度：1～10分

（2）幽默程度：1～10分

4. 哑剧演员的特色：2～20分

（1）哑剧演员表演的创造性：1～10分

（2）幽默程度：1～10分

5. 影子的特色：2～20分

（1）演员表演的创造性：1～10分

（2）幽默程度：1～10分

6. 发生得比通常情况下迅速的事：1～15分

（1）发生：0～5分

（2）表演效果：1～10分

7. 参赛队创作的幽默特色：2～20分

（1）娱乐价值：1～10分

（2）幽默程度：1～10分

※ 风格

1. 表演中一名队员的服装：1～10分

2. 队籍标志的设计：1～10分

3. 自由选择：1～10分

4. 自由选择：1～10分

5. 整体效果：1～10分

15. 海洋动物园
（2009年）

※ 简介

几乎所有的孩子们都喜欢到海洋动物园游玩，比如青岛的海底世界、极地海洋世界等，在这些海洋动物园中，我们可以学习海洋的知识、认识许多海洋的动物。如果没有这样的场所，我们大多数人就没有机会见到这么多的海洋动物。除此之外，海洋动物园还承担了许多重要任务，如研究和保护某些濒临灭亡的动物。让我们成为我们创造的新的海洋动物，并为它们提供合适的生活环境。

※ 问题

参赛队员的任务是创造 3 种新的海洋动物，为他们提供适合居住的环境，并能被人们看到。参赛队员必须进行表演，向观众介绍他们创造的海洋动物并表演动物的感觉，以及它们在新环境中是如何存活的。

※ 限制条件

1. 时间限制为 8 分钟，包括道具布置、风格表演、问题解答。

2. 成本限制为 300 元，在参赛队解题过程中（包括风格表演部分），所有使用的材料的总价值不能超过成本限制。

3. 动物：

（1）必须由队员扮演。

（2）必须各不相同，即没有两种动物是相同的。

（3）必须是队员创造的，或由现存动物的各个部分合成。

（4）必须和队员创造的环境相融合，要分别解释它们是如何与环境相融合的。

（5）可以用各种材料制作。

4. 环境：

（1）必须是队员创造的，必须以海洋环境为基础进行组合。

（2）必须能让观众看到动物。

※ 计分

1. 表演内容的整体创造性：1～20 分

2. 表演的质量：1～20 分

3. 海洋动物的创造性：3～30 分

（1）1 号动物：1～10 分

（2）2 号动物：1～10 分

（3）3 号动物：1～10 分

4. 环境的独创性：1～10 分

5. 解释这三种海洋动物是如何与环境融合的：1～20 分

※ 风格

1. 一个海洋动物的美丽外表：1～10 分

2. 精巧的队籍标志：1 ~ 10 分

3. 自由选择：1 ~ 10 分

4. 自由选择：1 ~ 10 分

5. 整体效果：1 ~ 10 分

16. 团结合作

（2010年）

※ 问题

设计、制造、装饰并驱动一辆小车，用来完成翻山越岭运送乒乓球的任务。小车要从起点开始，克服斜坡的障碍，将乒乓球运送到场地对面，当参赛队员卸下乒乓球后，需要再次克服斜坡的障碍返回到起点线，依次往返，运输尽量多的乒乓球。参赛队还需要创作一个与团结合作、克服障碍、运送相关的主题并进行表演。

这个题目的创造重点是：车子的工程设计和参赛队的风格表演。

※ 限制条件

1. 成本限制为300元，在参赛队解题过程中（包括风格表演部分），所有使用的材料的总价值不能超过成本限制。

2. 时间限制为8分钟，包括布置场地、风格表演和完成竞赛。

3. 关于车子：

（1）小车的长不能超过30厘米，宽不能超过15厘米，高不能超过15厘米（包括行驶途中的尺寸改变）。小车的重量不限。

（2）小车的动力源只准使用电池，电池的型号和数量不限，电动机的型号不限。

（3）小车只准使用商品的零件或参赛队自己制作的零件来装配，不得直接使用现成的商品小车。车轮不得损坏和污染地面。

（4）小车在行驶中，外界不得对小车进行任何的控制，包括遥控、线控、光控、磁控和使用轨道。

（5）小车的外形设计装饰必须要体现参赛队风格表演的主题。

（6）车子必须由准备区裁判检查，检查的车子必须与行驶的车子相同，如不符合规格，在时间允许的前提下，可以在准备区内改进，使其符合规格。

（7）在出发前车辆的任何部位都必须在出发线或终点线的后面，否则将不能计分。一旦小车开始行驶，所有参赛队员可以到场地的任何地方，但不得接触或给予行驶的车子任何帮助，否则将给予处罚。

（8）小车开出时不得向前推动。如车辆被判受过推动，必须退回重新行驶。

（9）运输的乒乓球及盛放乒乓球的容器由各参赛队自备。必须是比赛用的标准乒乓球，乒乓球不能人为进行加工处理。

（10）比赛开始之前，乒乓球不能提前放到小车上面。

（11）如果乒乓球在运输过程中从车上掉下，允许参赛队员从场地取回。

（12）小车在往返过程中必须经过障碍，如果行驶过程中没有经过障碍，必须取回车辆重新行驶。

（13）小车在往返过程中，车体必须部分过线（出发线或终点线）才可以接触小车。

（14）小车运载的乒乓球必须由参赛队员全部放入参赛队自备的容器中，才能计分。

4. 小车分别行驶的跑道

跑道1：小车由出发线出发，途中要驶过平地、上坡、到达山顶、下坡、再过平地，过终点线，将乒乓球卸下。

跑道2：小车从终点线出发，再次经过斜坡的障碍，过出发线后，重新装载乒乓球，依次往返。

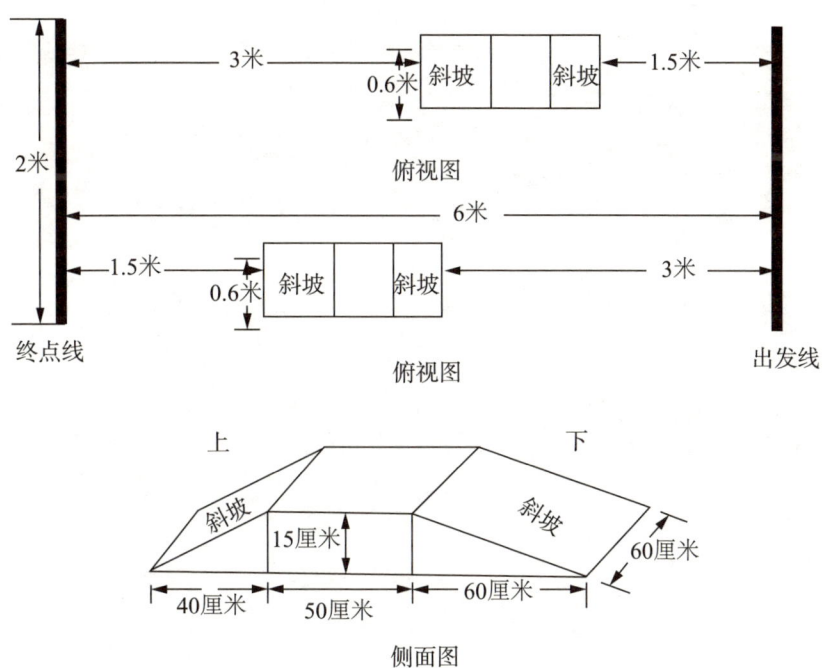

※ 计分

1. 能够运输乒乓球的小车的制作（一个乒乓球都没有运输成功的车辆不得分）：0～20分

（1）完全采用成品车辆：0分；

（2）成品车辆改制：10分；

（3）完全采用自制车辆：15～20分；

2. 每个完成卸载的乒乓球：5分

※ 风格

1. 参赛队表现的主题的创造性：1～10 分
2. 小车的外形设计及装饰：1～10 分
3. 一位参赛队员的服装设计：1～10 分
4. 自由选择：1～10 分
5. 整体效果：1～10 分

17. 环游地球

（2010年）

※ 引言

地球上有许多奇妙的地方，它们中有许多是我们这辈子都不可能去游览的。地球上也会有许多神奇的地方和现象，但是，由于环境的污染、全球变暖、水资源危机、人为的破坏，地球正在经历难以承受之痛。如果你能进行一次环球旅行，从极地到雨林，这该是多么奇妙，想象一下，我们能看到什么？可能，你还能发现一些从来不知道的地方。

※ 问题

参赛队的问题是创作并表演一个节目，节目中必须包括一个环游地球的旅行者，三个场景和一个主要角色。旅行中，旅行者会在地球上的三个地方进行停留：两个是人类知晓的，其中一个必须是极地，第三个地方由参赛队自创，未被发现的地方。表演中要解释为什么要进行这次旅行，以及旅行者为什么要在这三个地方停留。

※ 限制条件

1. 比赛的时间限制为 8 分钟,这包括场地布置、风格表演和解题。

2. 成本限制为 300 元,在解题过程中,包括风格表演、所需材料的总价值不得超过这个限制。

3. 参赛队要创作一个原创性的表演,其中包括:

(1) 一个主要角色。

(2) 一个环游地球的旅行者(可以是主要角色,也可以不是),停留的三个地方。在解题时,参赛队可以自定义这个角色的名字,不一定叫"旅行者"。

(3) 两个不同地方的场景,一个必须是极地,另一个必须是人们普遍知道的地方。

(4) 自创一个地球上未被发现的地方。

(5) 解释旅行者为什么要进行这次旅行。

(6) 旅行者在每个地方停留的原因。

4. 环游地球:

(1) 旅行者可以不必最后回到出发地。

(2) 旅行方式不限,可以是真实的,也可以是想象中的。

(3) 游览两个人们普遍知道的不同地方,其中一个必须是极地,即地球的北极圈或南极圈。

(4) 游览一个参赛队自创的存在于地球上但当时没有被发现的地方。

(5) 表演中解释旅行原因。

5. 旅行者游览的三个地方:

(1) 三个地方有不同的舞台布景。

(2) 包括两个地球已知的地方,一个由参赛队自选,另一个必须是极地场景。

（3）包括一个参赛队自创的、未被发现的地方。场景布置由参赛队自创，但必须是地球上的某个地方。

（4）旅行者游览这三个地方的顺序不限。

6. 停留在这三个地方的原因：

（1）原因不能完全相同。

（2）解题中必须解释原因。出现的方式不限。

※ 计分

1. 整体表演的创造性（创意、效果）：1～20分

2. 表演质量（视听效果、动作、台风）：1～20分

3. 主要角色：2～20分

（1）外貌的创造性：1～10分

（2）表演效果：1～10分

4. 环游地球：2～20分

（1）旅行原因的创造性：1～10分

（2）旅行方式的创造性：1～10分

5. 极地：2～25分

（1）与真实极地场景相似：0或5分

（2）旅行者到达游览：0或5分

（3）在极地停留原因的创造性：1～5分

（4）布景中使用材料的创造性：1～10分

6. 第二个已知地方：1～25分

（1）与真实的地方相似：0或5分

（2）布景中使用材料的创造性：1～10分

（3）旅行者到达游览：0或5分

（4）游览该地原因的创造性：1～5分

7. 未被发现，参赛队自创的地方：2～20分

（1）舞台布景的艺术性：1～10分

（2）地方的原创性：1～10分

（3）旅行者到达游览：0或5分

（4）游览该地原因的创造性：1～5分

（5）与整体表演的融合性：1～10分

※ 风格

1. 表演中一个角色外貌的创造性：1～10分

2. 队籍标志的设计：1～10分

3. 自由选择：1～10分

4. 自由选择：1～10分

5. 整体效果：1～10分

18. 环境的挑战

（2010年）

※ 问题

参赛队员要表演一个原创的节目，在节目中，队员要表演地球上某个物种，由于环境的破坏，生存的地方已经不适合居住。它们自强不息，去寻找新的地点生存。

※ 限制条件

1. 时间限制为 8 分钟，包括道具布置、风格表演、问题解答。

2. 成本限制为 300 元，在参赛队解题过程中（包括风格表演部分），所有使用的材料的总价值不能超过成本限制。

3. 物种

（1）必须由队员扮演。

（2）必须是现存的大家普遍知道的物种。

（3）可以用各种材料创作物种的外貌。

（4）必须解释寻找新的生存地点的原因。

（5）必须去寻找 2 个新的地点，最终确定 1 个适合自己生存的地方。

4. 寻找的地点

（1）必须是参赛队创造的 2 个不同的地方。

（2）可以是虚构的。

※ 计分

1. 表演内容的整体创造性：1 ~ 20 分

2. 表演的质量（视听效果、动作、台风）：1 ~ 20 分

3. 物种外貌制作的创造性：1 ~ 10 分

4. 解释寻找新的生存地点的原因：0 或 5 分

5. 生存地点的创造性：1 ~ 20 分

第 1 个地点：1 ~ 10 分

第 2 个地点：1 ~ 10 分

6. 从 2 个地点中确定适合生存的地方的创造性：1 ~ 20 分

※ 风格

1. 一个道具的制作：1 ~ 10 分

2. 队籍标志的设计：1 ~ 10 分

3. 自由选择：1 ~ 10 分

4. 自由选择：1 ~ 10 分

5. 整体效果：1 ~ 10 分

19. 迷你越野车

（2011年）

※ 问题

设计、制造并驱动两辆小车，小车要精确地行驶。在场地的各个部分，小车将克服障碍或困难，然后到达终点线，刺破气球。另外，参赛队必须为他们的解题创作和表演一个主题。

这个题目的重点是小车的工程设计和参赛队的风格表演。

※ 限制条件

1. 成本限制为500元，在参赛队解题过程中（包括风格表演部分），所有使用的材料的总价值不能超过成本限制。

2. 时间限制为8分钟，包括布置场地、风格表演和完成竞赛。

3. 关于车子

（1）必须在赛场提供的比赛场地上行驶。

（2）小车的长不能超过35厘米，宽不能超过20厘米，包括针的长度，长度按照小车行驶的方向测量。高度不能超过35厘米。小车的重量不限。

（3）小车只准使用商品的零件或参赛队自己制作的零件来装

配,不得直接使用现成的商品小车。车轮不得损坏和污染地面。

（4）小车在行驶中,外界不得对小车进行任何的控制,包括遥控、线控、光控、磁控和使用轨道。小车的动力源只准使用电池,电池的型号和数量不限,电动机的型号不限。

（5）释放车时,不能有推力,否则将给予处罚。

（6）车子必须由准备区裁判检查,检查的车子必须与行驶的车子相同,如不符合规格,在时间允许的前提下,可以在准备区内改进。

（7）在出发前车辆的任何部位都必须在出发线或终点线的后面,否则将不能计分。一旦小车开始行驶,所有参赛队员可以到场地的任何地方,但不得接触或给予行驶的车子任何帮助,否则将给予处罚。

4. 小车需完成的任务

任务1：转弯 要求一辆车从起点线后面开始,经过字母的区域,刺破距离6米远的气球。字母意味着额外的得分,也就是说,小车通过中心区得0分。小车和地面的接触点碰到了标有A的区域,加5分；接触B区域,加10分；接触C区域,加15分。如果2个区域都接触到,加较高的分数。小车必须碰到终点线才能加分。

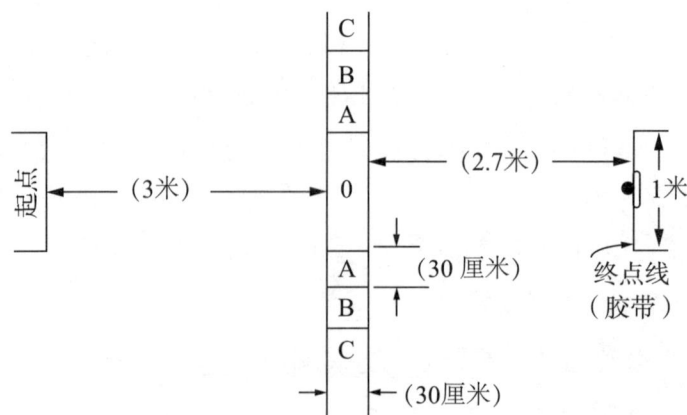

任务2：颠簸行驶　要求一辆车必须经过整个颠簸区，然后刺破气球。至少要有2个和地面的接触点经过颠簸区，才能有资格得分。颠簸区由5根隆起的长条组成，每个长条的尺寸是2.5厘米（高）×2.5厘米（宽）×1米（长），固定在1.5厘米厚的夹板上（见下图）。

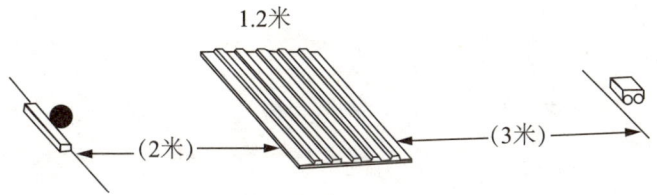

任务3：接力　要求一辆车行驶至少4米，然后接触第二辆车，第二辆车去刺破气球。第二辆车由参赛队员放在0.6米×0.6米的区域内，而且一直停留在这个区域内，直到第一辆车接触它或释放它。

第二辆车同样可以有动力，当第一辆车和它接触时，它能够行驶。任何使第二辆车启动的装置必须在所标的区域内。第一辆车不可以为得分而刺破气球。

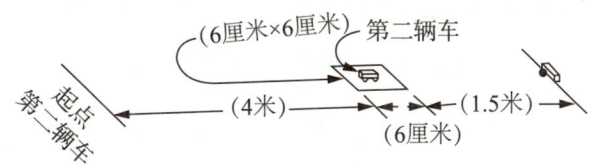

任务4：坠车　要求一辆车驶过斜坡，从顶端坠下，然后继续驶向目标，越过终点线。车辆和地面的所有接触点必须在斜坡的两边内（即小车不能从斜坡跑道的两侧坠下）。

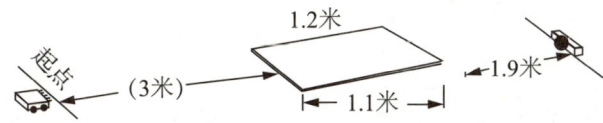

5. 在每一个任务的终点线上，都有一只气球，气球附在一块木

板上,尺寸大约为9厘米×9厘米×30厘米,气球约为20厘米直径(见右图)。

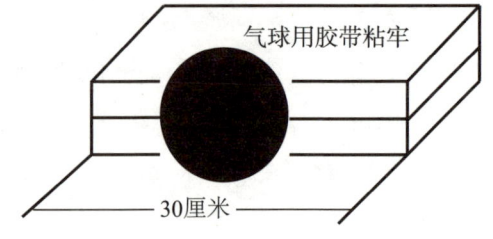

6. 在每一个任务中,跑道没有界线,只有起点线和终点线,长度分别为1米。

7. 每个任务,小车有两次完成的机会。如果在行驶过程中,参赛队员接触小车,或者接触了每个任务所设置的任何物体,该任务结束。

8. 小车抵达终点线,指小车的任何部分接触或超过终点线的垂直面,或碰到气球(或固定气球的木板)。

9. 小车完成每个任务,越过终点线即可得任务分数,刺破每个气球将单独计分。

※ 计分

1. 小车的设计制作:20分

2. 每个任务完成的分数:0或30分

3. 每个任务中刺破气球:10分

※ 风格

1. 参赛队表现的主题的创造性:1～10分

2. 一辆小车的外形设计及装饰:1～10分

3. 一位参赛队员的服装设计:1～10分

4. 自由选择:1～10分

5. 整体效果:1～10分

20. 梦中之旅

（2011年）

※ 问题

参赛队要创造并表演一个原创的节目，这个节目要求包括一个梦在内。这个梦时而让人高兴，时而荒谬，时而让人不愉快。让人高兴和让人不愉快的部分要含有声响。让人不愉快的部分要含有一个参赛队创设的怪物。这个怪物将不得不完成各种各样的任务，其中有一项任务是由参赛队创造的。

问题的创造性重点在于梦的荒谬部分、产生声响的方式、怪物和参赛队创设的任务。

※ 限制条件

1. 参赛的时间限制为 8 分钟，这包括场地布置、风格表演和解题。

2. 成本限制为 500 元，在参赛队解题过程中（包括风格表演部分），所有使用的材料的总价值不能超过成本限制。

3. 参赛队必须：

（1）创作并表演一个梦，这个梦时而让人高兴，时而让人感到荒谬,时而让人不愉快。

（2）在梦的相关部分要含有声响。

（3）创造一个执行任务的怪物。

4.梦：

（1）必需含有让人高兴的部分,这一部分必须含有声响。

（2）必须含有荒谬的部分,在这一部分中,有不合乎逻辑的事情发生,或者某人会做一些不合乎逻辑的事情。

（3）必须含有噩梦的内容,这一部分必须出现怪物和声响。

（4）在表演过程中,梦里必须出现一个或者多个角色。

（5）必须有连贯性。能够以一个梦的不同部分出现,也能以多个梦出现。

5.怪物：

（1）必须是参赛队原创的。

（2）可以是善的,也可以是恶的,也可以是善、恶兼备。

（3）必须在梦里让人不愉快的部分出现；对于是否在其他部分中出现不予限制。

（4）必须以某种技术方式执行三项任务。

（5）必须设计合理,确保操作安全,不可对人和赛场造成损伤。

（6）不能是队员,队员也不能是怪物的一部分。

队员可以：

①接触怪物或附在怪物身上的物体。

②驱动怪物或者使用各种办法使怪物运动。

③在怪物里面或外面。

6.这个怪物一次只能执行一个任务,但这些任务在表演过程中出现的先后顺序不予要求。这些任务是：

（1）改变外表。所有用作此次改变的部分在改变前必须是怪物的组成部分(看得见的或看不见的)。

（2）转身，大约180°或超过180°。

（3）一项参赛队创设的任务。

※ 计分

1. 整体表演的创造性（创意、效果）：1～20分

2. 表演质量（视听效果、动作、台风）：1～20分

3. 梦里令人高兴的部分：3～25分

（1）这部分令人高兴的表现程度：1～10分

（2）声音的效果：1～5分

（3）发出声响的方式上体现的创造性：1～10分

4. 梦里荒谬的部分：2～20分

（1）事物荒谬的表现程度：1～10分

（2）事物不合乎逻辑的创造性：1～10分

5. 梦里令人不快的部分：3～25分

（1）事物令人不快的表现程度：1～10分

（2）声音的效果：1～5分

（3）发出声响的方式的创造性：1～10分

6. 怪物的创意：1～10分

7. 怪物的外貌改变：2～10分

（1）表演的效果：1～5分

（2）外貌改变的功能设计：1～5分

8. 怪物转身：1～15分

（1）任务完成的情况：0或5分

（2）工程的功能：1～10分

9. 参赛队创设的任务：2～20分

（1）怪物完成的情况：0或5分

（2）任务的创意：1～5分

（3）工程的功能：1～10分

※ 风格

1. 表演中一名队员的服装：1～10分
2. 队籍标志的外貌：1～10分
3. 自由选择：1～10分
4. 自由选择：1～10分
5. 整体效果：1～10分

21. 太空之旅

（2011年）

※ 问题

参赛队的问题是要创作并表演一个原创的节目——太空之旅。在这过程中，参赛队将清除一个障碍或克服一个困难。遇到另一位太空探索者，发现一颗未知行星。他们将一起为这颗行星命名，并用从行星上采集取回一个标本。

※ 限制条件

1. 太空之旅：

（1）可以表演成参赛队希望的任何样子，只要展现在裁判面前的是一场太空之旅。可以通过对话、舞台布景以及综合手段等体现。

（2）参赛队必须清除一个障碍或克服一个困难。

（3）参赛队必须发现一颗未知行星。

（4）必须包括一场与另一位太空旅行者的相遇。

（5）必须从行星上取回一个标本。

2. 障碍或困难：

（1）可以是参赛队员创作的、希望的任何样子。

（2）为了完成太空之旅，可以作为一个遇到的难题来解决。

（3）必须在整场表演中清除或克服困难。

3. 标本：

（1）可以是参赛队希望的任何样子。

（2）来自未知行星。

※ 计分

1. 整体表演的创造性：1～25分

2. 表演质量：1～20分

3. 太空之旅：2～20分

（1）表演的创造性：1～10分

（2）旅行的收获：1～10分

4. 障碍或困难：3～30分

（1）障碍或困难的原创性：1～10分

（2）参赛队清除障碍或克服困难的创造性：1～10分

（3）表演的效果：1～10分

5. 在太空旅行中遇到旅行者：0或5分

6. 未知行星：2～20分

（1）描绘未知行星的创造性：1～10分

（2）名字的原创：1～10分

7. 标本

（1）取回标本：0或5分

（2）制作的创造性：1～15分

※ 风格

1. 一套服装的视觉效果：1～10分

2. 一件道具的创造性制作：1 ~ 10 分
3. 自由选择：1 ~ 10 分
4. 自由选择：1 ~ 10 分
5. 整体效果：1 ~ 10 分

22. 迎接世园会
（2012年）

※ 问题

2014年青岛世园会即将举办，我们与全体青岛市民一样，为举办世园会感到骄傲和自豪。请用我们的创造力，让头脑奥林匹克的"迎接世园"更加精彩。本题目要求参赛队利用球的运动作为能量来完成一系列"迎接世园"的任务。另外，参赛队必须创作和表演一个世园会的主题。

※ 限制条件

1. 竞赛时间限制为8分钟。当裁判宣布"开始"时开始计时，包括场地布置、风格表演及解题。

2. 成本限制为500元。所有参赛队解题时所用的材料，包括风格表演，总费用不能超过成本限制。

3. 制作一个利用球的运动作为能源，完成一系列任务的装置。

4. 必须是球产生的能量来驱使任务的完成；球由参赛队自备。任意球都可以使用。

5. 初始状态，不能对球施加其他能量。

6. 球在释放后不允许再次触碰，连续完成至少 3 项任务。必须从以下任务中选取，整个任务要体现"迎接世园"的主题。

（1）弹跳过某物体

（2）使有关迎接世园的文字出现。

（3）使某物体获得自由。

（4）击破气球。

（5）创造并完成一项自由选择的任务一（与迎接世园有关）。

（6）创造并完成一项自由选择的任务二（与迎接世园有关）。

（7）创造并完成一项自由选择的任务三（与迎接世园有关）。

7. 任务必须一个个地完成，能使裁判看清完成任务的情况。

8. 任务的表现形式不限，它们可以是声、光、电、机械等等。

9. 不能有明火或危机人身安全的装置。

※ 计分

1. 弹跳过某物体：10 分

2. 使有关迎接世园的文字出现：10 分

3. 使某物体获得自由：10 分

4. 击破气球：10 分

5. 创造并完成一项自由选择的任务一：15 分

6. 创造并完成一项自由选择的任务二：15 分

7. 创造并完成一项自由选择的任务三：15 分

8. 表现的主题与任务的结合：20 分

※ 风格

1. 参赛队表现的"迎接世园"的主题创造性：1～10 分

2. 一件道具的设计及制作：1～10 分

3. 一位参赛队员的服装设计：1～10 分

4. 自由选择：1 ~ 10 分

5. 整体效果：1 ~ 10 分

23. 破除迷信

（2012年）

※ 问题

创作并进行一个表演，表演包括一个现实的迷信以及一个参赛队原创的迷信。参赛队要展示原创的迷信得以传开的事件。参赛队的表演还应包括一个幽默的叙说者，一件被两名或更多参赛队员同时穿着的服装，以及一个舞台布景转换到另一个不同的舞台布景。

※ 限制条件

1. 竞赛限制时间为 8 分钟。时间包括场地布置、风格表演和解题。

2. 该题的成本限制为 500 元，在参赛队解题过程中（包括风格表演部分），所有使用的材料的总价值不能超过成本限制。

3. 参赛队要创作一场原创性的表演，包括：

（1）一个现存的迷信。

（2）一个参赛队原创的迷信及它是如何传开呈现的。

（3）一个幽默的叙说者。

（4）一件由两个或更多参赛队员同时可穿的服装。

（5）一个能转换的舞台场景。

4. 两个现存的迷信可以在表演的任何时候展现。

5. 参赛队原创的迷信：

（1）必须是原创的，有普遍公认的迷信特征。

（2）可以在表演中任何时候以任何方式呈现。

（3）必须在一个场景中被展示它的由来以及这个迷信如何传开呈现的。

6. 叙说者：

（1）必须幽默。也就是说这个角色必须在表演中激发人们的笑声。

（2）可以以任何形式描绘任何事。表演中，可以在不同时间用不同方法去描绘。

（3）要向观众指明这两个迷信。这可以在表演前、表演时或表演后进行。

7. 由两个或更多参赛队员同时可穿的服装：

（1）必须在表演的某个时间由两个或更多参赛队员同时穿着。

（2）必须是一件服装。

（3）在穿和没穿时必须看上去有明显的不同。比如，两个队员坐在一个箱子里不能当作一件二人服装。

8. 表演要包括从一个场景到另一个场景的转换，场景转换要求如下：

（1）在转换中，要计分的场景可以在任何时间展示，也就是并不一定非要在表演的第一个场景。

（2）场景中的物件包含舞台上的一些东西，包括所有的道具、布景和背景。

（3）这些物件可以通过移动和变化转换到不同的场景。

11. 参赛队必须向准备区裁判提供解题明细表二份，风格表二份，成本表一份。

※ 计分

1. 整体表演的创造性（原创性、效果）：1～20 分

2. 表演质量（声音、动作、台风）：1～20 分

3. 迷信：10 分或 6～15 分

（1）在表演中被呈现：0 或 5 分

（2）融入表演的程度：1～10 分

4. 参赛队自创的迷信：0 分或 8～40 分

（1）在表演中被呈现：0 或 5 分

（2）迷信的原创性：1～10 分

（3）迷信呈现的创造性：1～15 分

（4）融入表演的程度：1～10 分

5. 叙说者：2～30 分

（1）识别三个迷信：0 或 5 分

（2）幽默程度：1～15 分

（3）表演效果：1～10 分

6. 两人的服装：3～30 分

（1）外貌视觉效果：1～10 分

（2）材料使用的创造性：1～15 分

（3）融入表演的程度：1～5 分

7. 场景转换：2～30 分

（1）转换场景的创造性：1～15 分

（2）转换前后场景间差异的程度：1～10 分

※ 风格

1. 表演中一件道具材料使用的创造性：1～10分
2. 队籍标志的设计：1～10分
3. 自由选择：1～10分
4. 自由选择：1～10分
5. 整体效果：1～10分

24. 海底旅行

（2012年）

※ 问题

我国首台自主设计的载人潜水器"蛟龙"号已顺利完成 5000 米级的试验，深潜基地也将落户青岛。深海丰富的资源等待我们去探索。参赛队的问题是要创作并表演一个原创的节目——海底旅行。在这过程中，参赛队将清除一个障碍或克服一个困难，并发现海底的宝藏。

※ 限制条件

1. 竞赛时间限制为 8 分钟。当裁判宣布"开始"时开始计时。场地布置可以由成人协助进行，时间不计。

2. 该题的成本限制为 500 元，在参赛队解题过程中（包括风格表演部分），所有使用的材料的总价值不能超过成本限制。

3. 海底旅行：

（1）可以表演成参赛队希望的任何样子，只要展现的是一个海底探宝的旅行。可以通过对话、舞台布景以及综合手段等体现。

（2）参赛队必须清除一个障碍或克服一个困难。

（2）参赛队必须发现一处海底宝藏。

（3）创作一个可以深潜的工具，可以带你进行海底探宝旅行。

4. 障碍或困难：

（1）可以是参赛队员创作的希望的任何样子。

（2）为了完成海底旅行，可以作为一个遇到的难题来解决。

（3）必须在整场表演中清除或克服困难。

5. 深潜工具：

（1）可以是参赛队希望的任何样子。

（2）必须利用废旧物品制作。

6. 海底宝藏：

（1）宝藏必须利用废旧材料制作。

（2）可以是参赛队想象的任何东西。

※ 计分

1. 整体表演的创造性：1～25 分

2. 表演质量：1～20 分

3. 障碍或困难：3～30 分

（1）障碍或困难的原创性：1～10 分

（2）参赛队清除障碍或克服困难的创造性：1～10 分

（3）表演的效果：1～10 分

5. 深潜工具的设计制作：0～10 分

6. 海底宝藏：1～15 分

（1）发现宝藏：0 或 5 分

（2）宝藏的设计制作：1～10 分

※ 风格

1. 一套服装的视觉效果：1～10 分

2. 一件道具的创造性：1 ~ 10 分

3. 自由选择：1 ~ 10 分

4. 自由选择：1 ~ 10 分

5. 整体效果：1 ~ 10 分

25. 世园游览车

（2013年）

※ 问题

我们即将迎来2014年青岛世园会，在我们的头脑奥林匹克竞赛中，发挥你最好的创意，为世园会设计你的游览车。

设计、制造并驱动2～4种车子在完全不同的跑道上行驶，并为此创造和显示一个世园会的主题。车子须用不同的方法作动力。

第一辆车将携带一个自己创作的与世园会有关的标志，并传给下一辆，依次传送，参赛队可以决定哪辆车子完成各自的哪一段。最后一辆车在到达终点时，须破坏一个气球。另外，参赛队需创作一个与世园会相关的主题并进行风格表演。

※ 限制条件

1. 成本限制为300元，在参赛队解题过程中（包括风格表演部分），所有使用的材料的总价值不能超过成本限制。

2. 时间限制为8分钟，包括安装、风格表演和完成竞赛。

3. 关于车子

（1）必须携带自己创作的标志，标志要有世园会的元素或者与世园会有关，以取得计分的资格，标志由参赛队自己创作，可以取下，以备从一辆车转交给另一辆车，最大规格为 8 厘米 ×12 厘米。

（2）必须具备轮子、带子或像坦克的履带，只有这些可以接触地板表面，车子不能离开地面。

（3）必须整套装在一起，即不得有电线、绳索、纱线等使车子与外部物品如参赛队员、地板上的桩、柱等相连接。

（4）必须依靠自身的动力，行驶各自的一段路程。不准有外部物品对车子控制方向，如轨道、栅栏或遥控。

（5）车子最多可以装 3 枚钉子、针或图钉，以刺破气球目标。边上两枚钉子间的最大距离不得超过 12 厘米。

（6）车辆的最宽处不得超过 20.3 厘米，长度包括触针不得超过 61 厘米，长度依车行方向计量。车子的高度没有限制。

（7）车子可以是队员自己制作的和(或)商业生产的部件来制作。

（8）不得用家用电力、蒸汽或燃料，如汽油引擎或任何类型有潜在危险的动力。

（9）车子必须由准备区裁判检查，检查的车子必须与行驶的车子相同，如不符合规格，在时间允许的前提下，可以在准备区内改进，使其符合规格。

（10）必须按 1 ~ 4 的顺序在跑道上一段接一段进行。

（11）车子可以以任何顺序参赛。

（12）在开出时车辆的任何部位都必须在出发线后面，否则将不能计分，但不另给处罚。一旦一辆车子开始行驶，所有参赛队员可以到场地的任何地方，但不得接触或给予行驶的车子任何帮助，否则将给予处罚。禁止使用遥控。

（13）开出时不得向前推动。如一车被判受过推动，该车就不能计分，不予扣分。

4. 小车在行驶最后一个跑道时，必须爬上3级5厘米高的台阶并刺破气球，气球直径约为20厘米。

5. 当一辆车子任何部分越过出发线，即作为正式行走。路程走完后，标志即被传送给下一辆车。

6. 参赛队可以在任何时候用任何方法从车上拿下标志。如果一辆车上的标志被取走或未到达终点线，这车子的路程不能得分。到达终点线的定义是接触或越过终点线胶带。

7. 各辆车在行驶全程中必须带着标志，如车子在完成其路程前标志跌落，该车的路程即不能得分。

※ 计分

1. 到达终点线的每辆车子。(4×30分）计0、30、60、90、120分。

2. 最后一段跑道，车子刺破气球：0 或 30 分。

※ 风格

1. 参赛队表现的主题的创造性。(新颖的、独特的) 1 ~ 10 分

2. 一位参赛队员的服装设计：1 ~ 10 分

3. 队籍标志的设计：1 ~ 10 分

4. 小车上标志的设计制作：1 ~ 10 分

5. 整体效果：1 ~ 10 分

26. 发现青岛

（2013年）

※ 问题

你了解我们的家乡青岛吗？让我们一起来发现青岛吧！

参赛队需要创作并表演一个小品，表演要包括在青岛发现两个宝藏的描述：一个描述是参赛队自创的，发现青岛历史上确实存在的宝藏；另一个描述是现存的一个现代人工建筑或雕塑，但是在未来被发现的宝藏。

※ 限制条件

1. 竞赛限制时间为8分钟。时间包括场地布置、风格表演和解题。

2. 该题的成本限制为500元，在参赛队解题过程中（包括风格表演部分），所有使用的材料的总价值不能超过成本限制。

3. 参赛队要创作一个原创性的表演，包括：

（1）参赛队自创的、发现一件青岛历史上真实存在的宝藏的描述。

（2）会在未来发现的一个现代建筑或雕塑。

（3）发现历史真实存在的宝藏的艺术再现。

（4）在未来被发现的一个现代建筑或雕塑的艺术再现。

（5）参赛队自创的角色。

（6）声音和动作配合达到的艺术效果。

4. 一件历史真实宝藏的发现：

（1）必须是在青岛历史上某个时间真实发生过的。

（2）不必是真实发现的情形。

（3）表演可在任何时候进行。

5. 在未来发现的一个现代宝藏：

（1）表演的一个建筑或雕塑必须是今天存在的，在宝藏被发现以前，可能是被丢失的或遗忘的。

（2）必须发生在未来的任何时间、任何地点，通过任何手段。

（3）要有参赛队自创的场景布置。

（4）表演可安排在任何时候。

6. 被发现的宝藏：

（1）历史上的宝藏

可以是一件真实的任何类型的人造物品。比如，宝藏可以是一件单个物品，也可以是一套包含一个或多个人造物品的遗迹。

（2）现代宝藏

①是一个现在的建筑或雕塑。

②为青岛大多数人所熟知的。

③发现地点可与宝藏现存地点不必相同。

7. 宝藏的艺术再现：可以用任何方法、任何材料制作。

8. 两支考古队：

（1）表演的方式不限。

（2）每支队伍要有一名参赛队自创的角色。

（3）每次要有一名角色计分。

9. 声音和动作达到的效果：

（1）必须是参赛队设计的。

（2）不能是预先录制的声音。

（3）在表演中任何时候都可产生。

※ 计分

1. 整体表演的创造性（原创性、效果）：2～20 分

2. 表演的质量（声音、动作、台风）：2～20 分

3. 历史宝藏的发现：3～20 分

（1）如何表演的创造性：3～15 分

（2）表演中时间和地点的准确性：0 或 5 分

4. 未来宝藏发现表演的创造性：3～15 分

5. 两种舞台风格的效果：2～20 分

6. 艺术再现：0～20 分

（1）历史宝藏的艺术质量：0～10 分

（2）现代宝藏的艺术质量：0～10 分

7. 在历史考古队中，参赛队自创的角色：2～20 分

（1）角色的原创性：1～10 分

（2）角色的冲击力：1～10 分

8. 在未来考古队中，参赛队自创的角色：2～20 分

（1）角色的原创性：1～10 分

（2）角色的冲击力：1～10 分

9. 在未来宝藏发现中的场景：3～30 分

（1）概念的创造性：1～10 分

（2）结构的质量：1～10 分

（3）时代和地点表达的程度：1～10 分

10. 声音和动作达到的戏剧效果：4～20 分

（1）声音产生的创造性：2～10分

（2）表演的冲击力：2～10分

※ 风格

1. 表演中一件道具材料使用的创造性：1～10分
2. 队籍标志的设计：1～10分
3. 自由选择：1～10分
4. 自由选择：1～10分
5. 整体效果：1～10分

27. 海洋的生命

（2013年）

※ 问题

参赛队要创作并表演一个小品，小品中要表现一个海洋中无生命的或是现已消失的物品被赋予了新的生命。

※ 限制条件

1. 竞赛时间限制为8分钟。当裁判宣布"开始"时开始计时。场地布置可以由成人协助进行，时间不计。

2. 该题的成本限制为500元，在参赛队解题过程中（包括风格表演部分），所有使用的材料的总价值不能超过成本限制。

3. 参赛队要创作一个原创性的表演

（1）一个海洋中无生命的或是现已消失的物品被赋予了新的生命。

（2）一首诗或歌曲。

4. 无生命的或现已消失的物体被赋予了生命

（1）开始计时时，在它被赋予生命之前不能显露出有生命的样子，必须让裁判一目了然地看到。

（2）可以是以前活着的、现在已消失的生物，或是完全没有生命的物体，如海洋里的石头。

（3）不能是虚构的物体。

5. 参赛队创作的诗或歌曲

表演中有一个或多个队员在表演期间朗诵或演唱。

※ 计分

1. 整体表演的创造性：1～25分

2. 表演的质量：1～20分

3. 无生命的物体：2～20分

（1）独创性：2～10分

（2）效果：2～10分

4. 参赛队自创的歌曲或诗

（1）诗或歌曲的原创性：2～10分

（2）演出的效果：2～10分

※ 风格

1. 一套服装的视觉效果：1～10分

2. 一件道具的创造性：1～10分

3. 自由选择：1～10分

4. 自由选择：1～10分

5. 整体效果：1～10分

Part 4

头脑奥林匹克活动解题案例

2010年中国上海第23届头脑奥林匹克创新大赛
《古典——发现宝藏》解题案例

少年科学院院士参赛队

辅导教师：周杰 刘春雷 孙博 史海燕

<赛题剧本>

第一幕　在卢浮宫

背景：法国卢浮宫，维纳斯雕像立于场中，解说员立于像前，身披绶带，面带微笑。

［观众］ 哎呀，哎呀呀呀呀呀呀，太美了，这是哪位天使大姐啊。我想想，她是谁？维也纳？不对，维多利亚？也不对，别吵吵啊，维纳斯？对，就是维纳斯。

［工作人员］ 这就是传说中爱与美的化身——维纳斯。

［观众］ 维纳斯在哪？

［工作人员］ 在这。

［观众］ 哎呀，这就是维纳斯啊，怪不得那么漂亮。（伸手向前摸）

［工作人员］ 这个不能摸。

［观众］ 这个可以摸。

［工作人员］ 这个真不能摸。

［工作人员］ 敢玷污我们的雕像,带走他!

［观众］ 我的!我的!

［解说员］ 这是约公元前 100 年的作品——维纳斯雕像。它的诞生震惊了世界。这宝藏是怎样发现的呢?那得回到 1820 年希腊的米洛斯岛上。

第二幕　米洛斯岛

背景:米洛斯岛农田(春天),写有"1820 年"字样。

［波托尼斯］ 我叫波托尼斯,米洛斯岛上的农夫,他是我的儿子。

［小波托尼斯］ 小波托尼斯。(地面突然崩陷,音效为三声巨响;地面露出洞穴,背景出现洞口。)

［波托尼斯］ 怎么回事?太恐怖了。难道上苍要惩罚我们这些无辜的农夫。

［小波托尼斯］ 爸爸,这洞穴里面会有什么呢?我们进去看看吧!

(孩子想进,但被父亲拦住,波托尼斯:不行,孩子,还是让我先进去吧)

［波托尼斯］ (幕后转出)孩子,洞里有尊石雕。

［小波托尼斯］ 真的吗?

［波托尼斯］ 你来看。

(幕拉开,推出维纳斯雕像。)

［小波托尼斯］ 哇,真是太美了!

［波托尼斯］ 快去叫传教士来!

[小波托尼斯] 传教士,传——教——士。

[传教士] 吵什么吵,吵什么吵,我这不是来了嘛!

[波托尼斯] 来自法兰西的传教士,你好。

[传教士] 这是我的好朋友,法兰西著名的考古队员里赛艾尔伯爵。

[小波托尼斯] 太好了,我们正需要考古学家的帮忙。

[传教士] 你们有什么事吗?

[波托尼斯] 我们在这洞里发现了一座雕像。

[传教士] (这可是个好宝贝啊,我可不能便宜了这两个愚蠢的农夫。)这哪是什么宝藏啊,当大理石用吧。

[波托尼斯] 哎……看来,我们只是捡了些石料!

[传教士] 是的,你们可以把它凿成石块来盖房屋。如果你们愿意,我用一法郎买下。

[小波托尼斯] 不,我们不会卖的,我们盖房子正需要石料呢。

[波托尼斯] 里赛艾尔伯爵,伯爵。

[传教士] 伯爵,伯爵!

[里赛艾尔] (如梦方醒)啊!太美了,太伟大了!

[传教士] 你说什么,就这残缺的雕塑还美呀。

[小波托尼斯] 伯爵,要不然,就五法郎卖给你吧。

[里赛艾尔] 年轻人,你哪里知道,这尊雕塑大约是两千年前希腊化时期雕刻家阿历山德罗斯的作品,它可是价值连城啊!要是五法郎能买下,我不是欺骗人民吗?

[波托尼斯] 这么说——我们发财了!

[里赛艾尔] 恭喜你们发现了这世界上这样美的艺术品。

[传教士] 嗨,为什么不骗一骗这些农夫,可惜呀,可惜。

[里赛艾尔] 让我们记住这伟大的发现,记住米洛斯岛剧场

遗迹500米的山坡上——维纳斯雕像的发现！

第三幕　未来考古

背景：纽约联合国总部大厦上，覆盖的白布（雪景）上写"公元15010年"。

画外音：在一万多年以后，由于人类对环境无休止的破坏，迫使他们最终背井离乡，去寻找其他星球居住。可就在此时，里赛艾尔伯爵的后代带领一考个考古队员重新回到地球，去寻找宝藏。

（考古队员个个身穿厚重的衣服，手持探宝仪艰难奔波在表演场地上，音乐效果比较沉重。）

［队长］　终于又回到了以前人类居住的星球了。

［队员1］　我们已经离开地球好多年了吧！怎么还没有恢复到以前的样子！

［队员2］　这里是什么地方？让我们看看还能不能发现像维纳斯一样美丽的东西。

［队长］　对，我们开始干活吧。

［队员2］　队长，你看这是什么东西。

［队长］　哎，这只不过是以前人们随手扔的电池罢了，过了这么多年还没有消失，他们仍然在污染着我们的土壤啊！

［队员1］　队长，你看这是什么？

［队长］　这不过是当年地球上随处可见的烟囱罢了。以前许多有害气体就直接排放到空气中，污染了地球的环境啊！

［队员2］　报告队长，你看这是什么东西？

［队员1］　探宝仪显示出这座38层的建筑呈浅灰色，有着玻璃幕墙。

［队员2］　队长，你来看看。

［队长］　咦？这不会是联合国总部大厦吧！

［队员1］ 联合国？那是什么？

［队长］ 联合国是当年地球上的一个国际组织。

［队员1］ 原来在地球上不是和我们现在一样没有国家的概念。

［队员2］ 既然有这个组织，为什么人类会因为环境的不断破坏而离开地球？难道他们不知道要保护环境吗？

［队长］ 他们当然知道要保护环境，这点毋庸置疑。只不过那时许多发达国家都把自己的利益放在了首位。

［队员1］ 看来，环境问题确实很严重。

［队员2］ 前车之鉴，后事之师。我们可不想让这一幕重演。

［队长］ 是啊，让我们大家携起手来，保护我们居住着的星球吧！

［齐］ 对，保护环境，珍爱家园！

<赛场表格>

风格项目

1. 队籍标志的艺术质量。
2. 未来考古中考古女队长的衣服。
3. 未来考古中考古队员(矮个男生)的衣服。
4. "维纳斯雕像"发现时背景变化的创造性。
5. 前4项的整体效果。

在队籍标志的设计中，密切结合古典题目的特点，用电烙铁在木板上画出一个伤痕累累的地球，"电烙画"的独特

> 艺术形式突出了古朴而深刻的主题,同时利用发光二极管对画面进行点缀,使科技与艺术结合。画面中伤痕累累的地球与地球外星空的美丽形成对比,同未来考古的主题巧妙结合。
>
> 在未来考古成员中,考古女队长衣服的设计制作充分利用铝箔对光的漫反射效果,并在衣服上利用多种颜色的发光二极管乒乓球点缀,形成光线四射的效果,与萧条的地球环境(第三幕)形成鲜明对比;矮个子队员的衣服则是利用了不透明塑料管,并在管子内部使用不同颜色的发光二极管,给人以朦胧、科幻的感觉。如此的设计使两套衣服的科技效果更加突出了,也突出了未来考古的主题。
>
> 在历史宝藏的发现中,设计的幕布背景可以由小变大,很好地结合了剧情的突然发展(山崩地裂),利用最简单的形式创造出很好的舞台效果。

<获奖情况>

2010年,青岛市少年科学院组成小院士参赛队参加全国头脑奥林匹克竞赛,成员有青岛第二十九中学学生牟佳琦、贾义嵩、胡宇轩、左浩然、刘水,青岛第五十九中学学生金泽熙、李昂。取得"发现宝藏"竞赛项目长期题200分(满分),风格46分,即兴题70分,获得初中组全国第一名。

<精彩回顾>

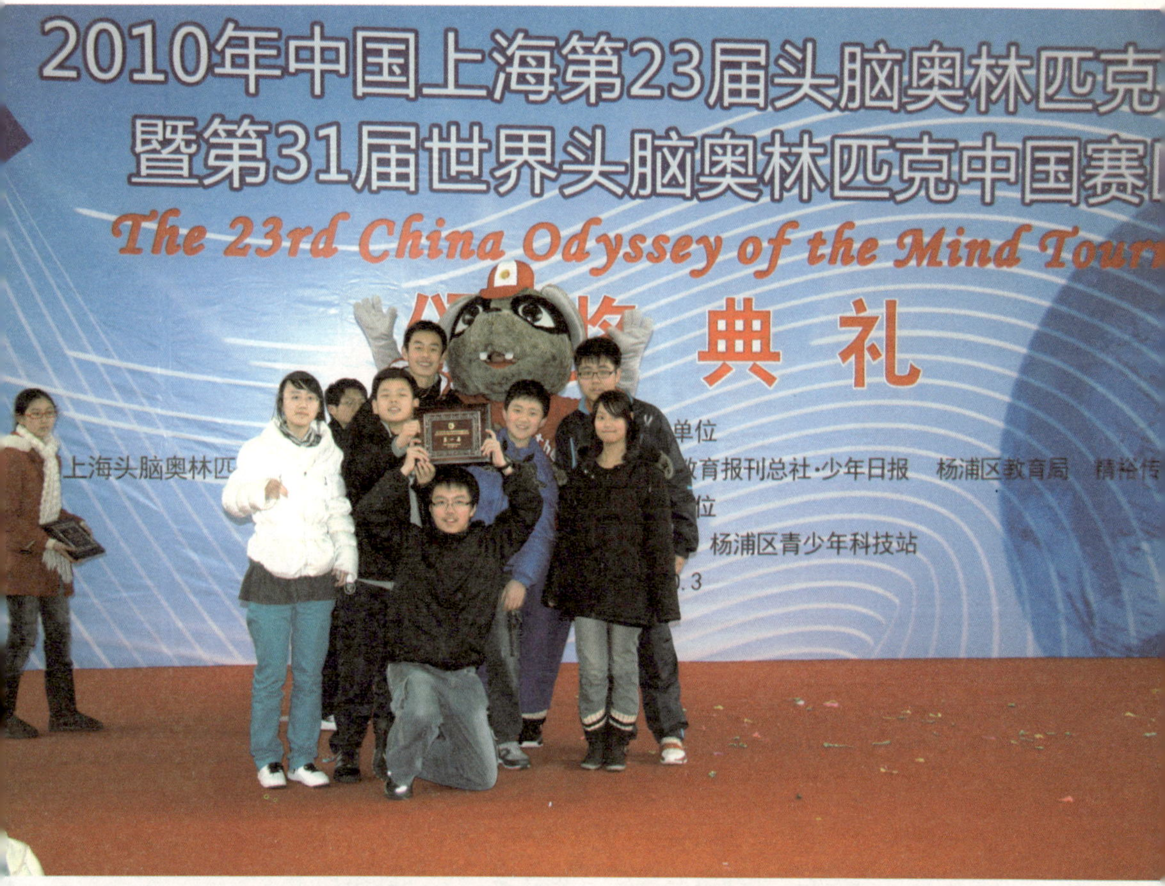
2010年中国上海第23届头脑奥林匹克
暨第31届世界头脑奥林匹克中国赛
The 23rd China Odyssey of the Mind Tour
典 礼
单位
上海头脑奥林匹
教育报刊总社·少年日报 杨浦区教育局
位
杨浦区青少年科技站

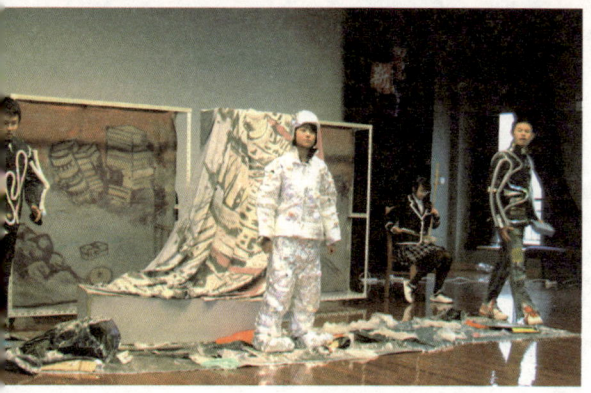

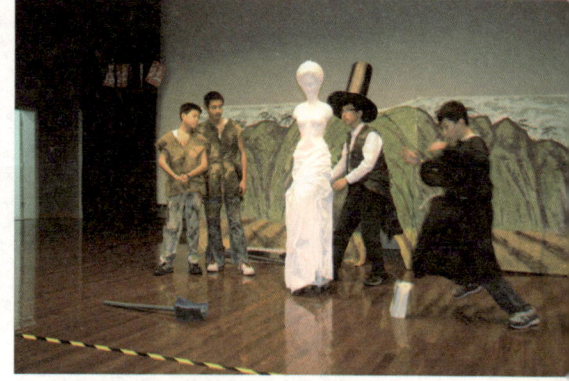

2010年中国上海第23届头脑奥林匹克创新大赛
《食物法庭》解题案例

青岛市城阳区第二实验小学

辅导教师：栾蔚黎　邱亚伦　万双龙　周成刚

<赛题剧本>

（音乐起，薯条跳小天鹅舞入场）

［南瓜小果子］　呀！这不是薯条吗？晨练啊，跳得不错哦。什么！你问我是谁？嘿嘿，我可是人见人爱……的胖南瓜小果子！哎嗨，你问我在干什么，我正在打扮我自己呢！（自我陶醉地跳着舞）

［薯条］（看到跳舞的小果子急急忙忙跑过去）说：哎呀，你怎么了呀？

［快乐卤蛋］（在一旁嘲笑）说：嘿嘿，这不是学你跳舞，摔倒了嘛！

［薯条］（看着快乐卤蛋）说：哎，你是谁呀？

［快乐卤蛋］　我呀，我是快乐卤蛋呀！

［薯条］　哦，原来是你呀，那你们先玩儿着，我去准备早餐啦！

　　（南瓜小果子和快乐卤蛋向薯条挥挥手表示再见）

　　［南瓜小果子］　快乐卤蛋，你这个卤蛋是腌制的食物，在腌制过程中产生对人体有害物质亚硝酸盐，亚硝酸盐可是三大致癌物之一呢！你不但没营养还有害呢，去去去，一边去。

　　［快乐卤蛋］　你胡说，我没有！

　　［南瓜小果子］　你就有！

　　［快乐卤蛋］　我没有！

　　［南瓜小果子］　你就有！

　　［快乐卤蛋］　我没有！

　　［南瓜小果子］　就有，就有，我要到食物法庭告你去！

　　［快乐卤蛋］　哼，你上哪儿告我我都不怕！

　　［南瓜小果子］（踹一脚卤蛋）并说：叫你不怕。

　　［快乐卤蛋］（猛地摔倒）并说：哎哟！

　　［南瓜小果子］　食物法庭那些人我全认识！

　　［快乐卤蛋］（狠狠地踢了一脚小果子）并讷讷自语地说：叫你认识！

　　［南瓜小果子］　看我好好整整他！快乐卤蛋，咱俩和好吧？

　　［南瓜小果子］　卤蛋卤蛋，您请坐，您请坐！

　　［快乐卤蛋］　不用客气不用客气。好好好，坐就坐！

　　［桂花鸭］　这是谁在大吵大闹啊，食物法庭禁止吵闹！现在开庭！

　　（播放古时候衙门开庭的音乐，打开冰箱一侧，桂花鸭遥控走出来，其他食物一起说：威……武……南瓜小果子、卤蛋做惊恐害怕动作，互相把对方往前推）

　　［清蒸鱼］（从另一扇冰箱门里紧追其后遥控出现）并说：这

又怎么了？大清早就乱哄哄的！

　　[快乐卤蛋]　清汤面大人、番茄大人、蛋糕大人,你们可要给我做主啊！

　　[南瓜小果子]　各位大人,快乐卤蛋身上的亚硝酸盐是三大致癌物质之一呢,我这样说他还不服气呢！我还说如果他是清蒸蛋我肯定不会这样说他！

　　[快乐卤蛋]　从营养价值上来说我丧失了很多营养,而白水煮蛋营养丰富。但光白水煮鸡蛋你不早吃腻了,我偶尔给你调节一下很好啊！

　　[清汤面]　卤蛋说的有道理啊,他很诚恳说自己有问题,但也说了自己的优点啊！

　　[南瓜小果子]　各位大人,你们不知道快乐卤蛋他还有一个特别可怕的毒呢！

　　（配音惊讶地齐说：什么）

　　[桂花鸭]　你说快乐卤蛋他有毒,是什么毒啊！

　　[南瓜小果子]　"黑色消化球菌"毒！

　　[番茄]　大家伙都来看,卤蛋皮肤这么光滑,怎么会有"黑色消化球菌"毒呢？南瓜小果子是不是在胡说八道呀？

　　[快乐卤蛋]　南瓜小果子就是嫉妒我,他冤枉我,我不活了！（大哭）

　　[南瓜小果子]（学孙悟空跳到卤蛋身边上下瞅一瞅）并说：嘿嘿,小手拿开,小脸抬起来,哈哈,没有眼泪,假的,就是有毒！

　　[南瓜小果子拎起卤蛋走到清汤面大人面前]（大吼）：你们看看他就是有"黑色消化球菌"毒。

　　（配音一起叽叽喳喳）

　　[桂花鸭]　怎么说话这么没礼貌啊！

　　（配音齐声：恩……南瓜小果子害怕地缩了回去,嘴里嘀嘀咕

咕）

〔蛋糕〕 鸭大哥,我觉得应该让南瓜小果子好好说说,免得他说我们不公正!（桂花鸭点点头）

〔南瓜小果子〕 快乐卤蛋身上的"黑色消化球菌"毒是人们吃到肚子里,再由蛋肉和胃液反应后产生的毒素!

〔快乐卤蛋〕 我没有这样的病菌,无非就是人们吃多了有点胆固醇高而产生的一点儿反应罢了。

〔番茄〕 无论什么食物人们经常吃都对身体有些危害,偶尔吃不会有问题的。

〔清蒸鱼〕 不会有问题的!

〔清汤面〕 我们应该是来主持正义的,番茄,"黑色消化球菌"毒是藏在它肚子里面的,你难道扒开他的肚子看过了吗,为什么这么维护卤蛋呢?

〔南瓜小果子〕 卤味对心血管病患者无疑是个杀手,我现在不但要告他有毒,我还要告他伤人们的身体健康。根据美食天堂美食法的 11 条 11 款,应该把快乐卤蛋开出美食家族并且……

〔桂花鸭〕 别争了,我知道你是为了人们的身体着想,刚才我找蛋糕妹子去查资料,估计现在应该有结果了!

（遥控蛋糕二次登场）

〔蛋糕〕 大家伙儿,你们想我了吗,我出去这么久是不是觉得没有我的存在很无聊?

（齐声说:切）

〔蛋糕〕 告诉大家,我刚才借用了孙悟空的筋斗云找寻到了一些跟快乐卤蛋有关的资料,并且查了查他的 DNA,发现,其实吧……这个快乐卤蛋……

〔陪审团齐说〕 有话快说,你要急死我们啊!

〔蛋糕〕 资料出来!

（飞机遥控出场送上资料到快乐卤蛋手中，卤蛋拿着激动地跑到陪审团面前给他们看）

［清汤面］ 噢，原来快乐卤蛋真的没有"黑色消化球菌"毒。

［番茄］ 不过吃多了倒是真的对身体有害啊。

［清蒸鱼］ 兄弟，不就是早晨的主打餐点，是谁的问题嘛！你看看！

［番茄］ 就是啊，滋润就行！

［桂花鸭］ 好了，好了。大家别叽叽喳喳了，经过蛋糕妹子努力搜证，现在证实了快乐卤蛋身上确实没有"黑色消化球菌"毒。腌制的食物吃多了会有癌变可能，但少吃是没有问题的！所以我宣布……

（蛋糕遥控出现火焰）

［桂花鸭］ 快乐卤蛋你……可以留下来了，仍然是我们美食家族的一员。

（快乐卤蛋打开眼睛，兴奋地跳动着，播放音乐）

你快乐吗？卤蛋很快乐！
只要大家和卤蛋一起唱，
快乐其实也没有什么道理。
告诉你，
快乐卤蛋这么容易的东西。
都可以让大家快乐。
快乐其实也没有什么道理……啊啊啊！

（大家跳着唱着离开舞台，只留下南瓜小果子）

（南瓜小果子抓耳挠腮地慢慢走下场地）

<赛场表格>

风格项目

1. 操纵陪审团道具的学生的服装及装扮。
2. 背景——冰箱。
3. 音乐与剧本演出的整体搭配。
4. 薯条妹妹的服装及薯条棒。
5. 前4项的整体效果。

在我们的整个解题过程中，5位陪审团食物都是由废旧物品制成的，他们不会自己活动，需要通过队员的操纵才能动起来，操纵队员的衣服画妆与陪审团统一的食物，使他们也像是整个解题过程中的一个立体背景。演出中真正的背景是一个立体的超大号冰箱，冰箱门关闭的时候外面是一副优美的风景画。当第二幕冰箱打开时，陪审团全部都从冰箱中走出来，打开的冰箱里面有各种各样的美食并且贴着"美食天国"的字样。在每个演出环节中都会出现不同的音乐，使得氛围更加浓厚。伴随着第一首天鹅湖音乐的开始，我们可爱的薯条妹妹跳着美丽的舞蹈出现了。在演出中，薯条妹妹身上的薯条棒用LED灯进行彩色装饰，并作为"裁决的信号"。整个演出中，每一个环节都是紧紧相扣的，缺了任何一个环节都会使得这个演出变得不完美。

<获奖情况>

城阳区第二实验小学在"食物法庭"竞赛项目中,长期题取得186.34分,风格分取得45分,即兴题取得86分,获得小学组全国一等奖、第三名的佳绩。

<精彩回顾>

头脑奥林匹克活动解题案例

2011年世界第32届头脑奥林匹克决赛
《古典导游》解题案例

青岛市崂山区实验小学

辅导教师：包建玲　董莉　林静

〈赛题剧本〉

第一幕

［皮皮］怎么还不来啊？

Why are they not coming?

（皮皮来回走）(Pea Pea pacing.)

［皮皮］来了来了！

They are here! They are here!

［木兰］你就是皮皮？

Are you Pea Pea?

［皮皮］是我！你就是替父从军的木兰？

Yes, I am. Are you the Mulan who joins the army in place of your father?

［木兰］ 正是我。

Yes, I am.

［皮皮］ 欢迎你！

Welcome！

［孔子］ 老夫来迟了。

Sorry, I am late.

［皮皮］ 不晚不晚，老夫子也来了，对于这次旅行我是越来越期待了！

Not at all, Welcome！ I am more and more looking forward to this trip！

［杨杨］ 哎呦！可把我摔死了！

Ouch！ I almost died from the fall！

（杨杨跛着脚走）(Yang Yang limping.)

［杨杨］ 你们这是在拍戏？

Are you making a movie？

［皮皮］ 怎么来的是你，我们等的可是魅影。

Why are you here？ It is Seze who we are waiting for.

［杨杨］ 我跑得也很快啊，我跑100米一会儿就没影了。

I can run fast too. When I take the 100m race, I disappear in a minute.

［皮皮］ 是魅影不是没影！你没看过阿凡达吗？你快回去，这里不是你来的地方。

We are talking about Seze！ Haven't you watched the movie Avatar？ Please go back, you should not be here.

［杨杨］ 哎呀！我是人不是件衣服，来都来了你就带上我吧。

Come on, I am a human, not a piece of clothing. Since I am already here, please take me with you.

［皮皮］ 真是的，那好吧！

Fine, all right!

［杨杨］ 欧耶！

Oh yeah! GO! GO! GO! Ale! Ale! Ale!

［皮皮］ 魅影你来啦。

Seze, you are finally here!

［魅影］ 抱歉伙伴们，我来迟了。

I am so sorry for being late.

［杨杨］ 哇噻！我看过阿凡达，今天竟然见到活的了。

Gosh! I have watched the Avatar. I am so glad to meet you in real life!

［皮皮］ 我们得赶紧出发了。魅影靠你了！

We have to leave now. Seze, we all depend on you!

［魅影］ 没问题！上来吧！

No problem! All on board!

第二幕

［皮皮］ 快看！我们到了！

Look! We are here!

［孔夫子］ 这是？

This is?

［皮皮］ 这是中国的长城！

This is the Great Wall in China!

［孔夫子］ 这一堵一堵的墙有什么用处？

What is the use of these walls?

［花木兰］ 老夫子，长城是一项军事工程，是为了防御外敌所建造的。

Confucius, the Great Wall is built to defend China from invaders.

［杨杨］ 哇！这么高这么长的墙往这儿一杵谁还能打进来啊。

Wow! Who can invade us with these long, high walls standing here?

［皮皮］ 当有敌人入侵时他们就会利用烽火台发出信号,然后各个烽火台的士兵就会做好战斗的准备。

When enemies invade, soldiers use the beacon towers to call for enforcement and warn garrasons of enemy movements.

［孔夫子］ 这么长的城墙,怎样传递信号呢?

How did they transfer the signal with such a long wall?

［皮皮］ 我来演示一下吧。首先呢在烽火台里放点狼的大便,然后就放火烧,这叫狼烟。

Let me show you. First, put some wolf dung in the beacon tower. Then, set fire on them. That is called the smoke of wolf dung.

［杨杨］ 严重的大气污染!

Serious air pollution!

［皮皮］ 当时的人们还没有意识到这一点,狼烟就是紧急信号,然后一个一个传就行了,大家看到烟自然就会做好战斗的准备了。

At that time, people did not know that. The smoke of wolf dung was an urgent signal. And it is passed along the beacon towers. Soldiers who saw the smoke would be ready for battles.

［花木兰］ 小家伙,你在干什么?

What are you doing, little boy?

[杨杨]　这是木头？还是石头？真奇怪。

Is this a piece of wood or a rock？ How strange！

[皮皮]　快扔掉吧，又不是宝贝。

Just throw it away. It does not worth anything.

[杨杨]　我看像是宝贝！我偏要！

I think it is precious！ I will keep it！

[皮皮]　好吧，我们该去第二站了！魅影！出发！

Ok. It is time to go to the next stop. Beze，let's go！

第三幕

[杨杨]　兵马俑！这个很值钱的！

The Terra-Cotta Warriors！ They are valuable！

[花木兰]　我倒是听说过，这次可是亲眼所见，这么多假人干什么用？

I have heard about them，but this is the first time that I see it. What is the use of so many fake warriors？

[皮皮]　这个嘛，这所有的兵马俑都是埋在秦始皇陵墓里的陪葬品。

Umm, all of Terra Cotta Warriors are symbolic sacrifice for Qin Shi Huang.

[孔子]　那秦始皇的陵墓岂不是很大？

Then, the tomb of Qin Shi Huang must be huge，right？

[皮皮]　这么说吧，比1000多个标准足球场还要大。

It is larger than 1,000 standard soccer-ball fields.

[杨杨]　哇！我的天哪！

Wow！ Oh, my Goodness！

[皮皮]　要是换成NBA的篮球场地嘛，就相当于两万多个篮

球场那么大。

If compared with NBA basketball courts, it is larger than 20,000 basketball courts.

［皮皮］ 现在发现的三个俑坑属一号坑最大。坑内埋有约6000个真人大小的陶俑。

The No.1 pit is the biggest one among the three uncovered pits. There are about 6,000 life-size Terra-Cotta Warriors.

［花木兰］ 真人大小？

As big as real humans？

［皮皮］ 是的！就像……

Yes！ Just like…

［杨杨］ 哎呀！就像我老爸那么高，里面的马也像真的马那么大。

Yeah, they are as tall as my father. And the horses are as big as real horses.

［皮皮］ 是的，每一个都是按照当时秦兵的样子做的，而且这里埋葬的都是地道的秦朝军队！

Yes. Each Terra-Cotta Warrior is made according to the appearance of a real soldier in Qin dynasty. What is buried here is an authentic army in Qin dynasty!

［杨杨］ 错，错，错！在2003年，考古队在这儿意外发现一副具有"欧亚西部特征"的骨架。所以，专家推测，"军阵"中很可能有外国人。

Wrong, wrong, wrong! In 2003, an archeological team discovered accidentally a skeleton characterized with "the feature of western Europe and Asia". Therefore, experts speculated that there might be foreigners in the "army".

［孔子］ 如此浩大的工程我在书中都没有见过啊。

I have never seen this monument in books.

［皮皮］ 老夫子，您应该骄傲，这都是您的后代所建造的。

Confucius, you should be proud of it. It was built by your descendants.

［杨杨］ 我们拍照留个纪念吧！

Let's take a picture！

［众人］ 茄子！

Cheese！

第四幕

［外星人］ 欢迎来到希望谷！我的伙伴们！

Welcome to Hope Valley, my friends！

［花木兰］ 这里果然是山清水秀的好地方啊！

This is such a good place, with beautiful mountains and clear water！

［杨杨］ 我的宝贝石头放在这里最合适。

It is the best place for my precious stone to stay.

［皮皮］ 还惦记着你的破石头。

You still think your stone is precious, huh？

［杨杨］ 哎呀！石头怎么开花了啊！

Wow！ Why does the stone bloom？

［LEO］ 我看看！这是一块木头化石，但是它能复活再次生长确实是奇迹。

Let me see！ This is a piece of petrified wood, but it is a miracle that it Comes back to life and grows again.

［杨杨］ 我说是宝贝吧！既然是这样就让它在这里继续生长吧。

As I said, it is indeed precious treasure! So, let it continue to grow here.

［孔子］ 看来这里果然是宝地啊。

Looks like this is a magical place!

［杨杨］ 快看,好漂亮的草。

Look, what a beautiful plant!

［皮皮］ 别碰！危险！

Don't touch it! It is dangerous!

［仙草］ 站住！什么人！

Stop! Who are you?

［LEO］ 仙草别紧张,自己人！

Relax, Magic Herb, they are with us!

［仙草］ 怎么不早说,差点伤到你们。

You should have told me that. I've almost hurt them.

［孔子］ 看来这里没有想象中那么美好。

Looks like it is not as beautiful as it appears.

［外星人］ 老夫子,此言差矣。这棵仙草身兼重任,没点本领怎么行呢！

Sorry, Confucius, but that is a misunderstanding. Magic Herb has an important mission, so it has to have some defense powers.

［花木兰］ 就这块大石头？看上去毫无价值！

To defend the huge boulder? It seems valueless.

［外星人］ 你们瞧！

Look!

（众人"哇"！

All people:"Wow"！）

［LEO］ 这是一眼清泉！

It is a fountain.

［仙草］ LEO 说的没错，这将是我们人类最后的一眼清泉，现在水资源越来越匮乏，我们不得不做最坏的打算，所以我看守的绝不是一块毫无价值的石头！

LEO is right. It is the last clear water fountain on earth. The water is getting less and less nowadays. We have to plan for the worst. What I guard is definitely not a valueless stone.

［孔子］ 原来如此！

Oh, I see!

［杨杨］ 这里空气清新。我要在这盖一座房子，就像……就像世博会美国馆那样还有屋顶花园，既环保又节能！

The air here is so fresh. I want to build a house here just like... like the Pavilion of USA with a garden on the roof in 2010 Shanghai Expo. It is both environmental protective and energy reservative.

［花木兰］ 不错的主意！

Good idea!

［皮皮］ 我们要把这里建设成一个低碳环保的文明世界。

We will build a low-carbon, sustainable world here.

［孔子］ 这里一定会成为世界新奇迹！

It will be a new miracle in the world!

［LEO］ 这里会像它的名字一样充满希望！

The place will be full of hope just like its name!

［合］ 让我们用爱心呵护每一片绿色，我们的家园会更加美好！

Let us protect our environment with love, and our home will be better!

<赛场表格>

风格项目

1. 皮皮精美的裙子是用薯片包装袋和鲜奶包装袋做成的，上衣两个口袋是参加婚礼时留下的喜糖包装成的。

2. 守卫者——仙草的头饰是用丝袜及铁丝制作完成的，裙子是由旧的窗帘改造而来，手中的武器是扇子，孩子把以前的昆虫玩具缝了上去，增加了它的威慑力。

3. 外星人的服饰花了很多心血，银色饰品全部是用废旧易拉罐制作而成，LED 灯增强了人物的科幻性，效果很棒。

4. 希望谷自然景观设计的创造性。

5. 整体效果。

导游皮皮是一个非常"个性"的小女孩，穿着夸张、不拘小节、力大无比……而皮皮的扮演者抓住这几点来塑造人物，自己做了荧光黄色的头发，穿上了两只不一样的袜子，表演动作夸张，形象地表现出了皮皮不拘小节的一面。

守卫者——仙草的形象美丽，但是也具有自己的"秘密武器"，不然如何抵御外敌的侵袭而成为肩负重任的守卫者呢？

外星人——他的服饰可是下了大工夫的，银色饰品全部是用废旧易拉罐制作成的，加上 LED 灯效果很棒，可爱的尾巴是用圣诞节时装饰圣诞树的彩笼制作的。服装制作体现环保理念。

希望谷——自然环境的布设科学、轻巧、简洁、优美，配合并增强了解题效果。

　　队籍标志的设计：俏皮的海豚头顶地球，来自中国帆船之都青岛的我们将骑着一辆脚踏车周游世界，倡导全人类低碳环保的生活。我们的队名是："环球脚踏车队"。

<获奖情况>

　　崂山区实验小学在"古典导游"竞赛项目中，长期题取得181分，风格分取得45分，即兴题取得91分，最终获得小学组全国一等奖第三名的佳绩。同年5月，在美国马里兰州立大学举办的世界第32届头脑奥林匹克决赛中，崂山区实验小学取得世界第七名的成绩。

<精彩回顾>

2012年世界第33届头脑奥林匹克决赛
《神秘的科学》解题案例

青岛市第五十中学
辅导教师：王蕾　孔红俊

<赛题剧本>

［Ham］（唱着《铃儿响叮当》跳舞入场）我是SMILE！一个爱旅行爱探险的科学家，我的同伴分布在世界各地。

Hello! Everyone. I'm Ham, a famous scientist. I like tarvelling and exploring. My friends are around the world. What are they doing now？

（电话铃 声效）

［仙人掌Burger］ 队长我正在哈利沙漠研究，这里的沙漠太可怕了，它正在、正在变！啊……

Captain madam. This is burger. I am in Khali desert. Oh my god, it is changing. （重复）Oh…

［Ham］ 发生了什么？喂？喂！哎……看来我马上就要出发了。带上我的祖传地图、相机、望远镜、乘上我的"SMILE号"……

Let's go!!

What happened? Burger, What happened? It seems that I must go there now. Take my map, camera and telescope, and get on my spaceship. To the infinity and beyond!

［王禛］ 欢迎乘坐"SMILE 号"智能宇宙飞船！本次旅行我们将从中国长城出发，途径阿拉伯海，最后到达哈里沙漠。祝各位旅途愉快！

Welcome to the smart spaceship—The Smile. We will go to the Khali desert from the Great Wall of China. During this trip, we'll pass the Arabian sea. Wish everyone have a good time.

［盛逸飞］ 啊！飞船没电了！

Oh, no! The spaceship is running out of power!

［盛逸飞］ 我们竟然到了阿拉伯海！

Oh, We are in the Arabian sea!

［Ham］ 变！（飞船变成船）

Transform!

［众人］ 我们终于到了哈里沙漠！Burger 呢？快去找找！

We are finally here! Where's Burger? Let's find him!

［仙人掌 Burger］ SMILE，快来呀！（撕心裂肺状）

Help, Ham!

［Ham］ Shine，你在哪？

Burger, where are you?

［仙人掌 Burger］ 你们终于来了,快看！（下雪,背景动态变换）

Finally. you are here. Check it out!

［Ham］ Look it's snowing!

［刘伊然］ That's so beautiful!

［仙人掌 Burger］ 啊！这雪怎么这么烫！

Ouch, the snow is so hot!

［刘伊然］ 雪竟然还变色！

The color is changing!

［Ham］ 快看快看！沙漠长了痘痘和脓包。

Look! look! Desert has pimples.

［仙人掌 Burger］ 我看看。

Let me see.

［沙漠］（惨叫）为什么受伤的总是我……

Oh, why am I always getting hurt?

［Ham］ 这是什么声音？

What's that sound?

［刘伊然］ 沙漠在说话！沙漠,你这是怎么了？

The desert is speaking. What happened to you?

［沙漠］ 几天前下了一场热雪还变颜色,我的身上被烫出了脓包,而且病随雪变！雪一停,脓包就消失。现在又开始下雪,我的身上奇痒难忍啊！谁来救救我啊！！

Several days ago, it snowed. But the snow was so hot and the color was changing. These are pimples. They disappeared when the snow stopped. But it is snowing again! It's so itchy. Help me, please!

［仙人掌 Burger］ 你看沙漠现在多难受啊！SMILE！快想想办法,帮帮沙漠！

Ham, please help him!

［Ham］ 嗯,让我想想……对！我们可以采集脓包研究研究。正好,最近我发明了一种机器,它有一个响亮的名字：超级骆驼采集器。

Ok! Let me think ... I got it! We can collect the blains samples and do some research.This is my new inventionSuper Camel Collector.

（采集样本1,记下研究结果）

［仙人掌 Burger］ 这是什么呀！怎么会是这样的？

Oh dear, what's this?

［Ham］ 沙漠的脓包的确是被雪烫伤的，但是里面有一种不明物质……

The reason is the hot snow, but there is unknown substance in it...

［仙人掌 Burger］ 那我们不如采集一下这种神秘的雪花！（Ham 点头）

What about collecting some snow?

（采集样本2）

［Ham］ 结果显示，太阳产生的一种带电微粒流射入地球外围稀薄的高空大气层，与稀薄气体的分子猛烈地冲击起来，于是产生了热量，当原子撞在一起，它们开始发光，产生奇妙的"高温变色雪"（唱）这都是太阳惹的祸！（拖下台）

The result shows that the electronic particle flow produced by the sun inject into the sparse atmosphere; crush with moleculars to generate heat; crush with the atoms to generate light; so Comes the colorful hot snow.

［刘伊然、仙人掌 Burger］ What happened to you, captain? What happened to you?

［太阳］ 是谁在说我的坏话？咦？沙漠兄弟，几天不见你怎么成这副模样了？

Who is talking about me behind my back? Hey, bro.

What's wrong with you these days?

〔沙漠〕还不是因为你！你最近火气挺大的啊？我怎么惹着你了？你竟然造出这种雪来祸害我？

What's wrong with me! See what you did to me! You are on fire, huh! Why did you create such kind of snow to hurt me?

〔太阳〕It was you said that your color was boring, so I gave you this colorful electronic blanket. Look, how pretty you are now!

〔仙人掌 Burger〕可是美丽也要付出代价。你看……

But he paid a heavy price for it. See...

〔Ham〕太阳啊,我知道你是好心帮它,但是孔子曰:过犹不及。你发出的光也太热了,还不如恢复原貌呢！

Sun, I know you were trying to help him, but Confucius said, going too far is as bad as not going far enough. The heat you spread is too hot, so why not change it back as usual.

〔太阳〕啊！我明白了,原来是我好心帮了倒忙啊！那我现在就把电关了。

Oh, I see. It turns out I did disservice to you. I'll turn it off right now.

研究报告出来了,　The research report is out,
让我分析给你听,　Let me tell you the result,
我们都来凑热闹,　Everybody gets together,
听好!　Listen to me!

神秘雪花难预料,基因突变受不了。科学帮助很重要,对付脓包真有效!

Weird snow is unpredictable, gene mutation is unbearable,

for the desert, for the pimples, science is very helpful.

过犹不及孔子说，太阳好心帮倒忙，适得其反惹人慌，真呀真是伤不起！

Going too far is bad, too. The Sun did disservice to make people panic. That's really a disaster.

［沙漠］ 以后，我一定会好好珍惜自己现在的样子，再也不会抱怨了！谢谢你们！

From now on, I'll cherish my appearance, and won't complain any more. Thank you so much!

［播放 I believe I can fly ＋唱］ 谢幕结束。

<赛场表格>

风格项目

1. 其中一个样品的艺术水平。

由一个银色小球和带有中国剪纸的小盒组成的"脓包"发光样品。

2. 一个名叫 Ham 的科学家的总体外貌。

3. 由中国剪纸元素构成的背景——蓝色阿拉伯海和红色长城。

4. 中国民族乐器：二胡、巴乌、葫芦丝、陶笛巧妙融合，快板在歌舞中的多次创新运用。

5. 前 4 项的整体效果。

其中一个样品——用废旧乒乓球和彩贴制成的"脓包"

呈现出五彩斑斓的外观,辅之以镂空的废旧纸盒刻成的附有中国剪纸作为装饰的小盒,使用 LED 灯使视觉效果更加突出,起到出其不意、意想不到的作用。科学家 Ham 的奇异造型让人耳目一新,他使用变装元素,在探究时身着塑料袋制成的"问号"元素服装突出探究的意识,"山峰式"的立体层叠高帽用纸壳制成,探究结束时身着中国式绸布装,红花用红色折纸手工完成,衣服的造型体现了 Ham 在思考和实践中获得收获的喜悦心情。

"长城"和"阿拉伯海"两个场景的背景设计使用了剪纸这一中国元素作为主要表现形式,在完美地融入整个解题过程的同时,视觉冲击力强,极富中国特色。而且两个背景均为队员自己设计和手工制作,更符合"OM"精神。陶笛、葫芦丝、巴乌、二胡、快板的多次使用,将中国元素发扬到了极致,而且与整个剧巧妙地结合在一起,吸引力强,使人眼前一亮,增强了整体表演的创造性、趣味性。

<获奖情况>

青岛第五十中学在"神秘的科学"竞赛项目中,长期题取得 200 分满分,风格分取得 46 分,即兴题取得 80 分,最终获得初中组全国一等奖第一名的佳绩。同年 5 月,青岛第五十中学参加在美国衣阿华州立大学举办的世界第 33 届头脑奥林匹克决赛,取得世界第九名的成绩。

<精彩回顾>

2012年世界第33届头脑奥林匹克决赛
《奥德赛天使》解题案例

青岛市第二十三中学
辅导教师：彭蔚

<赛题剧本>

［哆来咪］ 这里的树都枯了，花都谢了。
All the trees and flowers have withered away.

［红眼睛］ 云树乡的人怎么活啊。
People in Cloud and Tree County are going to die.

［哆来咪］ 别激动，别激动，你又说不出话了吧？
Never Excited, never excited, Come down！ Come down！ you must be silent again.

［红眼睛］ 别激动说，美丽的云树乡就要消失了，云彩再也不是这里的守护神了。
Never Excited says that the beautiful Cloud and Tree are disappearing, and clouds won't be our angel anymore.

〔魔镜〕 要想变成这个世界上最富有的人,只有拿到传说中的魔力苹果。有了！这些天使可以帮我……

If you want to be the richest once in the world, you had to get the magic apple in the legend. All right! These angels can help me.

〔魔镜〕 Ladies and 乡亲们,小厮这厢有礼了。

Ladies and gentlemen, little brother in this polite.

〔哆来咪〕 你是谁啊?

Who are you?

〔魔镜〕 我是魔镜,只说实话。

I'm Magic Mirror. I only tell the truth.

〔天使齐〕 噢。

Oh.

〔哆来咪〕 魔镜啊魔镜,云树乡变成现在这个样子,你说我们该怎么办呢?

Oh, no! The Magic Mirror on the wall, now Cloud and Tree County beCome what it became, so what should we do?

〔魔镜〕 来来来,你们只有回到遥远的中国,拿到王妃手中的那件宝物……

Come on! You can do nothing but go back to the remote place-China, then get that treasure of the princess.

〔哆来咪〕 好主意！谢谢您!

Good idea! Thank you very much!

〔红眼睛〕 我们走!

Let's go!

〔苹果〕 我是一个与众不同的苹果！最早的我是亚当和夏娃偷吃的那个青苹果。后来我变成了牛顿发现万有引力的那个红苹果。再后来,我变成了乔布斯手中的那个财富苹果,乔布斯死后,我有了新的魔力,是可以把人变漂亮的苹果!

I'm an unique apple. I had been the green once, that was eaten secretly by Adam and Eva. Then, I became the red once which helped. Newton to find out universal gravitation. After that, I was turned into the wealth apple created by jobs. But after his death, I mastered a new magic power, and now I can make ordinary-looking people more beautiful.

[王妃] 唉,人家又长了一条皱纹。苹果啊苹果,请你让我变得更美吧。我真是太美了,有了魔力苹果,我就是天下最美的妃子,(转头问阿龙)我美吗?

Oh, my god! I get another wrinkle on my face, apple, apple, Please make me more brilliant. I'm so wonderful. With it, I'm the most gorgeous princess around the world. Do you think so?

[红眼睛] 我们终于找到王妃了!

Finally, we find our princess!

[哆来咪] 哇!好美!好美!好美!好美的人呀!

How splendid you are!

[王妃] 我真的有这么美吗?

Am I really so pretty?

[红眼睛] 当然了,王妃娘娘。

Sure, My dear princess.

[王妃] 你们是谁?

Who are you?

[哆来咪] 我们是来自奥德赛大陆的天使,我们听说您有一个魔力苹果,让我们开开眼吧。

We are the angles from odyssey Mainland. We're very glad to hear that you have a magic apple. Could you let us take a look?

［王妃］ 去去去，苹果？什么苹果，我可没有。

Go away! Apple? I don't know have that treasure.

［阿龙］ 你们想干什么？哼，想要冒犯王妃娘娘，可要经过我阿龙这一关。

What do you want to do? Huh, if you want to offend our dear princess, I won't let you go.

［天使齐］ 哼。

Heng.

［红眼睛］ 原来美若天仙的王妃娘娘也会撒谎啊，苹果明明就在你那里。你竟然撒谎！

Oh! Princess you are so beautiful like a fairy. We can't believe you're lying. You're a liar. Obviously, the apple is in your place.

［王妃］（脸上一阵青、一阵白）我，我，我……不就是个苹果，那就给你们这些没见过世面的小平民看看吧。

I, um ok. It's just an apple. You, these foolish bumpkins. go ahead!

［哆来咪］ 王妃娘娘，现在有一个叫云树乡的小镇遭到了破坏，只有你手中的苹果才能拯救那里。

My majesty, A small county, named cloud and Tree is being destroyed at this moment .We can do nothing but to save. There with your apple.

［王妃］ 要拿走我的苹果？绝不可能！（连门都没有，连窗都没有！连洞都没有！连缝都没有！）失去了苹果，我就没有了美

丽的脸蛋！

Take away my apple? No way! I-M-P-O-S-S-I-B-L-E! without that, I will lose my great face at the same time!

［哆来咪］ 她说，你帮助了别人，别人也会帮助你的。

She says that if you can help others. Others will help you in return.

［王妃］ 我左手有苹果，右手有阿龙，我不需要帮助！

The apple, is on my left hand, And A-long, is on my right, I don't need any help.

［魔镜］ 哦，我美丽的王妃，一个苹果算什么，给他们就是了，我有办法让你变得更美。

Oh, my dear princess. An apple deserves nothing. Just give it to them. I'll make you much more gorgeous.

［王妃］ 你是谁？

Who are you?

［魔镜］ 我是魔镜，只说实话。

I'm Magic Mirror. I only tell the truth.

［王妃］ 魔镜？你有我的苹果神奇吗？

Magic Mirror? Can you be as magic as my apple?

［魔镜］ 当然了。来来来，闭上你的眼。

Of course. Come here, keep you eyes closed!

［魔镜］ 请看。

Look.

［王妃］ 这是我吗？

Is this me?

［魔镜］ 这是梦露。也就是你啊，在几千年以后，你会成为这个世界上最性感的美女。

This is Marilyn Monroe. You will be her after several thousands years. And you'll be the most sexy beauty in the world.

〔王妃〕 什么？性感？

What ? Sexy ?

〔魔镜〕（表演性感）就是最美丽的女人。

Yes, The most beautiful lady.

〔阿龙〕 那我呢？

How about me ?

〔魔镜〕 你就是李小龙！（模仿李小龙动作与声音）

You are Bruce Li !

〔王妃〕 你的魔法真是太厉害了！有了你的魔法，这个苹果当然就用不到了，不如就把它送给、送给你吧。

You magicpower is so great ! With it, this apple is useless. Ok, I would rather send it to... to you.

〔哆来咪〕 魔镜魔镜，我们赶快回去拯救云树乡吧。

Magic Mirror, magic Mirror. Let's go back to save cloud and Tree County as soon as possible.

〔魔镜〕 "不急，不急……中国的景色如此之好，我们为什么不多游览游览呢?

Come on, Just take your time. The sights in china are so amazing, Why don't we visit them for a long time ?

〔天使齐〕 对！（蹦蹦跳跳下场）

Exactly !

〔魔镜〕 哈哈，一群小傻瓜，王妃的容貌其实只能维持1分钟……苹果现在是我的了，我要赶回云树乡赚钱去了，让这些天使们在这儿玩吧……哈哈哈哈哈哈哈哈……

Ha—Ha—Ha. Idiots ! Princess, look can last only 1 minute.

The apple is mine. I'll go back to Cloud and Tree county to make lots of money! Let those angles have fun here. Ha—Ha—Ha...

（天使们在游览中国的大好河山，边走边讲：这是长城。哦！中国人太伟大了！这是故宫。真是太美丽等等。这时，王妃和兵马俑上场）

［阿龙］ 在这里终于找到你们了，你们给我站住……

You are here! Stop!

［王妃］ 一群骗子！什么魔镜，什么魔法，骗人的！我要我的苹果……呜呜呜呜呜……

Tricksters! Crap mirror. Crap power! Liars, I want my apple!

［红眼睛］（四处看看）糟糕！我们也上当了，魔镜已经溜走了。我们去把他抓回来！

Terrible! We're in trap. The magic Mirror has run away. Let's go and catch him!

［王妃］ 你们……你们要把我带去哪儿？（声音渐渐变小）

You? Where are you going to take me to?

（魔镜在场上踱来踱去，听见奥德赛天使的声音他立刻又变成了一块石头。阿龙上台，翻了两个跟头。）

［红眼睛］ 哼，我这个火眼金睛的小天使可不是白混的。那块石头，您呀还是起来吧。

I'm a piercing eye angel. You can't deceive me. The stone, Stand up!

［魔镜］ 要杀要剐随你们，反正苹果已经被我吃了！

It all depends on you. whatever, I have already had the apple!

〔哆来咪〕 我们是天使,所以我们有责任去帮助她。

We are angels, we are responsible for helping her.

〔王妃〕 (照镜子)阿龙太好了,我变回来了。

A-long, well done. I'm changed back!

〔王妃〕 (顺着阿龙的目光看去)天哪,他们怎么了?

Oh, my god. What's up?

〔大熊猫〕 (滚出来的)天使们为了救你,失去了翅膀,只要你肯帮助别人,他们的翅膀就会恢复,记住,出来混,总是要还的。(劈砖状,一指禅)

The angels lose their wings to save you. As long as you can help others, they will get their wings back. Remember! You'll pay for your mistakes.

〔阿龙〕 天啊,它就是传说中的功夫熊猫。

Oh, It is the Kong Fu Panda in the legend.

〔大熊猫〕 我的孩子们,你们宁可失去翅膀也要帮助王妃,这让我十分感动。我一直关注着你们,正是因为你们的爱心,我才会从古老的中国来到这里帮助你们。

My sweetheart, in order to help princess, You would rather lose wings, It's very touching. Because of your love. I left the ancient China and came to help you.

〔王妃〕 熊猫先生,我保证,我以后一定会多帮助别人的。

Mr. Panda, I promise. I will help others more in the future.

〔魔镜〕 还有我,还有我。熊猫啊熊猫,原谅我吧,我发誓我以后再也不会说实话了。

Me too! Me too! Panda, Panda, forgive me. I sweat that I won't tell the truth anymore!

〔大熊猫〕 你说什么!我永远也不会原谅一个说谎的人。

Pardon？ I'll never forgive a liar.

［魔镜］ 哦不，熊猫啊，我发誓我以后再也不会说谎话了。

Oh, no！ Mr Panda, I promise I won't tell a lie anymore！

［大熊猫］ 我会原谅你的,孩子们,让我们一起拯救云树乡吧。

I'll forgive you！ Children, Let's save cloud and tree county together.

［红眼睛］ 云彩们又成为我们的守护神了。

Clouds have beCome our angel again.

［哆来咪］ 倒长在云上的树又生机勃勃了！

The sick trees are alive for the second time！

［众人齐］ 依靠大家的力量,我们拯救了一切。

We save everything with all our powers！

<赛场表格>

风格项目

1. 一位奥德赛天使服装的创造性。

侍卫身上的盔甲是用队员们独自设计,将废弃的旧皮革精心剪裁、打孔,并用绳子串接而成。展现出队员们的想象力和创造性。

2. 队籍标志相关要素展现的创造性。

队籍标志中醒目的树是学校名称的变形,翅膀体现队员对于云树乡的向往。利用家中废旧扇子制作而成的队籍标志,良好地体现出中国的古典特色,并且能够折叠,便于携带。

3. 记载历史变迁的苹果。

剧中出现了几个苹果,风趣幽默地讲述了王妃手中有着神奇魔力的苹果的来历,介绍了苹果的用处,为观众解开谜题。苹果的制作,由队员用漂亮的珠子和鱼线手工制作串接而成,十分精美,另外一个则是用塑料泡沫板磨合并上色。苹果的出现以及制作体现出队员们的奇思妙想。

4. 侍卫的盔甲以及武术表演。

侍卫展示古老而又气势磅礴的中国武术,使外国朋友们能够充分领略到中国文化的博大精深。

5. 前4项的整体效果。

通过服装、表演、场景设置三方面呈现出整段表演现实与奇幻相结合、未来与历史相结合。配合音乐及变化,全面呈现出整个剧目的表演效果。

〈获奖情况〉

青岛第二十三中学在"奥德赛天使"竞赛项目中,长期题取得178分,风格分取得46分,即兴题取得50分,最终获得初中组全国一等奖第二名的佳绩。同年5月,青岛第二十三中学参加在美国衣阿华州立大学举办的世界第33届头脑奥林匹克决赛,取得世界第十名的成绩。

Part 4　243
头脑奥林匹克活动解题案例

<精彩回顾>

2013年世界第34届头脑奥林匹克决赛

《翻滚的结构》解题案例

青岛市崂山区实验小学

辅导教师：包建玲　周杰　朱文峰　曲成本　陈志刚　孟聪

<赛题剧本>

第一幕　参观中国梦工厂

[学生二] 你快点,都要迟到了。

Hurry up, or we will be late！

[学生一] 别急,别急,你看,这不已经到了。

Take it easy, we're almost there.

[学生二] 终于到了,热死我了。

Finally, we're here It's so hot.

[机器人] 你好。

Hello！

[学生二] 哇,什么东西呀?

Wow！ What's this？

〔讲解员〕 欢迎同学们来到中国梦工厂，这是我们工厂的机器人，你现在可以去工作了，下面就由我带领你们去参观吧。现在我们看到的是新型高分子机敏材料的生产车间。

Hello students, I will be your guide today. Welcome to China Dreamworks! This is our robot and now it's time for us to get to work. I will show you around. This is the production workshop of smart materials using the new macromolecules.

〔学生〕 哇，好漂亮呀！

Wow, it's so beautiful!

〔讲解员〕 这是我们的一条龙生产线。各种型号的新型高分子机敏材料源源不断地从这里生产出来。

This is our production line. Various models of our new materials are produced here.

〔学生一〕 呀，机器人！我们见到机器人了！

第二幕　质检站

〔学生一〕 咦，这是什么？

What's this?

〔讲解员〕 哦，这是我们的展馆，这里有用新型高分子机敏材料制作的书架、晾衣架、灯罩等小型家居产品。

Oh, it's our exhibition hall. It contains household products using smart materials.

〔学生一〕 这么好的材料，只生产这些小玩意？

Is this all you can make with these metals?

〔学生二〕 你呀，懂的知识太少了。它还可以做航天器的材料呢！

That's not all, it can also be used for spacecraft!

［学生一］ 吹,不可能!

No way, that's impossible.

［讲解员］ 是真的,"神舟九号"的外壳是用新型高分子机敏材料做成的。

It's true. They were used to make Shenzhou IX.

［学生］ 真神奇!

Awesome!

［讲解员］ 你们知道这是什么?

Do you know what this is?

［学生二］ 这是"神舟十号"航天器吧?

Is it the Shenzhou X spacecraft?

［讲解员］ 不,这不是"神舟十号",这是我们正在研发的"烈焰一号"

No, it's not. This is the 'Flame I'. It's still under development.

［学生二］ "烈焰一号"是什么东西?

"Flame I"?

［讲解员］ "烈焰一号"是火星探测器,它的外壳就是用新型高分子机敏材料做成的!

［讲解员］ "蛟龙号"深海探测器,在 2012 年曾下潜 7000 米深。

'Flame I' is a Mars probe, Also in 2012, we produced the Jiaolong deep-sea explorer which can dive down to 7000 meters.

［学生齐］ 7000 米!

7000 meters!

［讲解员］ 我们用新型材料研制成的"啸龙号"海底科考潜水艇,下潜深度将达到 10000 米。

Now we are working on a new submarine, that is tipe of designed to go as deep as 10 000 meters.

〔学生齐〕 太厉害了！

oh, my god !

〔学生一〕 这么轻、这么小的材料！

It's unbelievable how light it is !

〔学生二〕 瞧！那么多，我来试试有多重！

Wow, look, how strong it is ! Let's see how much weight it can hold.

〔学生一〕 这个不能动！

Oh, you cannot touch it !

〔讲解员〕 一片可足足有 200 吨重呢！

One piece weighs 200 tons !

〔学生二〕 这么小的材料能承受这么重？我可不信！

Can this hold such weight ? I, I think it's impossible. I do not believe it can !

〔讲解员〕 同学们，你们觉得能承受多重呢？

Students, how much do you think it weighs ?

〔学生二〕 我们来猜猜吧！猜错的就表演节目，怎么样？

Let's guess ! Those with wrong guesses will have to give a performance. Do you agree ?

〔学生一〕 嗯……好吧！

OK !

〔学生一〕 根据我对它的色泽、密度等方面的研究，我看能承受 1000 吨。

My guess is that it can hold 1000 tons.

〔学生二〕 1000 吨？不可能，绝对不可能，我看只能承受 400

吨。

1000 tons？ That's impossible. I guess it can hold only 400 tons.

［学生一］ 1000吨！

1000 tons！

［学生二］ 400吨！

400 tons！

［讲解员］ 别急,同学们！让我们看看怎么测试,你们不就知道了！

Stop arguing！ We'll see the results after the test.

［学生］ OK！

［讲解员］ 承压检测已经开始了,看看你们谁猜得准。

The pressure testing has already begun，we'll see who got the answer right.

［学生一］ 瞧,你急的！

Look at her！ How excited she is！

［学生一］ 800吨,1000吨,你猜错了！

［Student A］ 800 tons,1000 tons, You are wrong！

［学生二］ 哼,那你猜得也不一定准！ 1200吨了,还能放呀！

You could be wrong too！ It's already over 1200 tons！ But it can still hold more.

［学生一］ 我们都猜错了。

We were all wrong.

［讲解员］ 别急,静下心来,继续看！还能压呢。

Calm down and just watch！ It can still hold much more than that.

［讲解员］ 同学们快看,我们检测的高分子机敏材料现在已

经承受7级以上地震,材料仍然坚固不会倒塌!

〔学生一〕 加油,加油!加油,加油!机器人加油。

Come on! Come on! Come on, robot!

〔学生二〕 嘘,别影响他们。

Be quiet!

〔讲解员〕 真不错,怎么样,远远超过你们的想象了吧!

Look! It can hold much more than that you would think!

〔讲解员〕 当海啸来临时,我们的高分子机敏材料仍然十分坚固。

Our material could even withstand a tsunami.

〔学生一〕 太厉害了!

Amazing!

〔学生二〕 真是不试不知道,一试吓一跳!

We are amazed by the results.

〔质检员〕 这就是科技的力量!

This is the power of technology!

〔两人〕(由衷地)对对对,科技的力量!

(heartfelt) Yes, the power of technology!

〔讲解员〕 已经4000吨了,这种建筑材料完全能够承受住9级以上的大地震。

It's over 4000 tons. This kind of building material can fully withstand major earthquakes.

〔学生一〕 既然我们都猜错了,那我们一起表演节目。

Since we were all wrong, let's give a performance together.

〔学生二〕 这才是好姐妹。

This is what real spirit is.

〔学生一〕 我是高楼。

I am a high-rise building.

［学生二］ 呼呼呼呼，不动？超级大地震，不倒？

You can stand facing strong earthquakes!

［学生一］ 高分子机敏材料厉害吧！

This material is fabulous, isn't it?

［学生二］ 我是跨海大桥。

I am a bridge spanning the sea.

［学生一］ 狂风来了，海啸来了，好累呀，你怎么还不倒？

A tsunami is coming! I feel so tired! How can you withstand it?

［学生二］ 我是高分子机敏材料建造的。

I am made from the smart materials.

［讲解员］ 嘘！见证奇迹的时刻到了，让我们来看一看它到底能承受多重吧。

Let's see how much weight it can really hold?

［学生一］ 我们住在用这种新型高分子机敏材料建成的房子里就不用担心了。

We don't have to worry about living in this kind of houses built with the new type of materials.

［学生二］ 我们也可以在学校里安心学习了……

We feel very safe in a house that is built with this materials...

（中国梦工厂造了一个好材料，它能防地震，还能防海啸，它十分坚固，屹立不倒，节能又环保，这新型材料真呀真正好。啊，坚固的好材料，啊，坚固的好材料，它建起高楼大厦进入太空深海，它创造了美好未来。）

(This kind of outstanding material is produced at China Dreamworks. It can withstand both earthquakes and tsunamis! It is both energy-saving and environmentaly friendly. What a truly outstanding material it is! Oh, incredible material! It can create high-rise buildings and dive into the deep sea, creating a beautiful future for you and me.)

[学生]（击掌）耶！

(Clapping) Great!

[赞叹] 感谢科学家发明了新型材料！

Thanks to our scientists!

[机器人] 孩子们，你们一定要好好学习，将来发明创造出更加坚固、环保的材料，让人类的生活更美好！

Children, you must focus on learning and create more solid and environmental-friendly materials to make better lives for humans.

[齐] 让我们用智慧和勤劳的双手共同创造美好的未来！

Let's create a beautiful future together with our intelligence and diligence.

[讲解员] 每一个创新的产品，都是一个不朽的传奇；每一个传奇的背后，都有许多精彩的故事！欢迎下期继续收看走进中国梦工厂。

Every innovative product is an immortal legend; There are many wonderful stories behind each legend! You are Welcome to Come back again to China Dreams.

<赛场表格>

风格项目

1. 利用废旧洗衣液桶、药盒、薯片桶、跳绳把等材料制作而成的摄像机,形象逼真、轻巧可爱。

2. 能动会亮的斜坡是用塑料泡沫、纸桶等材料制作、装饰成的生产车间,独创的外形,较好的视觉效果与整个广告很好地融为一体。

3. 能动会亮、寓意深刻的队籍标志。

4. 用废旧材料制作小房子、航天飞机、啸龙号等,由此装饰的布景"梦工厂展馆"充满生活情趣,展现产品的多功能性,更好地体现广告效能。

5. 前4项的整体效果。

中央电视台科技频道带领学生来到中国梦工厂参观,录制新型高分子机敏材料的宣传广告。整个广告过程由电视台摄像师录制。

进入工厂,由解说员带领学生进行参观,介绍一条龙流水线及产品的功能性。

首先看到的是工厂的生产车间,产品在生产车间生产完毕,机器人用废旧渔竿、废旧摄像机架制作并装有电磁铁的大吊车运送到质检站进行承压检测。

梦工厂展馆陈列了由新型高分子机敏材料制作而成的生活用品及高科技产品,如:房子、航天飞机、啸龙号等,增添了生活情趣,展现了产品的多功能性,更好地体现了广告效能。

来到质检站,由 3 名机器人进行产品的承压检测,解说员和学生继续进行产品广告宣传,直到承压结束。

<获奖情况>

崂山区实验小学在"翻滚的结构"竞赛项目中,长期题取得 190 分,风格分取得 47 分,即兴题取得 98 分,最终获得小学组全国一等奖第一名的佳绩。同年 5 月,崂山区实验小学参加在美国密歇根州立大学举办的世界第 34 届头脑奥林匹克决赛,取得世界冠军。

<精彩回顾>

从青岛走向世界

2013年世界第34届头脑奥林匹克决赛
《古典——艺术建筑：音乐剧》解题案例

青岛市太平路小学

辅导教师：纪海燕　杨海波　都喜

<赛题剧本>

第一幕　魔法学校的假期

［小鸟］　大家好！考试结束了,幸福的假期开始啦！瞧,他俩是魔法学院的中国留学生,他们来了！嗨！

Hi, everybody！ The exam was over. Now we are having a wonderful vacation. Look, they are Chinese students from Magic School. They are coming！ Hi！

［卓萱］　小——源！

Xiao——yuan！

［小源］　来——喽！

I'm coming！

［卓萱］　放假了,又没有骑扫把比赛了,还拿着它干吗？

It's time for vacation and no more broom-riding competitions. Why not put away the broom?

〔小源〕 也是,让它也休息一下吧!

You are right. Let it have a rest!

〔卓萱〕 今年假期,你要去哪里?

Where you going for this vacation?

〔卓萱(小源)〕 当然是回中国啦!

Of course back to China!

〔小源(卓萱)〕 哈哈,我也是!

Haha, me too!

〔卓萱、小源〕 走,我们一起回家!

OK! Let's go back home together!

〔黑魔怪〕 我是黑魔怪,她们要去中国,哈哈,我也去凑凑热闹!

I'm Monster Black. They are going to China. Haha, Let me follow them!

第二幕 博物馆历险

〔卓萱〕 快看,天坛博物馆,一起去看看吧!哇,好多工艺品呀!

Look, Temple of Heaven Museum. Let's go inside and have a look! Wow, so many arts and crafts!

〔黑魔怪〕 欢迎来到天坛博物馆!天坛始建于明朝永乐十八年,也就是1420年,是古代明、清两朝历代皇帝祭天之地。

Welcome to Temple of Heaven Museum. Temple of Heaven was built in the Yongle 18th year of Ming Dynasty, that is 1420. It was the place where the emperors of Ming Dynasty and Qing

Dynasty offered sacrifices to gods and ancestors.

［卓萱］ 这个讲解员，好奇怪呀！

The guide is so weird！

［黑魔怪］ 你们是第一次来吧！让我给你们介绍一下我们的镇馆三宝——

天坛第一宝呀，要数夜明珠，白天晶莹夜明亮呀，皎洁如月光！

天坛第二宝呀，要数青铜盘，秦始皇拿它洗过脸呀，堪称无价之宝！

天坛第三宝呀，要数康熙像，龙袍金丝针针绣呀，华丽举世无双！

It must be your first time to be here！ Let me give you an introduction to the three most precious treasures of Temple of Heaven Museum——The first most precious one is luminiferous Gem, which is crystal-clear in the day time and bright at night.

The second most precious one is Gunmetal Basin, which had been used by Qinshihuang, the first emperor of Qin Dynasty. It's priceless.

The third one is the Portrait of Emperor Kangxi, whose dragon robe is sewed with gold thread. It is of unparalleled splendor！

［黑魔怪］ 这么了不起的工艺品，快快拍下来，留个纪念吧！

So marvelous！ Let's take a photo of them！

［小源］ 我们没有带相机呀？用魔法棒吧！

We didn't take our camera. Let's use the magic wand！

［黑魔怪］ 别呀，我这里有一部"魔法相机"像素5000万，保证你满意！

Oh, here I have a magic camera of 50 million pixels. It must work perfectly for you.

［卓萱］ 我看那个人挺奇怪，哪有随便送别人相机的，小心是个圈套呀！

He is so weird. Why does he want to give us the camera？ It must be a fraud.

小源把相机拿到身边：会有什么事呀？这么棒的相机呀，我来试试！

Don't worry. How great the camera is. Let me have a try！

小源不顾卓萱的阻拦：画像真漂亮，我来照一张！

The portrait is so great and let me take a photo of it！

［小源］ 照片不错嘛！

Xiaoyuan：The photo is wonderful！

［卓萱］ 天呢！别照了，别照了！这是什么相机呀，艺术品变成照片，怎么就都不见了！

Oh, my god！ Stop, stop！ What camera is it？ The works of art turned into photos and they are gone！

［小源］ 怎么会这样？

What happened？

［卓萱］ 都怪你，为什么不听我的话！

It's your fault. Why didn't you listen to me？

［小源］ 怎么能怪我呢！我又不知道会这样，你总是这样霸道，无理取闹！

Stop blaming me. I didn't know what happened. You always make trouble out of nothing.

［卓萱］ 你居然还怪我？

How dare you blame me？

〔小源〕 就怪你,就怪你,我才不需要你这样的朋友!

Of course, it is your fault. I don't want to be your friend any more.

〔卓萱〕 亏我还把你当朋友!

How stupid I was to take you as my friend!

〔黑魔怪〕 愚蠢的人,你们上当了!

How foolish you are. You were cheated!

〔小源〕 可恶的黑魔怪,把国宝还回来!

What a bad monster! Give me back the treasures.

〔黑魔怪〕 别——妄——想——了!这三件宝贝是天坛的镇坛之宝,没有了他们,天坛也就崩塌了!现在,你连朋友也没有啦,哈哈!

Stop day dreaming! They are the priceless treasures of the Temple of Heaven. Without them, the Temple of Heaven will collapse. Oh, you have lost your friend, haha!

〔小源〕 黑魔怪,你不要嚣张,看我的魔法!神鸟,攻击!

Monster Black, stop serving the devil! Take my magic! Attack, Bird!

〔小源〕 小鸟,小鸟,你怎么了?我该怎么办?

Bird, bird, what happened to you? What should I do?

〔小鸟〕 小源,黑魔怪最怕的是人类的情感,你要找回自己的朋友,用友情的力量才能打败他!记住,友情的力量!

Xiaoyuan, what frightened Monster Black most is human's emotions. What you should do is find your friend back and use the power of friendship to beat him! Remember, the power of friendship!

第三幕　寻找国宝

［小源］ 都是我不好,请你回来吧!

It's my fault and please Come back!

［小源］ 我不该责怪你,都是我不好,请你别生我的气!

I shouldn't have blamed you and it's my fault. Please don't be angry with me!

［卓萱］ 我怎么会怪你呢,我也有不对的地方。我刚刚回学校问过校长,他告诉我要打败黑魔怪,才能找到国宝,让它们复原!

OK, let's forget it! I went back to school and asked the headmaster for advice. He told me the only way to get back the treasures is to beat Monster Black.

［小源］ 该怎么做?

What should we do?

［黑衣人］ 黑魔怪,特邀你到天坛回音壁,决一死战!

Monster Black, Come to Echo Wall and let's fight to a finish!

［黑魔怪］ 想和我决一死战?哈哈,我倒想看看你有什么本事!

Fight to a finish? Haha, show me what you can do!

［小源(手持照片)］:黑魔怪,快把国宝还回来!

Monster Black, return the treasures!

［黑魔怪］ 我在空中漂浮不定,看你能把我怎么办?

I am intangible in the air. How can beat me?

［黑魔怪］ 回音壁?

Echo Wall?

［卓萱］ 黑魔怪! 黑魔怪!

Monster Black! Monster Black!

［黑魔怪］ 明明是在那边叫我,怎么声音却从这边响?

It seems somebody is calling me over there but why the voice comes from here?

［小源］ 黑魔怪!

Monster Black!

［卓萱、小源］ 相信朋友,相信朋友,我们打败他!

Believe friends and we can beat him!

第四幕　天坛复原

［卓萱］ 我们终于找到了!

Finally, we find them.

［小鸟、小源、卓萱］ 成功了!

We succeed!

［小源］ 我们赶快把它们放回天坛吧!

Let's put them back to the Temple of Heaven.

［小鸟、卓萱］ 太雄伟了!太壮观了!

Great! Great!

［小源］ 谢谢,我最亲爱的朋友们,因为有了你们我度过了一个最有意义的假期!

Thank you, my dear friends. I have spent a most meaningful vacation with you!

<赛场表格>

风格项目

1. 飘浮黑魔怪道具的创造性

2. 建筑物天坛的材质

3. 小鸟与画像的快速换装

4. 队籍标志的出现方式及艺术性

5. 前4项的整体效果

1. 飘浮黑魔怪道具的创造性。采用钓鱼竿牵引在天上飞的运动方式。为了减轻飞行重量,选用了废旧塑料袋、气球、铁丝、皮筋和纸板来制作,充分体现出了其恐怖、庞大、飘忽不定的特点。

2. 建筑物天坛的材质。天坛墙壁采用硬纸板拼接而成。房檐使用了大量的废旧吸管,涂上蓝色,凸起,非常有质感。

3. 小鸟与画像的快速换装。小鸟与画像的扮演者为同一队员,在较短时间内收起小鸟翅膀,更换头饰,胸前挂上皇帝服装,展开相框,实现换装。

4. 队籍标志的出现方式及艺术性。队籍标志分两部分:扫把和底座。扫把由一个角色手持上台,插入底座。底座材质为废弃水桶,外面由麻布包裹,上面装饰物用玉米皮编成,图案体现中国文化,均为手工制作,非常精美。

<获奖情况>

青岛太平路小学在"古典——艺术建筑"竞赛项目中,长期题取得 181 分,风格分取得 46 分,即兴题取得 78 分,最终获得小学组全国一等奖第三名的佳绩。同年 5 月,青岛太平路小学参加在美国密歇根州立大学举办的世界第 34 届头脑奥林匹克决赛,取得世界第九名的成绩,其中即兴题分数取得世界第二名的成绩。

<精彩回顾>

从青岛走向世界

《宠物计划》解题案例

青岛市第七中学

辅导教师：杜龙君　何京照　马志梅

<赛题剧本>

第一幕

［孙悟空］ 呆子,快走！

Fool, Hurry up！

［猪八戒］ 大师兄,哎呀,讨厌！

A troublesome brother！

［旁白］ 这是风和日丽的一天,唐僧师徒几人走在西天取经的路上,瞧！他们来了！突然,唐僧像是发现了什么,他做出了一个惊人的举动……

It is a sunny day. On the pilgrimage to the west for Buddhist sutra, Tang Seng suddenly finds something.

第二幕

〔唐僧〕 这是什么?

What's this?

〔悟空〕 让俺老孙看看!天哪!这居然是一包恐龙的碎片!

Oh, my god, a pack of fragments of dinosaur bones!

〔猪八戒〕 让我瞅瞅,不就是一包破骨头吗?有啥用处?

A pack of bones? They are useless!

〔悟空〕 呆子,就是呆子,把恐龙复活,可以给师傅做座驾。

You are fool. If we make the dinosaur Come back to life, our master can ride to the place of pilgrimage.

〔哪吒〕 好主意!

A good idea!

〔唐僧〕 你们不要高兴得太早了!距小恐龙复活的时间只剩下短短6分钟了!

But, the little dinosaur will Come back to life in six minutes!

〔哪吒〕 那该怎么办?

What should we do?

〔唐僧〕 来之前我准备了三辆小车,快去拿来,我们分头行动!

I bring three vehicles with me, please fetch them!

(格格巫和阿兹猫在幕后探头探脑)

(Demon Wizard and Mad Cat peep out stealthily from behind the curtain)

第三幕

格格巫在看水晶球,阿滋猫在吃鱼。

Demon Wizard is looking into a crystal ball and Mad Cat is eating fish.

［格格巫（通过水晶球看到）］ 阿兹猫（格格巫踹了阿滋猫一脚，阿滋猫疼的叫，喵！～～鱼掉），快看，有人找到了小恐龙的碎片？（阿滋猫捡起鱼）有了恐龙碎片我就可以调配无敌药水，把蓝精灵一网打尽。（奸笑）

Mad Cat！ Demon Wizard kicks Mad Cat and Mad Cat cries painfully. Meow, the fish drops. Somebody has found the fragments of dinosaur bones.（Mad Cat picks up the fish）. If I get them, I can prepare magic water with the fragments of dinosaur bones to catch all the Smurfs, smiling sinisterly.

［阿兹猫］ 咦！（扔下鱼）

［格格巫］ 我们……

Eh！ Mad Cat drops the fish！

齐：哈哈哈哈哈哈哈哈哈哈（坏笑）

Ha haha…（sinister laugh）

［格格巫］（手一挥）走！

Wizard waves his hand and orders, Let's play a trick to get the fragments of dinosaur bones.

第四幕

［蓝精灵］ 我得赶快告诉蓝爸爸去。（撞到了格格巫）

I should tell Smurf Dad as soon as possible. Unluckily, she runs into Demon Wizard.

［格格巫］ 今天真是双喜临门啊！阿兹猫，上！

We are so lucky today. Mad Cat, catch her！

（格格巫和阿兹猫扑向蓝妹妹）

（Demon Wizard and Mad Cat pounce on Smurf Younger Sister.）

［格格巫］ 哈哈哈哈,指挥棒有木有？哎！（万分激动状）

Ha, ha, ha, then, is there a baton? What an exciting moment!

［阿兹猫］ 喵~

Mad Cat: Meow!

第五幕 装配区内

（师徒几人与格格巫组合见面了）

（Tang Seng and apprentices encounters Demon Wizard and Mad Cat）.

［悟空］ 呔！何方妖孽？！

Dai, where are you from, devil?

［格格巫］ 我不是妖怪,我是从西方来的巫师！（阿滋猫在边上奸笑）

I am a wizard from the west! Mad Cat follows Demon Wizard with a sinister smile.

［蓝精灵踉跄过来］ 不要相信他,他是个大坏蛋,是来抢恐龙碎片的。

Don't believe him, he is a bad guy who Comes here to steal the fragments of dinosaur bones.

［唐僧］ 阿弥陀佛,罪过,罪过。

Amitabha, it is a sin.

［悟空］ 吃俺老孙一棒！

Sun Wukong brandishes his golden cudgel and beats Demon Wizard.

（慢动作武打开始）（Slow-motion Martial Arts Show）

［蓝妹妹］ 快看，小恐龙拼好了！

Terrific, we have put the fragments of dinosaur bones together!

［猪八戒］ 头接上了，好神奇哎！

It is magic to connect its head to body.

［哪吒］ 它叫了，叫了！

It can utter sounds.

［格格巫］ 哎哟，它还会发光！

Whoops, it glitters brightly.

［悟空］ 哎呀，小恐龙会变魔术！

Look, the little dinosaur is performing a magic trick.

［齐］ 真是个大奇葩啊！小恐龙复活，大家一起跳舞。

We worked miracles! The little dinosaur Comes back to life and let's dance together to celebrate.

<赛场表格>

风格项目

1. 摇篮车的外形逼真如同一个摇篮，它的篮子是运载物品的工具，想法很巧妙。

2. 剧中角色孙悟空，是中国家喻户晓的神话人物。该人物的设定，主要凸显了中国元素。在传统孙悟空形象基础上，利用废旧雨伞和可乐瓶罐等物品制作裙子、紧箍咒、金箍棒等体现创造性。夸张的中国脸谱妆容，凸显了人物机智、活泼、灵动、勇敢的性格特点。

3. 队籍标志上灯光闪烁，小恐龙来回不断地走动，有趣、奇特。

4. 背景板上可以被出其不意撞破的设计，以及可以活动的小恐龙

5. 前 4 项的整体效果

这是一部运用国内外中学生都喜欢的蓝精灵和西游记唐僧师徒四人的卡通形象、现代幽默语言以及动作，通过共同力量，以小车运送作为载体，使小恐龙复活的精彩剧目。它勾画了中国著名的《西游记》唐僧师徒取经桥段及经典的蓝精灵卡通形象。唐僧运用夸张搞笑的动作发现九个零件，通过三辆外形独特、动力新颖的小车——气动可乐车、划船电动车、摇篮车运把九个零件运到装配区组装成一只可以走动、发光、发声、变戏法摇尾巴、外形精美的小恐龙。宠物复活，队员跳欢快舞蹈以示庆祝。其中孙悟空的角色极具亮点，他化了中国京剧脸谱妆容，穿上凸显人物特征的虎皮裙、紧箍咒，手拿金箍棒，即展现了中国风，与蓝精灵等国外卡通形象形成鲜明对比，让人记忆深刻。

背景板上可以活动的小恐龙是我们的队籍标志。在灯光闪烁下小恐龙来回不断地走动，有趣、奇特，紧扣主题，画龙点睛。

<获奖情况>

青岛第七中学在"宠物计划"竞赛项目中,长期题取得179分,风格分取得49分,即兴题取得79分,最终获得中学组全国一等奖第三名的佳绩。同年5月,青岛第七中学参加在美国密歇根州立大学举办的世界第34届头脑奥林匹克决赛,取得世界第六名的成绩。

<精彩回顾>

2014年世界第三十五届头脑奥林匹克决赛
《不同寻常的鬼屋》解题案例

青岛市宁夏路第二小学

辅导教师：管宏丽　彭勇奇　方玮　胡杨

<赛题剧本>

第一幕　开封府后花园

［包公］　包龙图,打坐在开封府呀……
Bao Loongtoo, here in Kaifeng！

［护卫］　禀告包大人,后花园有异常,一块天外来石挡住了园门。
Your honor, there's something wrong in the backyard. An outer space rock is blocking the way.

［包公］　带我前去查看。
Really！ Take me there！

［护卫］　大——人请看,就——是它。突然从天上掉落,难道是女娲补天的神石掉了下来? 嘿嘿,我发了！

My Lord, this is it, falling from the sky in a sudden. It wouldn't be Nu Wa's holy stone, would it？ Haha, I'm rich！

［包公（自言自语）］ 老夫断案无数，这等情景却从未见过，待我斟酌查看再做定论。呈上放大镜来！

I've been in cases, but not like this one. Let's conclude after doing our research. Give me the magnifier.

［解说］ 包公和护卫激发了光感天外来石的能量，被传送到一个时光穿梭器里。哇！难道是穿越了！

Bao Zheng and the servant released the power of the holy stone and were transmitted into a room with an European Palace style.Whoa！ Were they doing time traveling？

第二幕 时光穿梭器

［唐唐］ 欢迎来到魔堡，我是机器人唐唐，我们特地邀请您参加第35届头脑奥林匹克大赛。华华，马上校对航线，5分钟后到达目的地艾奥瓦州立大学。

Welcome to Magic Castle. I am Doughnut. We'are honored to have you here joining the 35th Odyssey Mind of the World Finals. Waffle, confirm the route！ We'll arrive at our destination, Iowa state University, in 5 minutes.

［华华］ 是！机长。乘客已登机，超时空穿梭、自动航行启动。

Yes, Captain！ All passengers are on board. Auto-Cruise mode activated, hyperspace traveling starting.

［包公］ 哇呀呀呀呀……这可如何是好？

Wayayaya..., what can we do now？

［唐唐］ 停下停下，请您冷静。包大人，这里就像家里一样舒

适,请您喝点什么压压惊吧。

Calm down, my Lord. It is as comfortable here as at our home. Have something to drink and relax!

［唐唐］ 抱歉,这个饮料柜总是出怪事。

Sorry. From time to time, he refuses to do his job.

［解说］ 哦!原来这是一个奇趣酒柜呀!真把从中国古代穿越过来的包公吓坏了!唐唐、华华和护卫费好大事才将包公从地上拽起来。

Wow! It was an Odd Liquor Cabinet. Bao Zheng, a real ancient people transmitted here from thousand years ago, was quite frightened by that strange-tempered metal box.

［华华］ 请你到休息室休息吧。

Please have a rest in the guestroom.

［护卫］ 大人请看,仙女一般,好生漂亮哇!(行走的过程中看到蒙娜丽莎画像,护卫跳上前去观看油画,触碰机关)

My Lord, isn't this Diau Charn in our country?

［唐唐突然定住,眼睛和嘴巴随着画中人的眼睛嘴巴一起动,用刻板的声音说］ 程序启动,程序启动,温柔模式切换为健身模式。

Program has been activated. Now changing Gentle mode to Fitness mode.

［解说］ 原来这是用一个盆和勺子组成的机械装置,当勺子转到一定位置时,就触碰到了外面的另一套机械装置,从而产生了一系列的幻觉效果。机器人唐唐对这个装置有感应,导致了程序乱码!

Actually the device consisted of a basin and a spoon. When the spoon rotates, it will touch and trigger another device and produce a series of illusions. Doughnut sensed the illusions and got something wrong in her head drive.

第三幕　贵宾休息室

[华华]　休息室在这边,乘客请退后回避,唐唐需要更新程序。

All passengers, please step back. Doughnut needs to be reprogrammed and upgraded.

(触动改变外貌机关,唐唐变化)

[包公(对护卫)]　这里真是太诡异了,你可千万别再乱动东西了。

It's really weird here. Don't touch anything else.

[护卫]　遵命。

(同时改变外貌结束)

Yes, my lord.

[护卫]　看,大人!她怎么了?

Look, my Lord. What's wrong with her?

[华华]　不好,程序输入有误!

Oh, no! There must be something wrong with her program.

[唐唐]　怎么了?让我看一看。(去照镜子)

What happened? Let me have a look!

[护卫(也凑过去照,触碰了机关)]　哇!有鬼!

Ah! A ghost!

[护卫]　哎哟,我的胳膊肘、哎哟,我的波棱盖、哎哟,我的腰间盘,都——不——疼!

Ouch! My elbow, my knee and my back, are all — un —

hurt！

［华华］ 没事，你们看！

It's fine, look！

（此时吉祥物 从幕后走出来）

［吉祥物］ 吉祥物欢迎，目的地到达，欢迎！

Welcome, our friends！ Welcome to your destination！

［解说］ 原来是"OM"迎宾台，很有创意、很特别的方式，挥手向远方客人表示欢迎呢！

It is the "OM" reception showing their hospitality very creatively.

［唐唐、华华、吉祥物］欢迎来到第35届头脑奥林匹克大赛。

Welcome to the 35th Odyssey Mind of the World Finals.

［全体一起，包括主持、兵马俑都上台］美丽的艾奥瓦，我们来了。

Lovely Iowa, Here we go！

<赛场表格>

风格项目

1. 解说员外貌的原创性。利用塑料袋搭配而成的"黑白经典"造型，扑朔迷离、神秘独特，给人宽广无比的想象空间。黑色意味着空无、邪恶、恐怖。白色象征着纯洁高尚，有无尽的可能性。黑白具有抽象表现力以及神秘感。塑料袋的使用在向大家宣告：拒绝白色污染，是每个人的责任。

2. 表演中对于一件废旧物品使用的创造性。利用电冰箱泡沫板进行粘贴，用手锯塑形，用涂料等进行腐蚀、镂空设计，打造出太空陨石"漏、透、皱、瘦"的特点，再用水粉上色，看上去更是惟妙惟肖，像件艺术品。

3. 队籍标志。在小水妖的背后加了一个"采气筒"，采集氧泵输出的气泡，当采气筒内浮力大于小水妖的重力时，小水妖浮出水面。浮出水面后，采气筒上的小气阀自动打开，放出氧气，减小浮力，小水妖就没入水中。依次循环往返。充满科学性、趣味性和创造性。

4. "OM"吉祥物。吉祥物在剧中最后的环节出场，他的出场和服装都特别有创意，用水瓢做了头饰，用水桶做了上衣，用废旧雨伞做了裙摆，用盘子做了脚饰，所有设计、色彩的搭配都特别明快、活泼，这是生活用品的巧妙组合，浑身上下充满了生活气息，有一种出其不意的效果。

5. 前4项的整体效果。这是一个以书的形式呈现的穿越剧，解说员解读"从中国古代穿越来的包公和他的侍卫，被机器人带到了世界头脑奥赛的比赛现场的种种奇遇。"京剧扮相、剪纸背景、太湖石都突出了民族的传统艺术；队籍标志体现了搞怪鬼精灵小队的创新思维；吉祥物表达了孩子们对奥赛的期盼；结尾处展示出三个角色是由反串的形式完成表演的，出其不意，整体效果非常好。

<获奖情况>

青岛宁夏路第二小学在"不同寻常的鬼屋"竞赛项目中，长期题取得161.4分，风格分取得38.3分，即兴题取得66.95分，最终获得小学组全国第一名的佳绩。同年 5 月,青岛宁夏路第二小学参加在美国艾奥瓦州立大学举办的世界第 35 届头脑奥林匹克决赛,取得世界第三名的成绩。

<精彩回顾>

2014年世界第三十五届头脑奥林匹克决赛
《叠加的结构》解题案例

青岛市崂山区实验小学

辅导教师：包建玲　周杰　曲成本　陈志刚　魏迎春

<赛题剧本>

第一幕

[熊奶奶] 咳咳，唉，年纪大了，身体是越来越差了！动物医院实在是太远了，这可怎么办啊？

(cough) I'm old and my body is weak. The Animal Hospital is too far away. What should I do？

[狐狸、小狗] 奶奶，奶奶，我们来看您了！

Grandma, we're here to see you.

[百灵鸟] 今天我们要给您搬家，我还请来了建筑工人——大力士呢！

We are here to help you to move to another house. I've also asked the builder to help us！

［大力士齐］ 熊奶奶好！

Hello Grandma Bear！

［熊奶奶］ 太感谢你们了，请把这三根石柱带上，它们可是我的祖先留下来的"镇洞之宝"，可以防地震、防海啸呢！

Thank you very much！ Please bring the three stone pillars. They are the "greatest treasure of the cave" left by my ancestors. They can prevent the earthquake and tsunami！

［大力士］ 这么神奇！我们一定好好利用它，为您盖最坚固的房子。

They are magic！ We can definitely make good use of them to build a firm house for you.

［齐］ 我们出发吧！

Let's go！

第二幕

［狐狸］ 瞧,这里风景如画,好美呀！

Look, what a beautiful place！

［百灵鸟］ 离动物医院又近！

And it's close to the Animal Hospital！

［小狗］ 对呀对呀,我们就在这里盖房子吧！

That's right. Let's build a house here！

［老虎］ 为保证安全,我们先用大石头检测一下石柱,看看它是否坚固！

Safety first. We should test the stone pillars to make sure they are firm.

［大力士合］ 那我们开始吧！

Let's begin！

〔熊奶奶〕 孩子们要小心,一定要把柱子摆稳当,这可是我的宝贝!

Be careful, my kids. Please place the pillar firmly. They are my treasured objects.

〔狐狸〕 放心吧奶奶,您先歇歇吧……奶奶您快坐下!

Don't worry grandma and please have a rest … Sit down please, grandma!

〔小狗〕 汪汪,熊奶奶这草地可真舒服!

Woof woof, Grandma Bear, the lawn is so comfortable.

〔狐狸〕 别偷懒,快去找材料,我们一起动手来盖房子。

Don't be lazy. Go and find some materials. We'll build a house together.

〔小狗〕 汪汪,汪汪……我们一起去!

Woof woof … Let's go!

〔熊奶奶〕 真是好孩子,多勤劳。

Good boys. How diligent they are.

〔熊奶奶〕 大石头很重吧?

Is this big stone heavy?

〔熊猫〕 当然了,一块足足有十吨重呢!嘿,哈,吼!看我健美的身姿!轻松地就能举起来!哇……

Of course. Almost ten tons each! Hah, ha, ho! Look at my strong body! I can raise it up easily! Wow … It's too heavy!

〔小狗〕 哈哈哈……哈哈哈……没举起来,没举起来!

AH hah … hah … You can't raise it up! You can't raise it up!

〔老虎〕 瞧我的!嘿!举起来了!

Heavy？ Panda is heavy！ Look at me！ Hah！ I can lift it up！

［百灵鸟］ 老虎真棒！大熊猫,你要加油了！

Tiger, you are great！ Giant Panda, you should try harder！

［猩猩］ 快搬,快搬！

Hurry up！ Hurry up！

［熊猫］ 好……好……好的！

O … O … OK！

［熊奶奶］ 我们一家世世代代在山洞里住了500多年了,经历过地震、泥石流……要不是有这三根石柱,山洞早就塌了呢！

Our family has lived in this cave for more than 500 years. It faced earthquakes and debris … The cave may have collapsed without the three stone pillars！

第三幕

［熊奶奶］ 孩子们,把我另外三根"镇洞之宝"拿出来,开始盖房子吧！

Children, take out my other three "treasures of hole". Let's begin building a house.

［小狗］ 三根石柱？

Three pillars？

［狐狸］ 三角形稳定性最强,我们把石柱摆成三角形！

Triangle has the best stability, we should form a triangle out of the stone pillars！

［百灵鸟］ 我们一人架一根。

Let every person carry one．

［合］ 支柱建成了。

Ok! Finished!

［熊奶奶(晃一晃)］ 嗯,牢固!

(shakes the Pillars) Great, very firm.

［狐狸］ 瞧,石柱已经支撑起150吨了。

Look, the pillars can support the weight of 150 tons.

［老虎］ 你们要加油了。

Come one everybody.

［百灵鸟］ 加油,我们开始盖房子喽!

Come on, let's begin building a house!

［合(击掌)］ 耶! 建好了!

(clap) Yeah! Finished!

［狐狸］ 熊奶奶,你的房子建好了。

Bear Grandma, your house has been built up!

［熊奶奶］ 不错,不错,欢迎你们来作客!

Good, good, Welcome to my new house!

［百灵鸟］ 小动物们来了住哪儿呢?

Where will the animals live?

［小狗］ 那,我们给熊奶奶建层客房!

Well, let's build a guest room for Bear grandma.

［熊猫、老虎、猩猩］ 好主意,建好了,我们来给您作伴!

Good idea. When it's finished, we will Come to stay with you.

［熊奶奶］ 260吨了,我的"镇洞之宝"真坚固呀! 孩子们,加油! 加油!

260 tons. How strong my "treasures of hole" are. Kids, Come on! Come on!

［合］ 放心吧,熊奶奶。

Calm down, Bear grandmother.

［熊奶奶(看着新房)］ 孩子们,你们辛苦了。

（Looking at the new house）Kids, you really worked hard.

第四幕

［小狗］ 我口渴了,想喝点水。

I'm thirsty, I want to drink some water.

［狐狸］ 不行,现在是最关键的时刻,必须要一气呵成。忍忍吧,咱们马上就要成功了。

No, this is a very important moment, we can't wait. Hold on, we will finish soon.

［百灵鸟］ 来,我们再给熊奶奶安装一个风车。

Come on, let's build a windmill for Grandma bear.

［狐狸］ 真是个好主意,节能又环保。

What a good idea. It can save energy and protect environment.

［小狗］ 汪汪汪,快点,我都等不及了!

Woof woof woof, hurry up, I can't wait!

［齐］ 客房建好了! 耶!

Guest room is ready! Yeah!

［齐］ 我们是群小动物,团结又快乐,我们来帮熊奶奶,盖呀盖房子。

［Song］

We are tiny animals, happier together;

We have helped our Grandma bear.

to build the house better!

Three stone pillars as a base,

all built very firmly.

House and Guest room are ready, we can live here friendly.

Wind can help us get power, our house is finished.

It is beautiful and bright.

All gethered together!

<赛场表格>

风格项目

1. 地球的艺术表现——山脉，三个部件组合成石洞中的三根柱子。放进支柱，山脉色彩斑斓，生机勃勃；取出支柱，山脉失去光泽，预示着将要出现危险。

2. 百灵鸟的服装用废旧彩旗和旧窗纱制作而成，色彩鲜艳，形象逼真。

3. 队籍标志展现了适合动物生存的美丽家园，手工制作精美。

4. 能动会亮的小房子，用风车发电，体现节能环保的理念。

5. 前4项的整体效果。年迈的熊奶奶需要搬离居住的山洞，小动物们帮助他搬家并建造一座新房子。熊奶奶让小动物一定要带着他的"镇洞之宝"支柱。老虎、猩猩和熊猫为了建造坚固的房子而开始用石头检测支柱的坚固性。百灵鸟、小狗和狐狸为熊奶奶建造房子。通过检测，支柱非常坚固。在小动物们的共同努力下，为熊奶奶在美丽家园建造了一座新家，他们开心得狂欢起来！

<获奖情况>

崂山区实验小学在"叠加的结构"竞赛项目中,长期题取得172.5分,风格分取得42.65分,即兴题取得55.22分,最终获得小学组全国一等奖第二名的佳绩。同年5月,崂山区实验小学参加在美国艾奥瓦立大学举办的世界第35届头脑奥林匹克决赛,获得世界冠军。

<精彩回顾>

Part 4 | 头脑奥林匹克活动解题案例

Part 5 参赛感悟

第一节
学校篇　291

第二节
教师篇　371

第三节
学生篇　423

第一节

学校篇

"OM",我们不仅仅当它是一场比赛

青岛市市南区少年宫

昨天——2007年首届青岛市市南区头脑奥林匹克竞赛活动,全区不足10支参赛队参与比赛。

今天——青岛市市南区头脑奥林匹克竞赛中平均每个学校两支代表队,全区80余支参赛队参与比赛。

昨天——老师、学生对头脑奥林匹克竞赛懵懂不知。

今天——各校设立头脑奥林匹克竞赛社团小组、各班参与学校比赛、人人知晓头脑奥林匹克竞赛活动知识。

昨天——大部分学校对全国头脑奥林匹克竞赛充满惧怕,不敢参与。

今天——第27届全国头脑奥林匹克竞赛全市南区7所学校10支代表队参加,取得5个全国一等奖,名列全国基层区之首。2013~2014年先后有5支代表队冲击世界级头脑奥林匹克竞赛,其中2014年青岛宁夏路第二小学的工程类比赛项目在38个国家

的78支代表队中脱颖而出，获得第三名，这是本届工程类比赛中亚洲地区中小学代表队获得的唯一奖牌，实现了历史性突破。

是什么让头脑奥林匹克竞赛活动仅用短短的几年就在全市南区迅速普及、发展？是什么让学校积极支持、热衷组织学生参与头脑奥林匹克竞赛活动，并取得不俗佳绩？是什么让头脑奥林匹克竞赛在市南区从无到有，今天扬名国际赛场？

回顾以往，我们主要经历了这样一个发展的历程。

一、引入"OM"，坚持多元创新

1. 选择"OM"活动，让科普教育更灵动

青岛市市南区是山东省唯一的全国科技体育传统校示范区。全区有9所学校分别获得全国少年儿童发明奖示范基地、中国少年科学院活动示范基地、全国青少年科技教育工作先进单位等国家级荣誉称号，占全区学校总数的26%；有14所学校获得省、市级科技教育示范学校称号；60%以上的学校已形成了自己的科普教育特色。

我区始终认为青少年科普教育是基础教育的重要组成部分，是全面实施中小学素质教育的重要内容和重要途径，是一项着眼未来的国民素质塑造工程，具有深远的现实作用和历史意义。近年来，我们将青少年科普教育纳入区域教育总体发展目标，以"弘扬科学精神，普及科学知识，传播科学思想和方法"为指导，以增强青少年的创新意识、提高创新能力、培养创新人才为目的，扎实开展科普教育工作。

众所周知，头脑奥林匹克竞赛（简称"OM"）产生的背景是当时科学技术迅猛发展的前苏联发射了第一颗人造卫星，深具危机感的美国人认为自己的科技教育已经落后，自上而下地开展了各色各样的人才培养计划，头脑奥林匹克竞赛就是其中一项有代表性的青少年创造力培养活动。1978年，米克卢斯先生组织开展了首届头脑奥林匹克竞赛，受到学生的欢迎、民众的支持、政府的重视。在此后的"OM"竞赛中，里根、布什、克林顿等前总统以派夫人参加颁奖大会、发表录像讲话、给参赛队写信等形式表示对这一活动的支持。我国当前的发展背景与美国当年的环境非常类似，正值国际竞争激烈、社会急需各种有创造力的人才的紧要关头，可以说头脑奥林匹克竞赛活动的引入与社会整体发展的需求、市南区科普教育整体思路不谋而合。

"OM"活动是一项集科技创造、团队合作、幽默表演等多项技能于一体的活动,被称为"无标准答案的创造活动",是一种完全新兴的创造力比赛。它注重动脑与动手相结合、社会科学与自然科学相结合、科学与艺术相结合,其特点是快速扩散的思维、灵活而多变的答案、生动有趣的形式,使青少年在讨论、评估和解决各类问题的同时,充分展示自己的创造才能。我们认识到"OM"活动有别于其他科普活动的特点和优势后,将"OM"活动纳入市南区科普常规活动的重点推广内容之一,为市南区长期开展"OM"活动铺平了道路。

2. 保障"OM"活动,让制度配合发展

将头脑奥林匹克竞赛活动纳入到市南区常规科普活动中后,我们加强了对这项工作的统筹、协调、指导,在原制定的《市南区学校科技活动成绩量化细则》(简称《量化细则》)、《市南区科技运动员选拔细则》、《市南区科技校园标准》等规章制度中增添了"OM"内容,在《年度考核量化》中增加了"OM"活动量化项,进行有效导引;在校级层面要求各校成立"OM"活动领导小组,吸收科技、语文、音乐、美术、舞蹈教师甚至有特长的家长参与其中,在活动中坚持顶端整体设计、过程各司其职、最后有效整合的工作模式。并在一年一度的学校督导工作中进行专项检查,确保学校对活动的支持。

2012年我们根据当前倡导创意的社会大环境,在《量化细则》中大幅提高了全国、国际头脑奥林匹克竞赛参与及获奖的分值,倡导鼓励学校积极参与高水平比赛,提升活动水平,使开展"OM"活动的定位点得到提升,管理机制的及时配套有效地提高了学校参与"OM"活动的积极性。

二、普及"OM",以竞赛促进提高

1. 硬件软件,为学校"OM"活动实现腾飞搭桥铺路

要普及开展好"OM"活动,首先要先了解"OM"活动。2007年,许多教师对活动的组织步骤、规则等一知半解,首届市南区"OM"竞赛只有不足10支队伍报名。为了让教师尽快"扫盲",我们邀请市少科院的有关专家面向全体科技教师进行了"OM"活动培训,从"OM"活动的发展历史、组织方法、解题方法、即兴题训练等方面进行了系统讲座,使教师对"OM"活动有了初步的认识,为学校顺利开展"OM"活动打开了一扇方便之门。

为了让老师们开阔眼界,避免闭门造车,近三年,我们组织老师参与全国"OM"竞赛观摩及专题培训80余人次,使教师们对竞赛规则、训练方法、全国的"OM"竞赛水平有了较全面的认识。视野的开阔、思路的激发,使许多指导教师从最初的被动参与变为主动挑战;从对赛题的教条机械理解到创新思维的跳跃延伸;从应付比赛变为在日常教学、社团、班级特色活动中渗透"OM"的指导和训练……

为了学校顺利开展头脑奥林匹克竞赛,近年来市南区教育局先后拨专项资金数十万元为各学校配置了电子秤、承重台、机床、工具等硬件设备,保证了活动的正常进行。

2. 以点带面,一步一个脚印开展"OM"普及活动

(1)从"OM"比赛到"OM"常规课堂、社团活动、家庭教育——实力的积累与延伸。

在培训参与区赛队员的过程中,学校逐渐发现了

"OM"活动的魅力和特点，纷纷将"OM"主阵地移到了科技社团。在社团活动中，"OM"社员们从长期题的解析排练到即兴题的淋漓发挥，从"OM"形式的喜欢到"OM"内涵的理解，孩子们连呼"过瘾"。 许多参与校级"OM"活动的家长也不由自主地喜欢上了这项活动，积极地出谋划策，和学生一起共同设计竞赛环节，共同制作竞赛道具，共同品尝比赛的甘苦。

随着"OM"活动的深入开展，许多学校开始尝试将"OM"纳入课堂这一实施素质教育的主渠道，使更多的学生感受到"OM"的魅力，从而提高科技素养。为了更好地支持学校开展本项活动，2011年市南区教育局专门组织相关人员将"OM"编入《市南区小学科技活动课》教材，通过课程面向市南区学生讲授"OM"活动，此课程的推广使原来仅仅小范围社团学生受益一下子扩大到全体学生，这极大促进了我区青少年"OM"活动的全面、纵深发展。

2013年，在《身边的趣味实验》一书编撰过程中，我们面对广大师生、家庭征集科学实验案例2000余份，其中有很多家长、学生都不约而同的选取或自创了"OM"活动即兴题的内容，学生和家长的参与热情可见一斑。在政府的支持下，包含大量"OM"内容和信息的《身边的趣味实验》一书面向全市南区4万名学生免费发放进入我区的千家万户，将"OM"活动的触角延伸入家庭和社区。

（2）"OM"挑战赛、"OM"亲子赛、"OM"即兴抢答——校园成了竞技场。

2013年市南区在科技节中开展了以创造为主的"校园科技吉尼斯"竞赛活动，选取了部分动手类"OM"

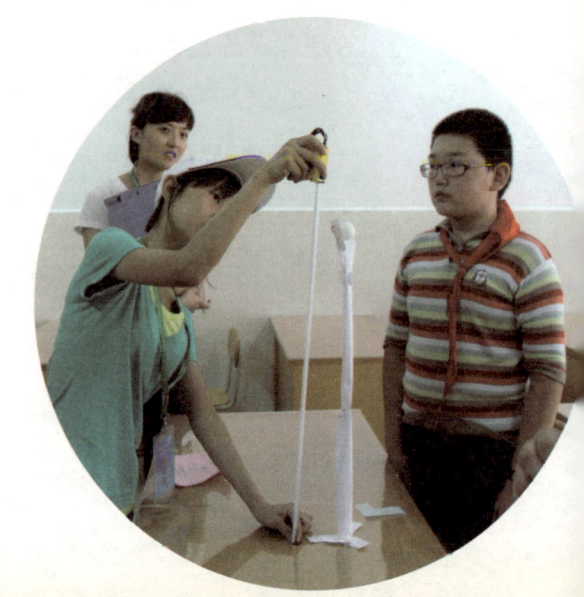

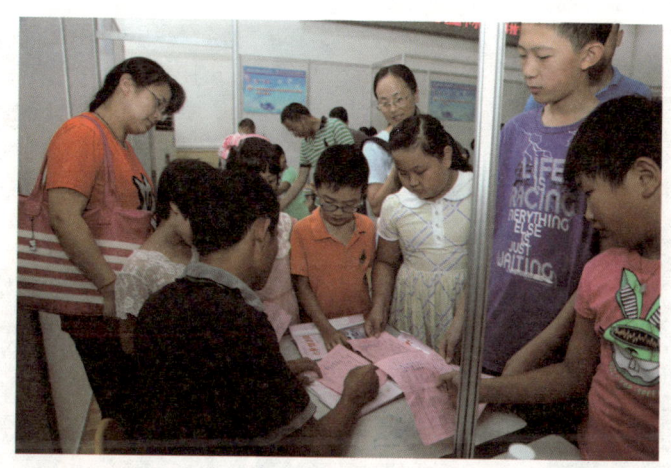

即兴题作为亲子竞赛内容,使家长参与其中,共同体验科普活动的乐趣。三天下来,家长、学生凭票参与达7000余人次,很多学生家长都迫切地询问什么时候还搞这样的活动?甚至路过的其他区的家长和孩子问在哪儿可以买到票入场?通过活动,家长深深地体会到,"OM"活动不仅仅是"玩",更是所学知识的综合运用。青岛市青少年科技教育协会会长在观摩我区科技节之后说,市南区的科技教育模式是我市首屈一指的。很多学校在随后的校科技节中也仿照市南区的模式搞起了"OM"挑战赛,在挑战中孩子们各显神通,争相竞技。通过竞赛,孩子们知道了从失败中找差距、找问题;知道了为别人的优秀喝彩;知道了成功只是短暂的,只要不努力别人就会追上来。而这些体验和感受远远不是书本可以给孩子的,这也验证着"OM"活动最显著的特征——所有参与者最终都是胜利的!

三、发扬"OM",精神与能力的提升

自2007年市南区将"OM"活动纳入常规的科普竞赛活动以来,区赛参与代表队由不足10支发展到80余支,已经成为各校科

技实力展现的舞台。市赛从只有8支代表队发展到50多支代表队参与，并达到各项均有一等奖的好成绩。当我们在全市南区把"OM"活动普及开来，把学校、老师、学生的积极性调动起来之后，我们把目光转向了世界级的"OM"竞赛殿堂！

2013年，我区的代表队第一次征战世界"OM"竞赛时，同学与老师都很忐忑，因为我们代表的是中国，也承载着全市南区的希望。经过比赛青岛七中获得车辆类"宠物计划"项目第6名，太平路小学获得古典作品类"古典——音乐剧"第9名，均是山东省的最好成绩。其中太平路小学即兴题获得93.3的高分，国际排名第二名。

2014年第27届全国头脑奥林匹克竞赛中，市南区5所获得一等奖学校中的3所代表中国参加了5月份在美国举行的世界头脑奥林匹克竞赛。其中青岛宁夏路第二小学的工程类比赛项目在38个国家的78支代表队中脱颖而出，获得第三名，这是本届工程类比赛中亚洲地区中小学代表队获得的唯一奖牌，实现了历史性突破。成绩只是参与国际大赛收获的一小部分，在赛场内外学生的感受以及受到的震撼与启发远远胜于奖牌。从外国选手赛前与我们的拥抱到他们在赛场集体用中文为我们加油；从各国队员新颖的队标设计到他们队友间亲密无间的默契配合；从各国团队紧张有序的赛前准备到赛后的握手祝福……走出国门的比赛，对于我们不仅是更强的赛场，不仅是更高的舞台，更是我们更大的课堂！

　　我们不断地在思考我们"OM"活动的未来之路。当学校"OM"活动成为常规，怎么才能让"OM"活动得到更有益的发展，让"OM"精神引领学生的成长？仅仅组织学校普及"OM"活动不是目的，参与各级"OM"竞赛甚至国际大赛不是目的，让我们的学生在参与"OM"活动、参与各级"OM"竞赛的过程中，变得更加会思考、敢创新、善合作、懂沟通、乐助人才是我们最终的目标；由竞赛到育人的转变，才是我们组织"OM"活动的真正意义！带着这些思考与坚定的目标，我们将更扎实地将"OM"活动开展下去，在下一次冲击国际大赛时，我们会准备得更充分、更有自信，也更加坚定！

就这样走向美国

青岛市宁夏路第二小学

"头脑奥赛·美国",原本实际距离很遥远的名称,如今倍感亲切和自豪。

北京时间2014年6月1日凌晨,在美国爱荷华州立大学刚刚落幕的"第35届世界头脑奥林匹克决赛"这一盛大赛事中,我们青岛宁夏路第二小学首次进军国际赛参加了新赛题——工程技术类"不同寻常的鬼屋"项目的比赛,并幸运地斩获铜牌,为我们从全国赛至今、历时半年的精心准备画上了圆满的句号。回顾此次比赛,感触颇多。

一、赛前准备

1. 全员备战

本着培养"未来美国人"的理念,美国教育家米克卢斯教授于1976年发起头脑奥林匹克竞赛,从1978年开始,每年在美国举行一次世界决赛,俄罗斯、英国、德国、日本、加拿大等几十个国家参加,旨在提高学生的创新能力。为此,本比赛非同寻常,要"出新、出奇"。在这个原则指导下,我校开始了全校总动员,师生家长全

部参与到了奥林匹克竞赛最佳创意的征集中,奇思妙想不断闪现,思维火花不断迸发……

"不同寻常的鬼屋"是今年的新赛题。项目要求创作并呈现原创表演一个弹出式的不同寻常的"闹鬼"的屋子,经过学生的表演和解说对闹鬼现象进行科学揭秘,旨在宣传一种正能量,通过幽默、搞笑的手法告诉孩子们要相信科学、崇尚科学。此次参赛,学生们经过反复讨论、推敲,设计了一个"惊魂穿梭器"作为鬼屋的载体,并以一本书的形式进行呈现。书中讲述了包公和他的护卫被穿梭器"穿越"到了头脑奥林匹克竞赛比赛现场的情景,风格表演融入了京剧、剪纸等民族传统艺术,还有舞蹈、小品的巧妙介入,很有创造力和表现力。学生们通过揭秘奇趣酒柜、蒙娜丽莎画像、翻版吊灯等击发装置和各种道具,合力打造了一个惊悚的鬼屋!

2. 刻苦训练

此项竞赛分长期题和即兴题两部分,不是出一张试卷让孩子们当场笔试,也不同于一般的智力竞赛,而是一种全新的创新比赛,要求参赛者不仅要有全新的解决问题的思路,而且还要有把思路变成现实的本领。因此,赛前充分的训练就变得尤为重要。校长亲自督战,分管领导制定了推进方案、编排了训练课表,"长期题、语言题、动手题、混合题、风格表演和英语表达"的训练同步推进,学生、教师、家长形成合力,增强了训练效果。

3. 手续繁琐

参加此次比赛之前,我们都知道出国手续相当繁琐,但实在不知道"繁琐之至"。报名表、邀请函、注册表、签证表、风格表、健康表、肖像权表、解题明细表、一系列的表格像雪片般飞来,而且各项表格几乎都是英文的,这给我们带来了很大的困难。当然,事情都是辩证统一的,这也大大提高了我们的英语能力,成了此次参赛的又一大收获。

4. 远途跋涉

凌晨三点半起床,四点半学校碰面,五点半机场集合,将近14个小时的飞行,真的让人筋疲力尽,孩子们睡得东倒西歪,座位异常分散,从26排到45排,老师很难顾全,只能"瞻前顾后、多方游走"。就是这样,下了飞机大家的脚都肿得穿不上鞋子,老师手指肿得已经拿不下了戒指,这倒是可以避免戒指丢失了。就这样在摸爬滚打中——我们走向了美国。

二、赛场见闻

1. 隆重盛大

奥林匹克竞赛的开幕式、闭幕式是我们亲历参与的最为盛大、隆重的仪式了,五个比赛项目,十几个组别,上千支代表队,上千次的欢呼雀跃,上万人的会场爆满,场面着实令人震撼!虽是全英

文的演讲,但主持人淡定自如、领导裁判亲和友善、参与队员热情高涨——这里的每一个人都特别享受这个比赛,这种感觉令人沉醉!

2. 合作共赢

学生们虽然对此次比赛做了充分的准备,但是仍然面对巨大的困难和挑战。由于该项目的道具众多,而且复杂易碎,在赴美运输中出现了很多破损。初到美国,孩子们顾不得倒时差就投入到了紧张的机关修复、道具加工中,一忙就是大半夜。功夫不负有心人,孩子们团结合作、积极努力最终换来了该项目小学组世界季军的佳绩!

3. 民族大家庭

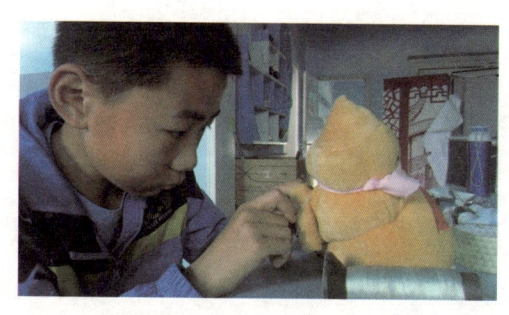

比赛中我们还遇到了一个重要的问题就是语言不通。我们每个带队老师都对英语一知半解的,孩子们又都是小学水平,所以翻译人手严重不足。幸好遇到了一位美籍青岛人程先生和太太带着儿子比赛,因为他的外甥女就是我们学校的毕业生,所以对我校有着特殊情结,看到参赛手册上有我们学校也就格外关注。程先生主动承担起了我们长期题的翻译角色。一美籍南京人李先生也为我们和友好队的见面提供了很多帮助。还有我们并肩作战的育才中学、59中、太平路小学的带队老师们,帮我们录像、照相,也给予了我们很多的支持和掌声。在国外,黄皮肤、黑头发就是我们共同的特征,民族就是我们的大家庭,这个大家庭的每一个人都互相帮助、彼此关爱,温馨而和谐,民族血脉紧紧相连。

4. 文明热情

来到美丽的爱荷华州立大学后,给人印象最深刻的是这里人们的高度文明。大学里的道路很通畅,路况又好,非常适合驾驶。不过,尽管没有信号灯、电子眼,可人们仍然文明自觉遵守交通规则,无论车辆的行驶速度多快,到路口一定先减速停车再通过。如果有行人,哪怕你距离路口还有一点距离,司机朋友也会耐心地等待你先通过。在这里,"三让"不是口号而是人们的行动。

此外,我们还对礼让扶门、热心指路、餐厅卫生保持、就餐声音秩序等都有深刻感悟,这不禁让我思考,我们要留给孩子们什么?是道德!是习惯!作为老师,尤其是德育工作者,我们任重而道远。

5. 自信开放

世界大赛是一个自信、开放的大舞台,来自各个国家的队员们汇聚在一起。大赛设计的Party、嘉年华等活动给孩子们增加了交流机会;同时孩子们也可自行换队服、队徽,主动出击,和各个国家的小队员们攀谈,这对学生们的自信心提升有很大帮助。令孩子们印象最深的是好多国家的教练员和队员们都非常喜欢我们的队服,纷纷向我们竖起大拇指,更有甚者,竟然拖住我们的孩子极力要求交换。当他们被告知"only one"的时候,他们只能很遗憾但却很友善地离开了。"喜欢就要表达出来"——这是一种很好的特质。

6. 阳光大气

颁奖典礼承接了开幕式的庄严隆重,又令人多了几分期盼。当听到我们的校名时,当大家都投来羡慕的目光和送来热烈的掌声时,当6名孩子站上领奖台评委为我们佩戴奖牌时,当多个国家的数百支代表队一同大喊为"China"喝彩时,我们再一次领略到这个赛场的迷人之处。每一个队登场都会引来无数次的欢呼,每一支队伍、每一名队员都拥有阳光的心理、宽容的心态,这里不需要语言,这里有不一样的精彩,却又拥有同样的喝彩!

三、赛后感悟

1. 文明是一种力量

文明让人变得崇高、让社会得到发展、让世界充满和谐。这种力量连接的不仅是人和人,而且是心和心。即使我们没有共同的语言、肤色、信仰,文明却总能将你我相连。在没有围墙的大学中,这里的一草一木,都体现了一个城市、一所学校的文化底蕴。在这个赛场总能看到在路口减速停车静静等候你的司机朋友;在这个赛场总能感受到志愿者们为你热心指路的温暖;在这个赛场上总能享受到彼此礼让扶门的盛情。短短几天,这里的每个人都能如此文明,也许就是环境约束人、影响人的成功范例。尊重每一个孩子、尊重每一个国家的文明,这一定也是头脑奥林匹克竞赛的迷人之处!

2. 把头脑奥林匹克竞赛做成常态

冰冻三尺,非一日之寒。我们要借助学校校本课程和选修课程大平台,适当增加头脑奥林匹克竞赛的内容,注重普及与推广,让头脑奥林匹克竞赛的思维影响更多人,让更多的孩子成为头脑奥林匹克竞赛的受益者。成就孩子必将提升学校,这也将为学校以后参加头脑奥林匹克竞赛、备战头脑奥林匹克竞赛打下更加坚实的基础。

3. 结果与过程孰重

这个比赛真得很辛苦、很疲惫,然而,国外代表队非常享受这个筹备过程和参赛过程,反观之下,我们却背负着太多的压力,领导的重托、家长的信任、孩子们的梦想、异国他乡的跋涉,这一切的一切……而越是这样就越不轻松,就越不容易发挥水平。看看大赛评委老师热情洋溢的笑容,看看异国教练憨态可掬的扮丑表演,我们才知道"什么是对孩子们真正的爱"!赛前的心理辅导更重要,外国裁判带孩子们热身,这才是"以人为本"的教育。拼搏过就拥有了美丽,放松心情、整理行囊,明年我们轻装再上阵!

4. 传承反思再攀登

民族的才是世界的,大熊猫队徽被外国人的喜爱;大龙蟒黑袍、黑满口勾脸、短打武生服……我们的京剧、剪纸等民族传统艺术元素吸引了世界目光,受到评委的高度关注。然而,我们的文明素质还有待进一步提高,像电梯上没有做到右侧单边站立,用餐、乘车时的喧闹现象时有发生,这样的情况都已引起我们的重视……

此次美国之行,各国师生被头脑奥林匹克竞赛紧紧连接在一起——阳光、自信、合作、互助、文明、友好,我们的孩子享受着这份美,收获颇丰、快乐无穷!青岛宁夏路第二小学也将以此次比赛为契机,更加注重对学生创新能力、团队意识、健全人格的培养,让孩子们在青岛宁夏路第二小学这片科技沃土上健康快乐地成长!

体验"头脑奥赛"的"三种境界"

青岛市太平路小学

青岛太平路小学坐落在"长虹远引"、"飞阁回澜"的栈桥之滨,有80余年的悠久历史。在全面实施素质教育的过程中,为迎接知识经济时代的挑战,学校着重研究与解决如何培养学生的创新意识、创新精神和实践能力的问题,确立了"让每一个学生分享创造快乐"的科技教育理念,坚持每学期举办内容丰富的"科技节",组织科普讲座、实践活动,开设科技社团,进行科技课程研发……多种举措营造了良好的校园氛围,学生在参与体验中收获了智慧、得到了成长。

2012年,学校开始参与全国"头脑奥林匹克创新大赛",这项旨在开发青少年创造力、培养青少年创造精神和团队合作精神的国际赛事让学校在普及创新教育的道路上大踏步迈进。三年的参赛经历,从陌生到熟悉,从初步感受到踏上国际赛场,学校师生一次又一次用智慧与拼搏取得了佳绩,赢得了喝彩和尊重,创新教育的种子在学校深深扎根……回顾这一段经历,不禁想起国学大师王国维先生在他的《人间词话》中提到的"人生的三大境界"。经历头脑奥利匹克竞赛的过程,一步一个台阶,也在体验着"三种境界"。

一、第一种境界：团队攻坚，精彩在拼搏中绽放

2012年，第一次参加，取得全国二等奖第一名。

2013年，第二次参与，获得中国区决赛一等奖第三名，首次代表中国参加在美国密歇根州立大学举行的第34届世界头脑奥林匹克创新大赛。

2014年，第三次参赛，获得中国区决赛一等奖第二名，第二次代表中国参加在美国衣阿华州立大学举行的第35届世界头脑奥林匹克创新大赛。

回想三年前，头脑奥林匹克竞赛对国内学校分管干部和科技教师都是新鲜事物。积极参与上海的相关培训，让学校看到这个项目的潜力。于庆丽校长对科技教育特别重视，在团队启动会上，她说："为了学生创新精神和实践能力的培养，我们要敢于从零开始，摸着石头过河！"学校的充分重视与大力支持更加激起了干部、教师的干劲，立刻开始着手组建团队、研究解题、训练学生、制作道具……市少科院、区少年宫也为学校搭建了学习交流的平台，经常鼓励指导，让学校在做与学中渐渐摸到了比赛的"门道"。时间不够，就加班加点；经验不够，就主动学习、多套方案、反复试验。凭着"勇争一流、不服输"的精神，通过了区、市比赛，走上了全国比赛的赛场。第一次的赛题是《奥德赛天使》，解题中独辟蹊径，设计了"心灵温度计"的主题，直指社会热点。深刻的立意、创新的设计让坐在评委席上的头脑奥林匹克竞赛创始人、美国新泽西州葛拉斯堡罗州

立学院教授 Samuel Micklus 都竖起了大拇指,连连称赞"Good！Good！"一走下赛场,就有上海记者来采访,引起这样的小小轰动也让我们始料不及。第一次参赛,给了头脑奥林匹克竞赛团队师生莫大的鼓励。在头脑奥林匹克竞赛的路上,第一步,我们走得很坚实。

第二年,学校参加的是古典表演项目,要求表演出距今 400 年前的一个古典建筑上的三件宝物离奇失踪,然后巧妙找回的过程。面对复杂的题目要求,师生们开始创意:是选择东方建筑还是西方建筑更有利？怎么将现代审美和中国元素有机结合在一起？选择三种什么宝物演出效果会别出心裁？若干个问号、若干种方案在我校参赛学生的脑海中肯定、否定、再肯定、再否定……经过反复讨论,将目光聚焦在北京天坛上,不起眼的吸管、废弃的纸筒、黑色的垃圾袋、钓鱼竿在孩子们的手里摇身一变成了精美的天坛、各色的道具,构思独特、匠心独具。寒假期间的集训是艰苦的,老师们放弃了出国考察的机会,甚至回家探亲的时间也一拖再拖。学生们也都放弃了外出游玩,在寒意凛凛的冬日,在舞蹈教室、科技园,留下了师生共同拼搏的身影。整个赛前的集训得到了多方面的支持:教育局分管局长亲至学校给师生们鼓劲儿；少年宫辅导教师也多次到校不断对项目提出修改意见,并组织两校学生不断进行模拟对抗赛。经过一段时间的努力,在分管干部纪海燕主任和教练员杨海波、都喜老师的带领下,奥林匹克竞赛团队一行 10 人充满自信地站在国际赛场上。《魔幻假期》完美呈现,赢得

满堂喝彩！最终战胜众多强手，勇夺世界第九名，这也是我市自参加古典表演项目以来所取得的最好成绩。其中，即兴题比赛更是在 65 个参赛队中脱颖而出，取得了世界第二名的出色成绩，这也是中国参赛队有史以来即兴题取得的最好成绩。

第三次，选择了工程技术类的《不同寻常的鬼屋》。虽然从未涉足这个项目领域，但头脑奥林匹克竞赛团队师生迎难而上、勇于挑战新难题，开始了研究与学习之路。捧着题目一遍遍地揣摩，团队一次次地开解题会，将每个人的意见进行碰撞，队员们分别撰写自己的解题意见稿，对于技术问题，分小组进行多方面地调查与研究，查阅各种资料，以求设计的解题方案能够更好地体现出灵活、合理并巧妙呈现。在于校长的带领下，杨海波、刘名萱两位教练员老师和 7 个孩子再次踏上美国世界决赛的赛场。准备充分的长期题比赛中，学生的每一句对白、每一个动作、每一种眼神、每一次合作都格外出色。听着来自裁判、观众、友好队时时发出的喝彩，看到裁判为孩子写出的一句句赞美的话语，再一次让每一个亲历者感受到了头脑奥林匹克竞赛带来的无限快乐！他们体验了世界大赛的氛围——轻松愉悦、公平竞争。面对强手，他们充满自信，不示弱、不退缩；他们开阔了视野，创新不再是口号，参与的过程让每个人都分享到了创造实践的快乐；他们学会了合作与欣赏，感恩老师，感谢身边的队友，团队的支撑让他们感受到了温暖与力量；他们结识到了很多国家友好队的朋友，留下彼此的联系方式，建立了难得的友谊……

"宝剑锋从磨砺出"，每一个团队成员都习惯了课间的小聚、午间的训练、放学后的滞留……但仅仅拼时间是不够的，头脑奥林匹克需要激情、需要投入、需要合作、需要创新的思考、智慧的碰撞……一份执着、一份默契、一份挚爱，伴随头脑奥林匹克竞赛团队在历练中成长，精彩在拼搏中一次次绽放！

二、第二种境界：开设课程，创新在课堂上体验

比赛的成绩很重要，但比赛并不是第一位的，头脑奥林匹克竞赛也不能仅仅成为"学优生"的舞台，让每一个学生接受创新教育，实现观念上与思维方式上的变化，这才是更重要的。动手去做、动脑去想、让更多的孩子打开思路、敞开胸怀，这是我们最终追求的目标。

课堂是教育的主渠道，只有开发出校本课程，才能让头脑奥林匹克竞赛这个项目在学生中真正普及。2013年开始，学校着手研发头脑奥林匹克竞赛校本课程。努力发展学生的特长和个性，发掘学生的潜质，满足学校发展需求，凸显学校"生本教育"办学特色。首先，在三、四年级开设"头脑奥林匹克"课程。学校组建了校本课程研发小组，由校长任组长，组员包括分管科技工作主任、4位科技社团指导教师和学生代表。学校还将积极邀请课程或学科专家参与研发和指导，校内外配合，群策群力，不断提高课程研发的科学性和实效性。

课程研发小组根据学校育人目标确定明确的"头脑奥林匹克"课程目标；进行课程编制，确定课程的设置与教学节数的配置、确定课程内容、精选课程活动；研究评价时间、评价主体、评价内容和评价方式。在研发过程中，充分调动教师积极参与课程开发的热情，为教师提供发挥创造性的机会，不断提高教师的专业水平和课程意识，为学生提供了更加多样化的课程选择，补充国家课程和地方课程的不足，切实推动头脑奥林匹克竞赛项目在学校的内涵发展。

三、第三种境界：形成文化，营造校园"创新场"

比赛成绩的重要作用，在于它会形成氛围，让一种理念更好的贯彻与熏染。培养学生创新能力的途径有很多。每一位教师、每一节课、每一次谈话、每一次活动，只要我们有意识发掘学生的创

新点,尊重鼓励有创新意识的学生,都是在播撒创新的种子。

三年的奥林匹克竞赛之旅,学校均抓住契机、大力宣传:开设专门的奥林匹克竞赛橱窗,一一展示参赛历程、团队服装和徽章等纪念品;建设科技长廊,每次奥林匹克竞赛经历都做成奖牌形状的灯箱供学生参观;赛后归来的国旗下宣讲,分管干部带领指导教师、团队学生一一讲述亲历奥林匹克竞赛的动人故事;全体教师会上,分管干部以"由奥赛之旅管窥学生创新能力的培养"为主题开展校本培训;让更多的老师参与奥林匹克竞赛选拔,组建"智囊团"……多种举措大大激发了学校教师投入创新教育的热情。更加可喜的是,在各学科课堂上,老师们更加关注学生创新精神和实践能力的培养。

以一节语文课为例:老师提问学生:说出一句包含颜色的话。孩子们说:"'我们走在黄砖铺就的路上','玫瑰是红色的'、'白色的云朵,''绿色的篱笆'。"这是普通的事物与颜色的关系。老师进一步激发,让学生思考,有没有"不寻常的关系",于是学生的思维被打开——"黄色潜水艇"、"雾霾天气灰色的太阳"、"粉色的奶牛挤出草莓味的牛奶"、"红颜知己"、"我最喜欢白雪公主"……学生渐渐学会逆向思维、形象思维、联想思维、发散思维等多种思维方式。一节英语课上,老师在黑板上画了一个圆,问孩子看到了什么。孩子的回答五花八门,老师告诉学生,没有正确答案,大胆地想象,你心中会有一个独特的世界。这样的设计,就像头脑奥林匹克竞赛的语言题,它传递着教师理念的一种变革:让越来越多的老师成为"隐形教练",让越来越多的课堂包含创新。这样的浸润,难道不是头脑奥林匹克追求的更高境界吗?

"让我成为知识的探索者!让我在未知的道路上漫游!让我用我的创造力把我居住的世界变得更美好!"在头脑奥林匹克精神引领下,学生参与科技活动越来越踊跃,校园里渐渐形成的"创新场",让每一位教师、每一个学生都被不知不觉地吸引,进而形成"人人参与,乐于创新"的良好校园氛围。近年来,学校培养出了一大批具有创新精神和实践能力的优秀学生,得到了家长、社会的高度赞誉。2013年,学校被评为"全国科技体育传统校",打造了在区域具有影响力的科技教育特色品牌。

筑梦天山，续梦"头奥"
青岛市天山小学

全国头脑奥林匹克创新大赛的二等奖定格了2013年天山小学"OM"团队的拼搏，同样也开启了2014的梦想之门——

我要做一个全面的人，这样的我会更加自信；

我要做一个幽默的人，这样的我会更加快乐；

我热爱表演,我要不断尝试更多角色;

我追求创新,我要带给大家更多惊喜;

我们爱"OM",我们一定会走得更远!

回程的火车上,老师引导孩子们回顾几个月来的收获,车厢中骤然涌起一股"OM"情结,"OM"成了我们心中的梦,大家都渴望着——续梦!

一、山脚筑梦

头脑奥林匹克竞赛,太难了!

对天山的师生来说,是不可能晋级的比赛!如果它是巍然的天山,那我们还未到达山脚!

目睹区域内其他学校一次次传来的佳绩,我们只有望山兴叹!然而,别的孩子正在经历的、创造的喜悦和成功的自信,令我们惭愧,让我们颓然!"OM"当然是我们天山学子应有的机会,谁,能够剥夺?天山人也要参加头脑奥林匹克竞赛,这成为我们的一个梦!

——我们在山脚筑梦。

二、惊险启梦

"这不是一项普通的科技比赛!我们真能做好?"

"没敢想做好,但是想去做一做;没敢想拥有一个科技团队,但是至少有一位负责任的科技辅导员……"

凭着这简单的想法和尚不充分的条件,天山小学完成了第一次头脑奥林匹克竞赛市南区比赛的报名。

是勇气的驱使,是梦想的凝聚,学校迅速形成了一个校长引领,由分管领导与教师团队、学生群体与热心家长组成的"头奥共同体",指向同一个梦想……

2013年9月28日,终于,我们"精彩的演出"落下帷幕,那不绝于耳的欢呼声此起彼伏,老师与家长纷纷表示满意,太满意!我们应该可以去拥抱那意想不到的成功了!

可是——57分!这就是我们的分数!实在少得可怜!

怎么会这样?我们尽了最大的努力!

"你们还没吃透规则,表演超员了。"

犯了如此低级的错误,真是无地自容!

"头一次参赛,没有经验,可以理解……"我们得到了怜悯与安慰。

可应该得到的——是教训——头脑奥林匹克竞赛,容不得马虎!

可能,勇于尝试的人运气总不会太坏,天山小学以市南区"海洋的生命"项目最后一名的成绩晋级青岛市2013头脑奥林匹克竞赛!

——我们已惊险启梦。

三、上海圆梦

跌跌撞撞地迈出第一步,惊魂未定,又面临割舍的痛楚。

大家都想代表天山小学参加全国头脑奥林匹克竞赛,成为天山"头奥"第一人,谁愿意离开?

"再审题目,突出主题,优化剧本!"

抓核心,舍末节——大气的方法,公正的操作,得到了大家的拥护。暂时脱离表演的家庭,延续着头脑奥林匹克竞赛情结,继续为梦想成真默默奉献。

共同的向往终究汇聚成强大的力量——青岛市表演类项目一等奖,第一名!

我们相互祝贺,奔走相告,溢于言表……我们,终于走进了全国的赛场!

成绩带动了项目的发展,得到了更多的关注,积极参与者越来越多,竞争与淘汰被引入。在学校的支持

下,头脑奥林匹克竞赛有了专项资金、有了排练教室、有了专家指导,我们再也不是马马虎虎的杂牌军。

面对新的命题,我们细致研读、彻夜商讨,为的是让每一步决策能够扎实可靠。面对新的困难,我们内部挖潜,多方求教,为的是让每一个情节成为亮点创造。一本本"OM"竞赛集锦,我们翻了又翻;一个个剧本策划方案,我们改了又改;一张张道具设计样稿,我们做了重做!表演专业课上,喊哑了嗓、磨破了手、跪疼了腿……已被队员们演绎成坚强的旋律;即兴题训练中,一个纸杯、一把钥匙、一枚硬币……均被孩子们赋予了灵动的思维。我们不断接近着自己的目标,逐渐实现着自己的梦想。

梦想在前方,我们奔向上海,迎接希望!从大年初八到比赛前晚十一点,我们一直在紧张;然而,进入赛场,每个人都充满了较量的渴望,因为大家已做好准备,去享受尽情展示的欢畅。面对参赛队伍、组织人员、校方员工,我们乐于交流,因此结交了许多朋友,得到友善相助,甚至得以享用距离赛场最近的唯一独立的准备教室。面对赛场布置、服装道具、台词化妆,我们精心准备,仍旧遭遇突发状况,教师倍感紧张;选手却以淡定的心态和机智的串场让表演顺理成章。漫步校园,心底有了一丝豁然,无论成绩如何,天山"OM"团队已经助力学生心智的成长。

那块奖牌,那群师生,已经揭开"OM"畅想。——我们于上海圆梦。

四、"头奥"续梦

"OM"的经历成就了天山人从无到有的创造。

一路上少科院的指导、少年宫的关怀、话剧院的配合,每一位家长、教师的付出……张恩瑜、陈小静、尹雨欣、孙畅、孙艺轩、刘雅、赵佳和的泪水和笑脸!他们,留下了天山"OM"的印记,也留下了更多学子对国际赛场的渴望!胸怀理想的志气,求实崇祯的正气,丰厚学识的底气,团结向上的大气,博学儒雅的才气,开拓创新的勇气……师生得以共勉;向着山顶攀登。

——我们借头脑奥林匹克竞赛续梦!

尚美科技　创意飞扬

青岛市莱芜一路小学

"竞进、尚美"是青岛莱芜一路小学的核心教育理念。在这种理念的引领下，开展"尚美科技"活动、着重培养发展学生的科技创新能力成为我们的坚持，而头脑奥林匹克活动为我们提供了一个培养和展示学生创新力和创意力的载体。

在 2014 年 2 月结束的第 35 届世界头脑奥林匹克中国区决赛《驾驶员测试》项目中，当我校的参赛学生经过共同努力、团结协作获得了此项目比赛全国二等奖的成绩时，让我们的坚持初尝成功的喜悦。事实上，从老师、学生对头脑奥林匹克竞赛一无所知，到学校全面普及组队参加全国大赛，在这短短的组织头脑奥林匹克活动的几年，我们也在不断地思考与摸索。

一、全员参与、全面普及

我们在头脑奥林匹克竞赛活动中，始终倡导动脑与动手相结合、科学与艺术相结合、自然与社会相结合的理念，秉承着"让我成为知识的探索者！让我在未知的道路上漫游！让我用我的创造力把我居住的世界变得更美好！"的誓言，在活动中培养青少年的创

造精神和团队合作精神。另外我们认为,头脑奥林匹克竞赛要真正做到为学生服务并培养和发展学生的创新能力,要加大普及力度,让每一个学生都有机会了解、参与、体验。

1. 在学科教学中渗透、引导

头脑奥林匹克竞赛活动需要学生有敏捷的思维、超强的动手能力、发散的创新思维、独特的个人表演风格,而这些能力的培养仅仅靠几次排练是做不到的,需要在平时的各科教学活动中渗透与引导,更应该结合各学科分项培养,这样做既是各学科的教学目标要求,也是对学生全面素质教育要求的体现。

2. 组建头脑奥林匹克竞赛兴趣组

为了让学生有更多的机会参与到头脑奥林匹克竞赛活动中来,我校将头脑奥林匹克竞赛活动和与社团活动相结合,从学生中发展、选拔有兴趣的学生组成兴趣小组,定期开展活动,小组成员打破了年级年龄限制,互助学习、取长补短,针对头脑奥林匹克竞赛中的各项目特点进行活动。为了更好地调动所有学生的积极性,经常组织小组成员到各班进行巡演讲解,一方面可以锻炼小组成员的心理素质和应变能力,另一方面也能激起观摩学生的思维火花和参与热情,提高全员学生对头脑奥林匹克竞赛活动的认识理解。

二、完善制度,形成常态

头脑奥林匹克活动作为科技活动中的一项重要内容,从其组织形式到内容表现都有其独特的不可替代的重要作用。为了使该项活动更加普及成为学校常态工作，只有完善相应制度才能确保此项活动长期持久地开展下去。为此，学校在新一轮的三年教育规划中对学校头脑奥林匹克竞赛的开展做出了明确的要求。

我校成立了头脑奥林匹克活动领导小组，由校长任组长，由分管干部具体抓落实，配备了专职的科技辅导员和头脑奥林匹克活动指导教师，保证了科技活动在学校有长期而稳定的组织系统。由科技辅导员根据市、区少年宫的要求和我校具体情况制定出头脑奥林匹克活动计划，有序地开展活动。

三、家校合力、整合资源

学校活动的开展离不开学生家长的支持、理解，学校通过家委会积极向家长宣传头脑奥林匹克竞赛活动的意义，发动家长出谋划策、献言献策，共同探讨头脑奥林匹克活动的开展。我们还安排家长代表观摩、了解学校"头脑奥林匹克"活动的进展情况，让家长提出意见和改进措施，参与方案的调整，形成合力。学校还组织家长义工团，协助参赛学生进行制作服装道具等，让家长体会到头脑奥林匹克活动对学生的积极影响。

四、建立评估机制，为"OM"活动提供成长动力

为调动师生参加头脑奥林匹克活动的积极性，我们建立健全了《头脑奥林匹克工作奖励机制和评价机制》等，引导教师树立积极的教育意识，并且在评优、奖励方面给予政策倾斜，参与教师取得的成绩还跟绩效工资挂钩，并分等次给予不同的奖励。每年的年终考评，教师所取得的成绩都根据级别相应地进行加分，学校科技组年终考评的成绩通常是高分，这既是对科技组老师工作的肯定，又极大地调动了教师工作的积极性。对于参赛的学生在评选

先进时给予加分奖励,另外学校也不吝啬精神奖励,为参赛学生提供展现、演讲的展示平台,使参赛学生在学生中有威信、有自信。

回顾我校开展头脑奥利匹克活动的历程,我们师生付出很多,收获更多,在努力践行"头脑奥林匹克竞赛活动"精神的道路上,越实践越感到我们需要做的还有很多;在发展和提高学生创新力和协作力方面,还有很多工作需要我们不断去探索。我们相信,凭借我校团队的共同努力,一定会在"OM"的路上走得更远。

"OM"点燃创想校园

青岛市市北区第二少年宫

青少年科技教育是"科教兴国"战略的奠基工程,是强化素质教育的重要途径和手段。市北区将青少年科技教育纳入区域教育总体发展规划,大力实施《中小学科技教育三年行动计划》,放眼全球,成功引入世界头脑奥林匹克活动,率先跻身世界赛台,效果显著,促进了我区科技教育工作的跨越式发展,全面实现了由"量变"到"质变"的飞跃。具体做法如下。

一、以"OM"精神为引领,建组织、谋规划

头脑奥林匹克(简称"OM"),不仅仅是一项科技特色项目,更是一种创造精神和团队合作精神的凝结,是全面提升青少年科技素养的不竭动力和源泉。

1. 组织完善促运行

为了有效地开展"OM"活动,我们建立了"一主两翼"的"OM"活动运行模式。"一主"就是确立"OM"活动在培养学生创造精神和团队合作精神中的主导地位,"两翼"意为设立"OM"指导基地和"OM"实践基地齐头并进,即借助市少科院、青岛理工

大学等指导基地的技术力量,加强对我区"OM"工作的具体指导,进而实现辅导员队伍水平的整体提高。与此同时,依托各学校建立的"OM"活动实践基地,充分挖掘科技潜能,实现活动室服务于"OM"活动的内在功能,打造校级"OM"品牌社团,进一步健全和完善活动组织。

2. 规划发展促提升

为使"OM"活动更好地在市北区推进,我们以《中小学科技教育三年行动计划》为指导,进一步确立了符合我区区情的行动纲要。倡导全员参与、全面提升,做到着眼点实——以青少年学生的终身发展为目标,切入点新——挖掘学生的生活实际、全面提升学生科技素养,立足点准——有调研、有反思、有论证,符合校情、学情,从而为全方位、多角度地培养学生的创新能力起到积极的促进作用。

二、"OM"体验探究,抓普及、促整合

"OM"活动内涵丰富。一个问题,可以有不同的答案,每个答案都是正确合理的,解决方法又可以完全不同。从动脑设计、动手制作到动口表演,每个环节都面临新的问题、新的挑战,这无疑是常规教学活动中无法突破的。一项特色的科技活动能有如此的内涵和魅力,这不正是我们努力实施素质教育战略工程,一直不懈追求的目标吗?它不仅让我们找到了方向,更成了我区大力普及中小学生科技素养的"动力快车"。

1. "玩转科技工程"推广"OM"

青岛市每年一届的头脑挑战赛和头脑奥林匹克竞赛活动给中小学生搭建了一个综合体验"头脑奥林匹克"的实践平台。作为区级组织部门,我们不仅要让学生出色地参与活动,还要借此机会让更多的学生在认识"头脑奥林匹克竞赛"的基础上,了解规则,领会精神。

于是，我们确立了"区级带动、校级联动、亲子互动"的创新模式，借助"玩转科技工程"等一系列活动，设计实施了符合各校实际的"OM"即兴体验活动。如：由一张A4纸创意"比比谁高"、由一张报纸创意纸绳"拖重"、由环保材料组合创意呈现"世园盛装秀"等，让每个学校在确立了"OM"体验项目的基础上，自主开展富有个性特点的校园科技嘉年华，使每个学生在参与活动的过程中创造奇迹、体验快乐。再比如，嘉定路小学的亲子共同参与主题活动，不仅记录下了学生们迅速成长的轨迹，还调动了家长的热情与积极性，从而在全市"比比谁高"项目中创下了2.45米的好成绩。此外，各校还通过家长会积极向家长宣传开展头脑奥林匹克活动的意义，让他们观摩学校头脑奥林匹克活动，聆听头脑奥林匹克的家长专题讲座，把头脑奥林匹克活动的教育理念辐射给家长，让家长带领孩子一起参加比赛。我们由衷地感慨：广受全区中小学生喜欢的"玩转科技工程"有了数万名家长的助力，这该是一股多么强大的力量。"头脑奥林匹克活动"传承的不正是这样的一种合作精神吗？

2. "校园科技节"普及"OM"

如果说"玩转科技工程"是区级推广"OM"活动的有效载体，那么"校园科技节"就是校级普及"OM"活动的具体表现。全区中小学充分挖掘"OM"活动中适宜个人、班级和全校普及的项目，秀出精彩，秀出快乐：纸牌承重，每一步都令人提心吊胆；未来科幻生活表演各展所长；魔方单人挑战赛，赛出智慧，赛出激情；九连环单人挑战赛，赛出敏捷，赛出热情，悦耳的碰撞声，眼花缭乱的手法，令人称奇；五秒计时器，计出活力，计出聪慧；另有航模拼装、积木拼搭、撕纸、卷纸竿、泥塑、小创造发明等内涵丰富、形式多样的活动，全面构成了多元一体的"校园科技体系"，成为一项切实提升全区中小学生科技创新实践能力的系统工程。

3. "学科教学"渗透"OM"

头脑奥林匹克是一项综合性比较强的活动,涉及语文学科的情景剧本创作、美术学科的美工设计、音乐学科的表演策划、外语学科的语言辅导、劳技学科的动手创作、数学学科的抽象思维。因此,指导头脑奥林匹克活动,就是学科整合、团队协助的过程。"OM"活动走进我区不仅激发了科技活动的创新动力,也为学科教学带来了生机和活力。

他山之石,可以攻玉。英语、物理、美术、语文、音乐等学科引入"OM"头脑风暴,使每个学生都能尽情地参与,让思维尽情地发散,从而激发了他们的学习活力,增强了学习的信心。在市北区英语教学中通过构建头脑风暴活动,围绕来源于现实生活的话题,由浅入深,从单词、短语,到句子、篇章,连续进行了头脑风暴法的系列创新运用,让学生有话想说、可说、敢说、善说。活动尾声,教师把学生洒下的"语言珍珠"进行整理、归纳和总结,让学生经历了一个全面、系统、清楚的认识过程,取得了显著成效。

4. "校本课程"创意"OM"

以高质量而富有特色的校本课程做支撑是"OM"扎根学校的生命力。市北区部分学校开设了"OM"校本课程,包括创意科技、创意艺术、创意数学等,教学目标就是培养学生的创造性思维。如:青岛第五十中学"'OM'在线"校本课程是学校为推广和普及"OM"理念,倡导合作和创新精神,面向全体师生和家长开设的一门必修课。它纳入了学校三级课程体系,每周升旗仪式上设置"'OM'在线"时间,各班同学自行创意,和教师、家长们互动进行语言即兴题,让学生们体验到了创新与团队合作的乐趣,收获了实践的喜悦和超越自我的信心。每周四下午三、四节由七、八年级的"OM"队员在班级带领全班同学开展"OM"活动,以合作分享为切入点,将即兴题作为班级校本课程全体学生实践分享,激发了学生的想象力、创新力,增强了他们的人际交往能力。通过"OM"校本课程的开发与实施,让"OM"惠及每一位学生,让师生共同体验大脑的奇妙之旅。

5."特色社团"成就"OM"

伴着参与头脑奥林匹克竞赛的活动足迹,一个个"头奥漫游社"在市北区悄悄组建、壮大。"OM"社团的孩子在班里都是爱动脑筋、爱动手的同学。活动中,他们积极投入,通过动脑、动手和动口相结合的训练,动手能力和创造能力显著提高。"OM"社团鼓励学生做到三个结合,即:动手与动脑相结合;科学与艺术相结合;自然科学与社会科学相结合。学生通过参加"OM"竞赛活动,主动查阅资料,咨询专家,进行社会调查,学会分工协作,学会动手动脑,不断总结分析成败的原理,亲身体验着知识的无穷力量和实践活动的无穷乐趣。在解题的过程中,每位成员都在不停地思考,提出见解,反复碰撞,找到亮点,运用发散思维,使装置更合理。在编写剧本时,根据题目要求各抒己见,争论之后确定出具体方案。这一幕幕困扰,一步步改进,一遍遍转换,一点点成熟的过程,无不体现了合作的力量、协力的成功!

三、"OM"助推创想,铸品牌、谱新篇

在"OM"活动的助推下,市北区一所所"OM"特色学校发展起来,一个个充满智慧的教师团队建立起来,一个个创意无限的学生社团成长起来,既成了素质教育战略中一道道靓丽的风景,也成了一项项科技创新的闪亮品牌。为把此项工程做细、做深、做亮、做实,我们还在不断的实践中深入挖掘提炼有我区创意的头脑奥林匹克技术策略,借助自主编写的《头脑锋尚读本》,满足不同年龄段学生参与"OM"活动的实际需求。组建"OM合作共同体",命

名创意团队,激发创新思维。在校内年级之间、校外学校之间、学校与社区之间、家庭各成员之间强化互动,将团队的合作智慧发挥到极致。在全国范围内,加强"OM"活动的业务与技术联系,真正做大、做强市北区的头脑奥林匹克竞赛品牌,不断扩大活动规模,提升师资力量,迈向崭新高度,全面谱写市北区青少年科技教育的华美乐章!

携手并进　再创辉煌

青岛市第五十中学

　　2012年,青岛第五十中学以青岛市一等奖的身份参加了全国第25届头脑奥林匹克竞赛,取得了《神秘的科学》项目中学组第一名和《古典——生存与毁灭》项目中学组第二名的好成绩,成为青岛市第一所在两个项目中都取得优异成绩的学校;以中国赛区第一名的身份参加了在美国举行的世界第33届头脑奥林匹克竞赛,从全球840余支队伍中脱颖而出,喜获《古典——生存与毁灭》项目中学组世界第11名的优异成绩,创造了青岛市初中队参赛以来的最好成绩。回顾过去,我们深刻地感悟到只有携手并进,才能创造辉煌!

一、树立科技教育强校理念,促进学校新发展

　　作为青岛市科普教育基地,学校高度重视科技创新教育活动,牢固树立科技强校理念,坚持发展特色科技创新教育活动,把科技创新教育视为学校发展新的增长点。学校成立了以校长为组长,以分管校长和各处室主任为成员的领导小组,并进行了工作分工,明确职责;同时成立了由分管校长、教导主任、不同特长的科技辅

导员组成的科技教育工作小组,切实把科普创新工作落到实处。学校拨专款开辟并装修了科技活动室、机器人教室等科技教育活动专用教室,购置顶级专业仪器设备和器材,组织科技节普及科技创新理念,组织教师开发设计"OM"校本课程,开设"OM"宣传栏,选拔各级"OM"比赛的队员,全部采用校内海选的形式,确保"OM"在阳光下进行,举全校之力保障物质、技术、人力、资金到位,发动家长尽自己之力为"OM"做贡献,为学生的全面发展奠定了坚实的基础。

二、学科渗透、营造氛围

一项活动的开始与发展要有相应的环境与氛围。在聘任科技辅导员时,我们不仅考虑到学科特点涉及语文、物理、化学、计算机、地理、音乐、美术,也充分发掘教师的潜能——思维敏捷、动手能力强、有创新意识。在平时的教学活动中也渗透着创新精神与能力的培养,逐步开设以培养学生动手动脑为切入点的校本课程:变废为宝、巧手变变变、有趣的七巧板、纸结构、小创意小发明等,不仅丰富了学生的课余生活,也培养了学生的创新精神,提高了学生的动手能力。头脑奥林匹克活动也由最初几个人的兴趣小组发展成几十个人的"头奥"漫游社团,打破了年级年龄限制,突破了学科模式、互助学习、取长补短,积极主动地承担着各项任务,满怀欣喜地参与各种活动。

三、组织有序、选拔有方

每次比赛的选拔和组织都是科技工作小组思考讨论之后的决定,根据学校实际情况开展宣传、动员申报、选拔及专题训练等一系列活动,通过海报、班长集会和班主任会等多种形式宣传介绍头脑奥林匹克竞赛,首先做到广而告之,然后鼓励学生主动报名,并根据所选题目巧妙设置选拔学生的形式。我们的选拔通常要经历四轮紧张的测试与考验,由指导教师分别组织编辑语言、简单动手、表演及综合动手的即兴题目,随时广播通知参加测试,这既能考查出学生的真实素养与水平,也能观察出学生是否真正喜欢这项活动。语言题是用书写的方式测评,再由指导教师与分管领导分别打分,挑选出最有创意思维的学生;简单动手题是让学生在规定时间内完成一件有目的的作品:不用任何工具把一张A4纸变成高楼立在桌面上,比比谁的楼高。这项比赛考查孩子的动手能力,可以用撕、折、卷的方式巧妙完成。即兴表演则充分展示出学生的各种才艺，所有选手都在场观看，却不能发出评论，由指导教师小组从学生的自信程度、表演技巧、感染力等方面进行评判，选拔优秀队员，这是在非常公平公开的

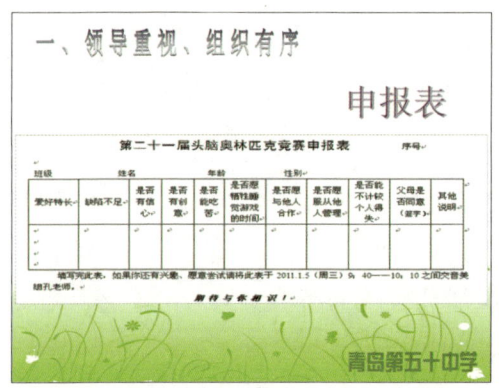

环境中选拔，也是头脑奥林匹克的精神所在。综合动手题则是给学生一些纸、一个纸杯、一串钥匙、一根棍子、一个羽毛球等材料，让学生利用这些材料把一个乒乓球扔到5米外的指定位置，看谁最接近指定位置，而且方法最巧妙。这项测试旨在考查学生的生活实践能力与应变能力。经过几轮激动人心的创意

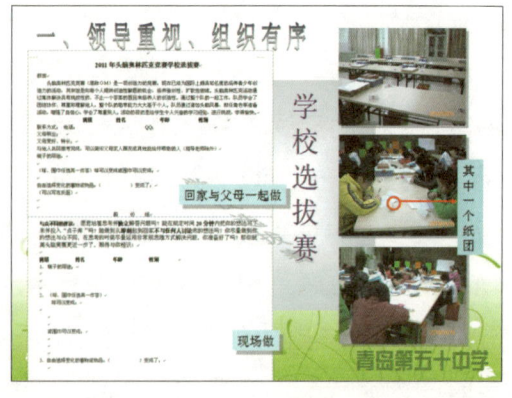

选拔和选拔小组教师的综合评判，最终确定参赛人员，这也是创新意识与实践能力的体现！

四、团结合作、齐心协力

从开始着手准备比赛,到出色地完成比赛任务,都要求学生自己积极努力去想、去做,而不是总让别人在后面撑着、帮着。事实证明,他们的表现确实很不错。

一开始,我们将题目有关资料复印,人手一份,在一起反复讨论,研究其中有关的信息和问题,开展头脑风暴,集中讨论解决几个关键问题。然后将比赛筹备工作分成三大阶段:①设计装置方案、准备材料、零件、相关工具、设计故事情节;②动手制作装置、道具等,并不断

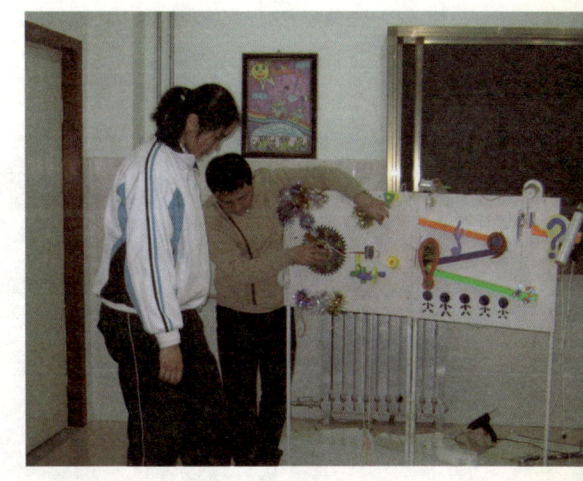

尝试改进;③将装置结合情景进行排练。每个成员都在行动,互相配合。在这期间,将装置的设计制作和情景的设计排练穿插进行。师生共同思考确定了一个比较满意的方案,把装置设计成看似一体其实为两部分的结构,方便运输,经过一番艰难的选择与尝试,装置就基本做成了,接下来就不断调试、改进,再进行装饰。背景与道具的准备也经历了很多曲折,一开始也是展开头脑风暴一起讨论设计情景剧,定好方案后开始排练,根据剧本设计背景。通过一起看幽默表演,不断加入幽默搞笑的元素,后来再研究长期题的评分标准增减内容。比赛成绩不是唯一的,重要的是头脑奥林匹克活动带给学生们的团结合作、勇于创造的精神,会让他们受益终身的。

五、智慧碰撞、创意无限

"OM"活动鼓励队员做到三个结合,即:动手与动脑相结合;科学与艺术相结合;自然科学与社会科学相结合。学生通过参加"OM"竞赛活动,主动查阅资料,咨询专家,进行社会调查,学会分工协作,学会动手动脑,不断总结分析成败的原理,亲身体验知识的无穷力量和实践活动的无穷乐趣。

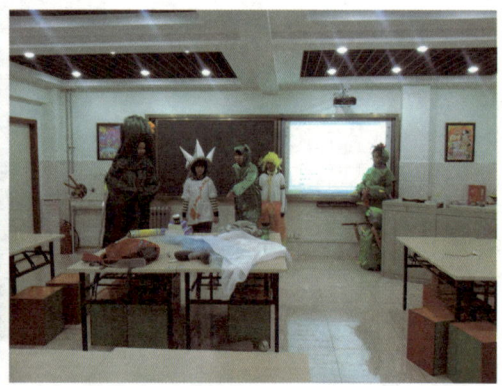

在解题的过程中,每位成员都在不停地思考,提出见解,再反复碰撞,找到亮点,运用发散思维,使剧本更完美,使装置更合理。比如,在编写剧本的时候,根据题目的要求需要依据美国宇航局所提供的图片确定事件地点,学生们各抒己见,争论之后确定为沙漠,经过头脑风暴后设计神秘事件为沙漠变色,由此引发出一系列角色——仙人掌、骆驼、还有与仙人掌形状相近的"科学家"小刺猬、太阳等,想象着他们之间发生的一系列出乎意料的问题。结合题目的要求,科学家还要对神秘事件呈现科考报告,于是我们又想到了独特的表现形式——"三句半",并在排练中不断找到突破点,在"三句半"后面又加上了串唱、指挥的形式来完成科考报告,效果也不错。老师们的思维也在不断转变,由学生思路、生活现象受到启迪,产生灵感,有时候会在半夜被一个想法忽然叫醒……在这几个月里,师生间这样的碰撞很多很多,也只有这样我们才有了更多的创意,没有最好,只有更好!

六、携手并进、再创辉煌

头脑奥林匹克竞赛不仅仅是几个队员与教练的携手并进,也是家长、班主任、其他教师、同学与生活、与社会的携手并进。在颁奖典礼上,当听到我们队是第一名时,所有队员与老师都禁不住热泪盈眶,这其中的辛酸与幸福只有自己最清楚,我们抱在一起呐喊,互相祝福,而且第一时间把信息发送给我们在家的父母、老师和同学,分享我们的快乐。比赛结束了,我们取得了一点点成绩,可是在荣誉的背后是众多友爱的手在支撑着我们,只有与这些人携手并进,我们才能取得胜利!

七、不断思索、感悟真谛

无论从活动的深度和广度来说,学生都得到了很大的进步。虽然这个过程很辛苦,很劳累,但很值。学生会从家里找一些物品变废为美,第一次拿起针线学着缝缝补补,在市场上买东西会讨价还价,在排练的过程中会替别人考虑,学会了感恩别人,改变了思维方式,由同学变成了朋友,由朋友变成了手足,这些都是在平常学习生活中所没有的经历。有的孩子在谈论感受的时候热泪盈眶,只有真正参与才会真情流露。正是因为这样的比赛、这样的过程才让他们学会不断思考、发现问题和解决问题的。这段时光会让他们终生难忘;更重要的是在活动中的收获是书本上没有的,收获友谊、磨炼意志,也给了学生一段珍贵的回忆。"难忘的经历,永远的收获"就是参赛队员发自内心的真情抒发。

回青岛后,所有队员都写了自己的感悟:觉得自己变了,懂事了,真正学会了合作与体谅,发自内心地感谢老师,看到了自己的差距,同时也找到了前进的方向,明白了集体的利益与力量,总之是收获满满!无论你问谁还想不想参加头脑奥林匹克竞赛了,回答只有一个——想!由此我们想到了头脑奥林匹克的誓言:

让我成为知识的探索者!

让我在未知的道路上漫游!

让我用我的创造力把我居住的世界变得更美好!

展开想象翅膀　　放飞创新梦想
青岛市崂山区实验小学

崂山区实验小学在"和美教育"思想的引领下,坚持"为学生的终身发展奠基,为教师的持续成长筑路"的办学理念,全力打造"和美"教育特色学校。学校向来重视学生创新能力的培养,而头脑奥林匹克正是这样一种可以开发学生大脑潜能、培养学生创新能力的活动。为此,学校选派教师,认真研究和制定切实可行的活动方案,组织学生开展丰富多彩的创新活动,培养他们的创新思维和动脑动手能力,提高他们的科普意识和科学素养。我校头脑奥林匹克竞赛活动开展情况如下。

一、全面普及"头脑奥赛"思维训练

创新是人类创造力的核心和思维的最高表现形式,是人类思维活动中最积极、最活跃和最富有成果的一种思维方式。创新思维具有思维形式的反常性、思维过程的综合性、思维空间的开放性以及思维成果的独创性等特点。对于任何一个人来说,创新思维是可以训练的,区别仅在于通过训练所取得实效程度的不同。

1. 课堂教学中普及创新思维训练

小学生思维活跃,常有不囿于常理的思维光芒闪现,教师在课堂上应敏于发现,大力发展学生的这种思维,努力营造一种飞扬激情、燃烧思想、充盈情思的课堂氛围,让创新思维的火花在课堂上绽放。

头脑奥林匹克竞赛的宗旨也是我校对"和美"教育理念的一种很好展示,因此头脑奥林匹克竞赛开展后,受到全校学生及家长的热烈欢迎。我校在课堂教学常规中,更加注重学生发散性思维的培养,全面普及头脑奥林匹克竞赛创新思维的训练。要求每一位教师都要创设和谐的课堂氛围,激发学生创新思维的意识;设计开放性的问题,激发学生的创新思维;鼓励质疑问难,诱发创新思维。现在我们的课堂上正着力培养学生的创新思维能力。

2. 组建头脑"OM"兴趣队,建立梯队

我校从高年级学生中,选拔思维活跃的优秀学生组成兴趣队并在四年级建立梯队。兴趣队每周训练三次,周末训练一次,梯队每周训练一次。由于坚持对学生进行训练,我们看到了学生表达方式的转变,动手能力的提高,解题思维的开阔,团队合作能力的协调,让我们对明年的大赛充满信心。

二、扎实进行"头脑奥赛"常规训练

自 2009 年参加头脑奥林匹克竞赛以来，我们深深地感受到优异成绩的取得源于扎扎实实的训练。

1. 集思广益，广泛组织校级头脑奥林匹克创新大赛

拿到长期题参赛题目，我们认真地分析题目，明确比赛要求，然后根据竞赛要求设计一个征文比赛。如 2010 年在三至六年级同学中进行以"环境的挑战"和"环游地球"为题的全

体学生参与的征文比赛。在获奖征文中，我们选取新颖点，经过重新组合，编写表演剧本。2010 年"环境的挑战"小蜜蜂角色的选择就取决于孩子们的创意，这和孩子们读书多是分不开的。只有广泛地参与，集中大家的智慧，才能获得最佳的创意。

2. 重点推进，深入挖掘头脑奥林匹克创新大赛的各种资源

（1）深入挖掘学生资源，张扬学生的个性。参加头脑奥林匹克竞赛项目的学生不但要有表演能力，还要有良好的综合素质。因此，我们根据参赛学生范围，先在班级进行推优，再参加学校的最终选拔。比如我们的参赛选手刘牧青同学是青岛市三好学生，在青岛市英语大赛中获得一等奖，是青岛市少年科学院"研究员"和"科技小明星"，校合唱团成员；曲皓然同学是青岛市三好学生、青岛市读书小明星，校民乐团、足球队队员，架子鼓打得潇洒，大提琴拉得抒情，毛笔字刚劲有力。我们根据学生特长选出能力强的参赛选手，为比赛取得好成绩打下坚实的基础。

（2）深入挖掘教师资源，结合教师特长，确定每年参赛项目。根据我校教师的艺术和表演的特长，我校长期题选择的是表演类的项目。以参赛项目"古典导游"为例，在道具制作过程中，我们请美术老师协助组织学生进行背景的绘制，包括演出学生在内，参与绘画的学生多达几十个人。虽然背景是那样稚嫩，但这是孩子们的"杰作"，体现了他们的创造力。音乐是在排练中进行配乐的，音乐老师根据剧情配上合适的音乐。这两年我们选拔教师进行结构制作，参加结构类比赛。

（3）深入挖掘社会、家长资源，发挥家长作用。在服装设计方面，我们重在体现环保理念。所有服装要求用废旧物品制作，我们请家长协助孩子动手制作服装。在家长的协助下我们的服装非常有特色，个性鲜明，理念新颖。比如2009年的参赛作品，海蜗牛的软体是用近百张旧报纸折叠出来再装订连接起来的，非常形象；蓝精灵的服装是用废旧光盘和塑料绳制作的。2010年"环境的挑战"中蜜蜂乙的服装形象可爱，衣服是用茶叶和月饼包装盒的内衬制作而成，翅膀则是用礼品包装纸制作的，简单而且逼真。2011年参加世界比赛时花木兰的铠甲，上身是用牛皮纸折叠成纸牌，再用麻绳串联而成，下身则是用废旧光盘制作，头顶的装饰用即时贴和毛线绒球装饰。导游皮皮的上衣用废旧塑料袋、啤酒瓶盖和喜糖包装盒制作，裙子则是用鲜奶包装袋缝制。外星人LEO的服装全部用废旧易拉罐编织而成。2013年摄像师的服装用环保购物袋缝制，手中的摄像机用洗衣液空壶、药盒等粘贴而

成——所有服装的制作都突出了环保理念。

3. 充分准备,掌握头脑奥林匹克竞赛训练方法和有效技巧

头脑奥林匹克竞赛的关键是即兴题。即兴题在比赛时由裁判当场出题解答,分语言题、动手题和语言动手混合题三大类,主要考查队员即兴地、创造性地解决问题的能力。

(1)基础功训练。

基本功训练主要有卷纸、撕纸等,参赛学生要坚持每天练习每项基本功内容。每次即兴题训练时,采取不同的方式进行训练,如:队员间比赛,看谁卷纸卷得高、谁用的时间短;进行限时比赛等。

(2)各种类型题的训练。

要想在即兴题的比赛中获胜,关键在于训练、训练、再训练。训练可以先练语言题,再训练语言动手混合题,最后训练动手题。由于即兴题是由裁判向队员宣读的,所以必须训练队员的听力和理解力。在比赛中,有的队员听了两遍还没有理解,有的队员没有听完就动脑或想动手了,结果都得不了好成绩。锻炼听力并不容易,而即兴题的听力又超出一般的听力要求。经常给队员读即兴题,然后进行提问:问题的要求是什么?哪些规则非常重要?哪些是关键词?练习听力时还必须学会控制情绪,集中注意力,认真地把所听的内容记在脑子里,决不能臆断猜测,决不要匆忙下结论,

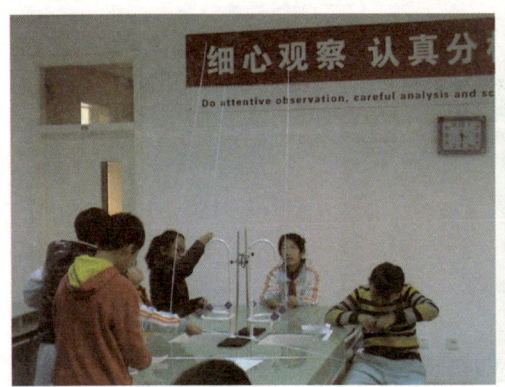

决定处理方式前必须听清弄懂所有的信息。训练即兴题的最有效方法是选大量的题目进行实践操练。赛前我们坚持每天进行即兴题的训练，创设真实的比赛环境，模仿正式比赛的程序，包括思考时间的规定、计分、评判等。实践操练的次数多，到正式比赛时，学生才能放松情绪，获得良好的解题成绩。在训练队员即兴题解题时，我们注意引导和总结。每次操练后组织队员回顾、讨论，自己去发现解题过程中存在的问题，避免在正式比赛中再犯此类错误。由于方法得当，训练有素，最终我们在第32届世界头脑奥林匹克创新大赛获得了本组比赛即兴题的第二名111分、第34届即兴题比赛获得92.33分的优异成绩。

三、精心组织，确保大赛取得优异成绩

我校高度重视此项活动，每年都拿出一定的专项经费，用于头脑奥林匹克活动的开展。在学校的积极争取下，获得区政府的大力支持，得以顺利参加比赛。2011年2月在中国上海第24届头脑奥林匹克竞赛获得一等奖，5月份代表中国参加了在美国马里兰大学举办的第32届世界头脑奥林匹克竞赛，在《古典——导游》的64支参赛队中取得第七名的好成绩。2012年3月在中国赛区"奥德赛天使"项目比赛中夺得第四名的优异成绩，5月26日参加在美国艾奥瓦州立大学举办的世界第33届头脑奥林匹克决赛，我

校代表队参加了小学组《奥德赛天使》项目，在参赛的59支代表队中获得第14名的成绩。2013年在全国大赛中，我校参加了两项比赛，获得了《翻滚的结构》

的第一名和《古典——艺术建筑：音乐剧》的第四名，被评为"头脑奥林匹克特色学校"。5月在密歇根州立大学参加第34届世界头脑奥林匹克竞赛勇夺《翻滚的结构》第一名。2014年在全国大赛中，我们获得《叠加的结构》第二名，5月在衣阿华州立大学参加第35届世界头脑奥林匹克竞赛蝉联《叠加的结构》第一名。

参加世界比赛，我们遇到了很多困难，克服时差和30多摄氏度的酷暑等都不在话下，其中最困难的是语言沟通。语言是我们参加比赛时最大的障碍，我们发音的正确性和表演的幽默夸张性与西方表现形式有着巨大的差异。我校聘请外教对学生进行辅导，同学们认真地背诵，努力地纠正发音。在结构的制作和排练的过程中，还聘请专家进行指导。在一次次的排练中，对学生的语言、动作、表情等进行雕琢。经过师生的奋力拼搏，克服了重重困难，终于取得了优异的成绩。

头脑奥林匹克活动的开展，开发了学生的智慧潜能，拓展了他们的视野，收获了许多课堂上学不到的知识。学生在活动中能充分展示个性，发展特长，培养了创新精神和团队合作精神；感受到了各国的文化，收获了友谊，开阔了视野，增长了见识，促进了国际交流，点燃了创造的激情。今后，我们将在此基础上不断总结和提高，为学生搭建更多的头脑奥林匹克竞赛活动平台，让孩子们展开想象的翅膀，放飞创新梦想，收获更大的成功！

"头脑奥林匹克"引领学校科技教育发展

青岛市普集路小学

学生的创造潜能和创造素养不是教师直接给予的,而是在适宜的教学环境下自主迁移发展的结果。学校教师的责任就是要创设、搭建适宜学生创造素质健康发展的教育环境和平台,而头脑奥林匹克活动正是这样的一个载体。这项活动能够搭建让学生张扬个性的舞台,能够培养合作交流的气氛,孕育创新创造的学校文化。

2013年3月初,我校代表队参加了在上海举办的第34届世界头脑奥林匹克中国区决赛,在《古怪与正常》项目中凭借巧妙的解题思路、别具一格的队籍标志、独特的"移步换景"旋转纸板箱改变背景的方法以及即兴题的机智应付,获得了此项目比赛全国三等奖。作为市北区西部老城区一所普通学校,在学生生源不是很好的情况下,能够在头脑奥林匹克竞赛的路上崭露头角、一路前行,我们总结出了以下几点经验。

一、建立领导机构,完善各项制度

科技活动要想深入发展,学校科技活动应纳入教育改革的总体规划。头脑奥林匹克活动作为科技活动的重要一项,有独特的不能替代的重要作用。因此,必须要有相应的领导机构,确保科技活动长期持久地开展下去。

首先,我校成立了头脑奥林匹克活动领导小组,由校长亲自挂帅,由分管副校长具体抓落实,学校重视头脑奥林匹克活动指导教师队伍的建设,配备了专职的科技辅导员和头脑奥林匹克活动指导教师,这样保证科技活动在学校有个长期而稳定的核心人物,形成了"校长—分管校长—科技辅导员"的管理网络。

其次,我们制定出有利于头脑奥林匹克活动开展的相应制度和计划,用制度和计划来保证活动的正常开展。

再次,加大科技投入。为保证科技活动地顺利开展,学校特别开辟了专门的科技教室,投资购买了科技设施及科技材料,如空模、海模、无线电测向、四驱车等,学校领导从不吝啬在科技上的资金投入,无论什么比赛,大型的、小型的,学校都认真对待。特别是参加全国"OM"比赛,学校购买了最先进的声光电材料,同时在服装、道具制作及学生培训的花费上也是鼎力支持。

二、加强队伍建设,确保活动质量

目前,我校已拥有一支力量较强的科技辅导员队伍。科技辅导员赵宗涛老师是位老科技工作者,也是我校专职科技教师,有几十年科技辅导员经验,带领学生参加过全国、省市各项科技比赛,取得了优异成绩。头脑奥林匹克小组指导教师薛梅是一位热情、有才气、有创新能力的老师,薛老师对此项活动非常热爱,带领学生定期开展活动。活动中,老师鼓励学生大胆创新,勤于动手、动脑,让学生们在玩玩做做中找到思维的灵感,在合作中感受智慧的碰撞。在市北区科技节头脑奥林匹克竞赛中我校创编的"洗头泄气说"一路过关斩将被推荐到市级比赛,凭借创新的思维又被推荐到全国参加比赛。

三、定期开展科技活动，营造科技创新氛围

头脑奥林匹克竞赛活动是科技活动中的一项重要赛事，要想开展好此项活动，必须注重科技活动的开展，营造科技创新的氛围。

1. 常规活动抓普及

首先，我们十分注重校园文化的建设，平时积极进行宣传，通过红领巾广播站、校园网、科技橱窗、黑板报等媒体营造浓郁的科技教育氛围。丰富多彩、内容新颖的科普活动深受学生的欢迎。每学年，我们都开展全校性大型科普活动，结合青岛市青少年科技创新大赛和科技节，举办全校性的普及型"OM"活动，让创意的火花渗透到每一个孩子心中。在"科学点亮梦想"科技节中，通过举行科普故事会、科普实践活动、科技作品展等让每个孩子都动起来；在"创意普集，环保Style"科技活动中，孩子们用废旧塑料袋、光盘、纸杯等材料制作了具有创意的"时装"，进行了时装秀的表演，这些活动极大地激发了学生参与科技活动的热情，学生们动手动脑、勇于实践、开拓创新的精神和能力得到提高。

2. 竞赛活动抓提高

我校每学期都组织学生参加各级各类科技竞赛活动，为学生展示自己的科技才华搭设舞台，学生根据自己的特长来选择项目，主动参与竞赛，大大激发了学生学习科学知识的自觉性、主动性和创造性。与此同时我们将学生的小制作、小发明、"金点子"、科幻画等通过选择，汇集在一起，陈列出来，组织学生参观，进行评比，结合开展科技知识竞赛、科技制作大比武、学生科技成果演示等活动评出"科技小明星"，激发全校学生进行科技训练的热情。科技活动的开展为头脑奥林匹克竞赛活动奠定了基础。

四、整合家长、社区资源，为学校"OM"活动提供有力的支撑

学校通过家长会积极向家长宣传"头脑奥林匹克"活动的意

义,定期召开家委会议,发动家长出谋划策,共同探讨"头脑奥林匹克"活动的开展。我们还安排观摩学校"头脑奥林匹克"活动,让家长提出意见,参与方案的调整。学校还组织家长义工团,参与到学校头脑奥林匹克活动中,让家长体会到"头脑奥林匹克"活动使学生焕发出的无限生机。

五、完善评估机制,为"OM"活动提供动力

对教师全方位的评估是对教师工作的认可,是教师积极进取的原动力。学校建立了完善的评估机制,把头脑奥林匹克活动纳入学校教师量化评估体系中去,使学校科技活动有章可循。对指导教师,学校有表彰激励的措施和制度。科技工作取得成绩,学校领导都会在全体教师会上对科技工作及时进行总结,对科技组教师给予表扬,进行宣传。教师取得的成绩还跟绩效工资挂钩,并分等次给予不同的奖励。每年的年终考评,教师所取得的成绩都根据级别相应地进行加分,学校科技组年终考评的成绩通常是高分,这既是对科技组老师工作的肯定,又极大地调动了教师工作的积极性。

六、凝聚力量,打造高度敬业和团结协作的科技团队

俗话说:宝剑锋从磨砺出,梅花香自苦寒来,冰冻三尺非一日之寒。为参加全国头脑奥林匹克竞赛活动,老师们带领自己的队伍冬练三九、夏练三伏,从不间断。他们有一股韧劲儿和拼劲,面对困难勇于挑战、勇于尝试。工作中他们有时连早饭、午饭都来不及吃。全国"OM"大赛,薛梅老师为了解读文件要求,深夜向大洋彼岸的弟弟请教,一遍遍理清解题思路,一遍遍修改剧本,剧本写到下半夜是常有的事。这种对工作全身心地投入、视工作为生命一部分的精神是力量的源泉。

一路走来，我们付出很多，收获不少，在头脑奥林匹克活动的路上，我们刚刚起步，很多工作需要我们不断摸索。我们相信，凭借我们团队的满腔热情和坚忍不拔的毅力，一定会在"OM"的路上越走越远。

共享创意的盛宴

青岛市顺兴路小学

青岛顺兴路小学是一所以科技教育为特色的学校,多年来科技教育工作成绩斐然。头脑奥林匹克竞赛活动成为近年来绽放的一朵奇葩,为培养和发展学生的创新精神和综合能力搭建了亮丽的舞台。现将学校开展头脑奥林匹克竞赛活动的经验介绍如下。

一、工作室与小导师让校园流行"头奥"风

每年的头脑奥林匹克竞赛活动是对学生进行科技教育最直接的途径,学校领导非常重视,成立了以校长为组长的头脑奥林匹克竞赛活动领导小组,选派最优秀的老师进行跟进式指导,学校还专

门腾出一间教室作为头脑奥林匹克竞赛活动工作室,划拨充足的实验经费全力支持工作室的运营……一系列措施确保了"头奥"活动的有序开展。

队员的挑选可谓头脑奥林匹克竞赛的头等大事,这直接关系到竞赛题目的解读和完成情况,因此我校在挑选队员时更是精益求精:从考查学生的发散性思维到语言组织和表达能力,从考查学生的动手操作能力到临场应变能力……层层把关后挑选出的队员个个都是精兵强将。我校又趁热打铁,聘请所有参加头脑奥林匹克竞赛活动的队员作为学校各班头脑奥林匹克竞赛活动小导师,负责指导各个班级中的"头奥"普及活动。星星之火,足以燎原!在这些小导师的引领下,全校师生兴趣盎然、流连忘返地畅游其中,头脑奥林匹克竞赛活动俨然成为校园中最亮丽的一道风景。

二、碰头会与辩论赛让智慧吹响集结号

每一次的头脑奥林匹克竞赛项目都有非常详细的介绍,其中规定了许多的条件,这就需要所有参与头脑奥林匹克竞赛的老师和同学们聚在一起召开碰头会,对竞赛规则做精确的解读。在讨论 2014 年的比赛项目时,我校师生通过解读竞赛要求,将演出的主题定为了环境保护。然而在选择除了极地之外的场景时,队员们却产生了分歧。

面对这些,教练员适时引导队员们开展了一场场景创意设计辩论赛,每一名队员说明自选场景的理由。海洋、热带雨林、沙漠……一系列场景被师生们智慧的碰撞串联在一起,构成了故事的主要元素,队员们又充分放飞自己理想的翅膀,用他们稚嫩的话语创编故事剧本,《马小跳奇遇记》从此诞生。

三、"金剪子"与"立体书"让创意驶入梦工坊

在头脑奥林匹克竞赛过程中,难度挑战最大的应该是服装和道具的设计和制作了。其实,我校每年举行的"金剪子"环保服装设计制作大赛就是队员们吸收创作灵感的最佳时机,彩色吸管、塑料袋、旧丝袜……一件件看似不起眼的废旧物品在队员们的手中变成了一件件精美的服装。

如何将故事脚本中出现的场景在有限的空间中迅速展现出来,并给人带来强烈的视觉冲击效果,成为了摆在道具制作小分队面前的一个巨大的难题,队员们绞尽脑汁想了许多的方法,可是都没能被采纳。教师节前夕是各类贺卡在校园的流行期,小分队中年龄最小的"机灵鬼"陈诺想到用立体贺卡的方式呈现每个场景。于是在所有队员聚在一起进行反复讨论之后,将立体贺卡组合制作成立体书的道具设计新鲜出炉了。

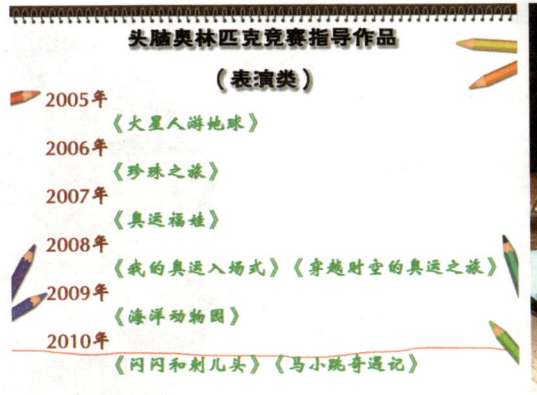

头脑奥林匹克竞赛指导作品
(表演类)
2005年 《火星人游地球》
2006年 《珍珠之旅》
2007年 《奥运福娃》
2008年 《我的奥运入场式》《穿越时空的奥运之旅》
2009年 《海洋动物园》
2010年 《闪闪和刺儿头》《马小跳奇遇记》

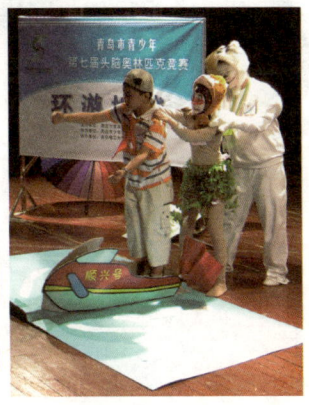

创意是美好的,可是真到实施的时候却是另一种情况了:队员们为寻找更恰当的制作材料而烦心、为将立体场景制作得更加生动而绞尽脑汁……制作时既要考虑节约制作成本,又要顾及最终的演出效果,于是队员们凑在一起,充分利用课间和双休日时间,反复制作,反复试验。制作中,学生更是专心致志,手被502胶粘住了,泡洗一下,继续工作,哪里有不恰当的地方,拆了从头再来……校领导们也时常到工作室关心询问队员们的制作进度,为队员们提供全方面的支持……就这样,一个个精美的立体场景凝聚了全校的心血与汗水,搭起了顺兴勇攀高峰的阶梯。

四、小细节与"大变脸"让队员闪耀竞技场

表演是观赏的艺术,准确的解题思路、绝妙的剧本创意和精致的道具只是表演效果的最根本保障,要追求更好的演出效果,就必须在队员们表演的细节上做文章。每一句富有感染力的台词,每一个富有表现力的动作,每一处准确无误的站位,都闪动着队员们智慧的结晶。为了让自己所扮演的角色更加深入人心,队员们更是发挥了自己的绘画专长,用身体彩绘的方式

将所有角色来了一次华丽的"变脸":将动画片《大闹天宫》中孙悟空变成棕色卷尾猴;吕振更是拿出了自己平时舍不得用的宝贝,将自己装扮成了憨态可掬而又不失时尚的北极熊。

五、挑战赛与常规赛让欢乐飞扬再起航

头脑奥林活动这段精彩的乐章凝聚了全校的心血。由于领导重视、组织落实、狠抓实施,从 2005 年第一次组队参加青岛市头脑奥林匹克活动至今,表演类项目《新爱丽丝梦游仙境》获全国头脑奥林匹克竞赛"古典导游"项目三等奖;参与青岛市"头奥"挑战赛和"头奥"常规赛的 9 个作品中,《火星人游地球》、《珍珠之旅》、《我的奥运入场式》、《闪闪和刺儿头》和《马小跳奇遇记》获一等奖,《海洋动物园》获得三等奖,其中《火星人游地球》还获得了青岛电视台电视擂台挑战赛的第二名。正是"创新专注、精益求精、永不言败"的铮铮誓言,增强了全校师生昂扬奋进、追求卓越的荣誉感和使命感,激励着我们不断创新,用智慧的火花碰撞出创意的盛宴!

追求永无止境,奋斗永无穷尽。在各级领导的关怀、支持和帮助下,全校的科技希望之火会越燃越旺,科技特色会越走越远。全校将在新的起点,以新的姿态、新的风貌,刷新新的纪录,创造新的成绩,展现我们的风采!

让梦想从这里起飞

青岛市平安路第二小学

青岛平安路第二小学是一所有着良好科技教育传统的学校，历代学生在这里愉快地探索科学的奥秘，增强了身体素质，科技体育教育全面开花。为进一步在全校推广头脑奥林匹克活动，培养学生们的团队意识、创新精神和动手实践能力，近年来，我校结合工作实际，组建了头脑奥林匹克活动指导小组，在全体学生中普及头脑奥林匹克活动，并取得了实效。在第34届世界头脑奥林匹克中国区决赛《宠物计划》赛题I组比赛中，我校"企鹅家族"参赛队荣获二等奖第一名的好成绩，即兴题比赛获得唯一的一个满分。

一、领导重视，加强管理

为了确保活动顺利开展，学校召开专题会议，精选各科优势力量，成立了青岛平安路第二小学头脑奥林匹克活动工作指导小组，统一规划、部署和开展头脑奥林匹克工作。

学校聘请了青岛市少年科学院和经验丰富的专业教师为指导小组的专家智囊团，邀请他们定期为活动提供技术指导。同时，安排辅导教师具体负责科技体育运动的开展，从而构成了有机运转的头脑奥林匹克活动管理网络,构建起学校头脑奥林匹克活动的整体框架。在头脑奥林匹克活动中,我们做到了"三个到位",即:认识到位,经费到位,活动到位。

(1)认识到位。要求所有教师做到"三个不怕":不怕"影响"学生学习;不怕"分散"学生精力;不怕自己负担重。

(2)经费到位。学校在经费紧缺的情况下,保证每年拿出专项资金支持开展头脑奥林匹克活动。做到"三不影响":不影响活动的投入,不影响物资的配备,不影响场所的使用。如投资购买道具辅料、制作工具等;提供经费组织辅导老师赴上海、常州等地进行学习,带领学生参加全国、市区比赛。

(3)活动到位。向教师提出"三个落实",即:活动内容要落实,不准随便删改;活动时间要落实,不准随意调换;活动人数要落实,不准任意减少。

事实证明,头脑奥林匹克活动取得的每一点进步,都凝聚着指导团队每个人的智慧和心血。正是基于这种敬业精神,才确保了我校头脑奥林匹克活动的顺利开展。

二、面上普及,点上提高

1. 重视面上的普及

鼓励每个学生积极参加头脑奥林匹克活动,培养他们的创新意识。首先,学校利用课程超市开设"OM"校本课程,为活动的普及和培养学生的兴趣、更好地指导学生参与活动提供了支持。其次,积极开展校园科普活动和头脑风暴挑战赛,形成了每季有挑战赛、每年有科技节、人人参与头脑奥林匹克活动的良好氛围,切实调动了全体学生参与头脑奥林匹克活动的热情,也为人才的储备提供了条件。再次,利用专家优势开展"雏鹰大讲堂",邀请有丰富经验的徐秉义老师、周杰老师、赵光辉老师等到校为学生做专题讲座辅导,受到了师生的欢迎。通过定期的讲座,吸引更多的学生参与到头脑奥林匹克活动中来,激发了学生极大的兴趣和参与热情。

2. 落实梯队的建设

要保证活动的长期开展,梯队建设很重要。为此,工作指导小组具体负责队员的招募选拔与日常培训。我们采取培训与选拔分阶段进行的方式,先培训后选拔,通过综合评定,确定主力队员,其他学生进入人才库作为替补队员储备。同时做好梯队建设,从三、四年级(适当时机吸收一、二年级优秀学生)选拔优秀学生组建二级梯队,做好日常培训,确保活动在我校长期、顺利开展。

3. 加强点上的提高

我们将通过各种途径精选出的佼佼者组成学校"OM"社团,利用社团活动时间进行统一培训。日常培训采取集中培训与分散培训相结合的形式,由工作指导小组核心组成员负责具体实施。培训坚持长期化,主力队原则上每天安排一次集中培训时间,保证每次集中培训时间不少于60分钟。梯队前期原则上每周训练一至二次。辅导教师定期教研并轮流负责训练。培训内容丰富多彩,包括解题方法与思路、解题窍门、解题练习、创意交流等。

赛前,我们一般会组织集训。在保证长期题长期训练的基础上,更侧重于即兴题。即兴题的培训内容主要是语言类和动手类的题目。我们采取试题解答与思路点拨相结合的方式进行培训,重在培养学生的审题技巧和解题思路上。除此之外,我们网罗大量的头脑奥林匹克竞赛的书籍、题目,分发给参赛学生利用课余时间进行练习,以此来锻炼孩子们的表达能力和动手操作能力。在训练题型的同时,我们更重视的是孩子们合作能力的培养,每天的训练题目中我们都会强调队长的作用,在训练中完全由他们自己来负责组织讨论、组织思考、组织解题。

除此之外,我们还定期召开队员家长会,组建"OM"家长智囊团,争取家长的理解与支持,努力做到集中培训之外,由家长协助负责进行分散培训,坚持每天自行训练。

三、健全设施,营造氛围

1. 正规的设施

学校建立头脑奥林匹克竞赛专用活动室、高标准的科技室、实验室等,这些为学生开展头脑奥林匹克活动提供了场所,为学生训练提供了最全面的物质保障。

2. 良好的氛围

头脑奥林匹克工作指导小组经常通过张贴海报、"雏鹰广播站"等形式进行宣传,招募同学参加头脑风暴挑战赛。我们会定期召开家长会,给家长普及相关知识。对活动不是很了解的家长,可能会以为参加活动会让孩子耽误时间,影响正常的学习和生活,因此我们与家长积极沟通,消除家长的顾虑,取得家长的支持与配合。对于在活动中取得成绩的学生,学校不仅在集会中给予表扬,而且还设立专项资金予以奖励,极大调动了学生参加科技活动的积极性。

3. 有效的机制

为调动师生参加头脑奥林匹克活动的积极性,我们建立健全了《头脑奥林匹克工作管理制度》、《头脑奥林匹克工作经费制度》、《头脑奥林匹克工作奖励机制和评价机制》等,引导教师树立积极的教育意识,并且在评优、奖励方面给予政策倾斜。对于取得成绩的学生在评优选先时给予加分。

近年来,我们发现头脑奥林匹克活动启发了学生的科学思维方式,培养了学生的动手实践能力,全面提升了学生的创新意识,是寓教于乐的极佳载体。今后,我们将一如既往地开展好头脑奥林匹克活动,进一步加强管理,继续加大投入,让头脑奥林匹克活动成为学校人人参与的一大特色,让孩子们的梦想从这里起飞。

快乐　创新　挑战
青岛市寿光路小学

头脑奥林匹克(简称"OM"),1978年发源于美国,是一项开发少年儿童头脑潜能、全面培养创新精神与实践能力的国际性创造实践活动,旨在考验少年儿童的创造精神与团结精神。青岛寿光路小学是一所全国知名的科技特色学校,科技实践氛围浓厚。为把"OM"这一新兴科技活动引入校园,培养同学们的创新精神和合作能力,使他们成为知识与实践、科学与艺术全面发展的综合性未来人才,在学校的大力支持和同学们的积极参与下,我们成立了"慧博'OM'梦工场"小社团。社团成员自我选择,快乐入团;精心策划,快乐建团;自主管理,快乐活动;张扬个性,收获快乐。社团成为了队员们成长的摇篮、温馨的家园。

我们"慧博'OM'梦工场"的团员们个个身怀绝技,多才多艺。有的是获过声乐大奖的小歌手,有的是参与过电视剧演出的模仿小达人,还有的是有问必答的"知识百事通"。他们在"慧博'OM'梦工场"的社团活动中更是各有分工,各显神通。我们的成员因为相同的爱好而组合,我们根据自己的心愿,融合集体的智慧给自己的社团起了一个生动、响亮的社团名称——"慧博'OM'梦工场",

"慧"是智慧,"博"是广博的意思。我们将用我们的智慧去创造这个广博、美好的世界,正如头脑奥林匹克的誓言:让我成为知识的探索者!让我在未来的道路上漫游!让我用我的创造力把我居住的世界建得更美好!

著名儿童教育家陈鹤琴先生曾指出:"活的教育"的第一个原则就是"凡是儿童自己能够做的,应当让他自己做,凡是儿童自己能够想的,应当让他自己想"。要十分重视"引导儿童在课外自动的学习,自动的研究"。我们的社团管理就体现了这样的自愿、自动、自主。

"OM"比赛分为表演类的长期题和知识类的即兴题。团员们积极搜集历届"OM"比赛的经典赛题,内容涉及车辆、建筑、旅游、考古、广告、买卖、金融、环保等。每当拿到一道新的赛题的时候,团员们都会非常兴奋,每个人都开动脑筋,大胆地提出自己的创新想法,通过思维的碰撞确定解题思路。接下来就是大家的分工协作阶段。剧本组的同学负责把大家的独特想法汇到一起,创编成一个有趣的剧本,由大家一起推荐出适合剧本人物的团员进行表演;艺术指导组负责对演员的表演进行艺术加工;道具服装组则利用我们生活中最常见的废旧材料"变废为宝"进行道具、服装的制作;即兴题训练组的同学负责整个团队的即兴题训练,他们在搜集整理往届赛题的同时慢慢学会举一反三,不但能解赛题,还能编赛题,给本来枯燥的即兴题训练带来了乐趣。当团员们做出精彩满意的赛题,还会请来校领导和音美组的老师们进行专业性指导。慢慢的,团员们的分工合作越来越默契了,做出的赛题越来越新颖、越来越精彩了,同学们的创新意识和合作精神在平时的活动中得到了积累和提升。社团的自主管理锻炼了社团"小领袖"们的管理能力。为使每个团员的领导组织能力都得到锻炼,我们实行了社团"小领袖"的轮换制,让每个队员都成为社团的主人,让他们体会到社团的民主性,为自己成为"小领袖"而感到骄傲。

"慧博'OM'梦工场"的团员们不懈地努力着,一步一步地向着梦想进发。功夫不负有心人,"慧博'OM'梦工场"的团员们先后在2010年青岛市青少年第七届头脑奥林匹克竞赛中荣获"环境的挑战"、"团结合作"两个竞赛项目中获小学组团体三等奖;侯春林、黄飞翔、卓培洋、戴松耀同学在"海洋的世界"、"惯性小车"两个竞赛项目中分获小学组一、二等奖;2011年在青岛市第八届头脑奥林匹克竞赛中荣获"迷你越野车"、"梦中之旅"两个竞赛项目小学组团体二等奖。第33届世界头脑奥林匹克中国区总决赛于2012年3月上旬在上海市向明中学顺利举行,"慧博'OM'梦工场"在指导老师和全体队员们的共同努力下,经过层层选拔、严格训练,最终由赵云淏、高子淇、李昀蔚、洪瑶、刘泽、黄飞翔、郭怡然7名团员代表市北区赴上海参赛,并获得全国三等奖的好成绩。在准备比赛的近两个月时间里,老师和团员们放弃了寒假、课余和双休日的休息时间加紧训练。制作场景的时候,队员的手不小心划破了,贴个创可贴就继续;为了场景变换做到求新求异,同学们苦思冥想,先做小模型再放大成实物。道具和布景在训练时损坏了,大家就一次次不厌其烦地修补。赛后,团员们都很兴奋,也有诸多的感想。大家觉得:在训练中,编写剧本、制作道具、揣摩表演、智力训练、技术探讨,既锻炼了自身的创新能力、动手能力和表演能力,也培养了大家的团队合作精神。队员之间建立了友谊,学会了坚持,学会用创造性思维去解决问题……队员们付出了很多,但是当大家看着通过自己的努力换来成功果实的时候,那些曾经的辛劳和艰难都消失得无影无踪,取而代之的是无比的快乐与自信。

"慧博'OM'梦工场"社团让同学们充分体验到玩中学、学中玩,开拓思路,在创新中成长的快乐。今天,我们合作创新演绎精彩生活;明天,我们将携手努力创造美好的世界!

创造力，让校园更美好

青岛市大名路小学

青岛大名路小学始建于1964年，改建于2000年，是一所充满现代气息的市级规范化学校。21世纪是创造的世纪，世界的发展靠创造，而创造力也是头脑奥林匹克竞赛活动（"OM"）的核心，它不仅要求有全新的解决问题的思路，更要求有把思路变成现实的能力，旨在把参加者培养成为高层次综合性的人才。我校从2011年以来，积极参加头脑奥林匹克创新大赛、头脑奥林匹克挑战赛，获得过诸多奖项，并取得了2013年第34届世界头脑奥林匹克中国区二等奖的好成绩。

一、组织与领导——学校重视，体系完善

1. 明确思路，创新为先

学校确立以科技教育为抓手，将头脑奥林匹克活动作为学校的一项办学特色，整合资源、立足校本、关注思维、创新实践、积极推进素质教育。明确的科技分工，计划的逐级落实，管理网络健全，实行校长领导下的科技总辅导员负责制，科技总辅导员能组织协调各项工作，并且还采取了各种手段保证"OM"活动的有序开始，

形成现代教育的理念。

2. 队伍建设,分工合作

学校重视头脑奥林匹克活动指导教师队伍的建设。修文箐老师是头脑奥林匹克活动的辅导教师,她非常热爱头脑奥林匹克活动,富有想象力,指导有方;孙燕老师,动手能力较强,无论是带队头脑奥林匹克活动还是头脑奥林匹克课程她都特别投入,她与同学们共同畅游那一道道没有标准答案的即兴题、一种种奇妙的解题方式;王颖老师主攻长期题,是剧本的编剧、导演,她认真钻研题点,使学校代表队在参加比赛时风格分得分高,丢分少;孙风鹏主要负责研发制作电子邮件网络传输系统设备。富有创新意识、团结协作的"OM"精神在科技组的每一位教师上都能展现。对这些指导教师们,学校除了有专项表彰奖励之外,还体现在平时的考核制度中。

二、课程与活动——课程丰富,活动新颖

1. 多元活动,提升兴趣

学校经常在校内组织学生进行头脑奥林匹克擂台赛、大挑战来激发学生兴趣,鼓励学生创新。活动的操作性强,受到学生的普遍欢迎。学校每年利用科技节举办全校性的普及型"OM"活动,让创意的火花渗透到每一个孩子心中。在"OM"创意嘉年华的思路拓展下的"比比谁高"活动中,家长和学生一起用A4纸裁裁、叠叠、折折、卷卷,比比看谁搭的结构最高。"吸管的结构"要求用15根吸管裁剪、粘贴一个结构,并要在上面放置一个乒乓球,站立30秒不倒,谁设计的结构高就为获胜……"OM"普及活动的开展有助于帮助学生从小树立正确的科学观、人生观、世界观,培养他们动手动脑、勇于实践、开拓创新的精神和能力。

2. 加强宣传,营造氛围

我校通过校园电视台、讲座的多种形式积极向全校学生宣传头脑奥林匹克知识、展示擂台赛活动成果活动等；2013年3月比赛载誉归来后，我校举行头脑奥林匹克专题表彰会，邀请参赛家长到校参与活动，学生、教练畅谈比赛收获，广为宣传头脑奥林匹克的口号、宗旨。头脑奥林匹克活动已在我校形成了一定的氛围，多种媒体的宣传和普及让今年的科技嘉年华活动形成高潮。

3. "OM"小组，助力提升

"OM"兴趣小组的每次活动都做到定指导、定计划、定内容、定时间、定场地。学校专门聘请孙风鹏老师作为我们头脑奥林匹克的专项指导教师，他不仅定期为同学们做头脑奥林匹克活动的讲座，在平时的"OM"创新大赛、擂台赛中也做了专项活动指导；为了丰富学生的创新思维，我们还特邀全国创新型名师——昆山市科技辅导老师金敏定期到我校进行指导，金老师为学生做的"创新实践的玩中学发明"——创新发明讲座活动专项讲座，深受同学、家长们的好评。

4. 家校合力，共推前行

结合学校的科技节、科技周活动，我校积极参加区、市组织的各级活动、比赛，学生广泛参与。我校的亲子活动具有一个良好的传统，因此无论是创新能力竞赛还是擂台赛活动的开展都得到了广大家长们的大力支持，促进了学生和家长互助合作，动手又动脑，共同研究、解决问题，增进了父母与孩子的交流和了解，加深了他们之间的亲情，同时也激发不少家长们的童心，更积极地投入其中。

5. 全力以赴，参与比赛

经过前期比赛的积淀，学校获得了参加第34届世界头脑奥林匹克暨全国第26届头脑奥林匹克比赛参赛资格。在3个月的准备过程中，我们共同经历了外校学习、选聘教练、选拔学生、培训学生、创编剧本、制作背景、研制电子传输系统设备。在此过程中全体教师精诚合作、团结奋进，7名队员认真参与，积极训练，在寒假中，老师、队员也只休息了7天。全体教师、队员不计得失、忘我工作，使训练水平日渐提高。2013年2月28日由我校7名学生、4名教师组成的大名路小学代表队赴上海参加比赛，经过一天的角逐，总成绩名列第四，取得了第34届世界头脑奥林匹克中国区二等奖的优异成绩。经过了此次磨炼，队员们变得成熟了、睿智了、懂事了，变得知道合作，知道团队的无穷力量。

三、经费与设备——经费保证，设备保障

1. 经费充足，做好坚实后盾

每年学校都有一定的经费投入到头脑奥林匹克活动中，用于设备添置——比如头脑奥林解题丛书的购买、头脑奥林匹克小车、竞赛的专门道具、服装、场地布置、制作道具时的LED灯带、电源、携带式的音响、参赛经费、表彰奖励等，并纳入学校的经费预算。

2. 专用教室，促进活动开展

为了头脑奥林匹克活动的顺利开展，学校增添了一间专用的活动室，教室内配有基本的制作工具，购买了即兴题所需的练习材料，确保学生们的正常使用，为各项活动的顺利开展提供场地支持。

3. 外出观摩，拓宽开放视野

学校支持教师外出学习、培训，我校3名教师于2012年11月份赴常州参加"全国头脑奥林匹克竞赛培训会"，和头脑奥林匹克竞赛创始人米克卢斯近距离接触，并和上海的专家面对面交谈，将解题过程中的困惑和疑问向专家请教，受益匪浅。2013年4月份1名教师去上海参加科技骨干教师培训，针对头脑奥林匹克竞赛训练，聆听了专家们的讲座，参与了即兴题的训练，亲自动手进行了

"桐木的结构"和"艺术风格"作品的创作,进一步提升了教师的技能和指导水平。

3年来,学校的头脑奥林匹克活动取得了长足的进步,在区、市、全国级的比赛中,取得不错的成绩。培养创新型人才是学校的教育目标,我们将不断筑高头脑奥林匹克活动的台阶,争取再创佳绩!

扬创新之帆　启智慧之门
青岛市嘉定路小学

面对 21 世纪科学技术发展的挑战，青岛嘉定路小学紧紧围绕"嘉"文化，最大限度地挖掘学校的各类资源，以开展头脑奥林匹克活动为抓手，不断提高学生的创新能力。在首次参加的第 26 届全国头脑奥林匹克竞赛中获得二等奖的好成绩。

一、注重管理，为头脑奥林匹克工作有序开展奠定基础

1. 人员落实到位，组织机构健全

学校建立了一支由校长任组长，分管校长、德育主任、大队辅导员、班主任和各个学科优秀教师任组员的头脑奥林匹克工作领导小组，校长抓管理，组员抓落实，使学校头脑奥林匹克工作开展的井然有序。

2. 分工细致明确，落实责任及时

责任意识的树立，是开展好头脑奥林匹克工作的前提。因此，学校实施分工管理，明确个人职责，建立了"策划—组织—评价—反馈"的体系化管理模式：大队辅导员负责协助头脑奥林匹克辅导员策划、组织各项头脑奥林匹克活动及头脑奥林匹克比赛，做好

"面"的普及；班主任负责宣传、发动,鼓励学生积极参与；头脑奥林匹克辅导员负责选拔并辅导优秀学生参与区、市级以上的头脑奥林匹克比赛,做好"点"的培训；德育处负责记录各项头脑奥林匹克活动的参与情况以及获奖情况,并根据每学期获奖情况对教师工作量进行量化。

3. 培训掷地有声,业务水平提升

作为这一项目起步较晚的学校,我们认识到头脑奥林匹克辅导员队伍的专业水平、对工作的执着态度将成为学校头脑奥林匹克工作开展优劣的关键。因此,每学期,学校都要拿出专门的经费用于头脑奥林匹克辅导员外出培训,同时安排头脑奥林匹克老师带领学生积极参加空模、船模、车模、七巧板、创新大赛等各类科技比赛,在比赛中不断提高学生的自身素质。另外,学校每年都会投入大量资金购置各种制作器具,以提高学生的动手操作能力,满足头脑奥林匹克辅导员的工作需求。有效的培训、资金的支持,使头脑奥林匹克辅导员更加热爱这项工作,全身心的投入换来了丰硕的成果。在每年的青岛市科技节比赛中我校均取得优异成绩,所有参赛学生均获得一、二等奖,是比赛的获奖大户。

4. 纳入评价体系,管理规范科学

学校根据教体局头脑奥林匹克工作评优目标和学校实际,制定、完善头脑奥林匹克工作评价制度。将头脑奥林匹克工作作为班主任、科学学科教师及头脑奥林匹克辅导员工作量之一,将头脑奥林匹克比赛辅导成绩纳入到年终评优,按照全国、省、市、区四个级别给老师加分,学校获得团体奖再额外奖励。学校每学期还评选优秀头脑奥林匹克辅导者,并且将班级中参加头脑奥林匹克活动的情况作为评选优秀班级的条件之一,调动了头脑奥林匹克辅导员及各位班主任工作的积极性。

二、注重活动,为学生搭建展示平台增光添彩

1. 周周都有专题培训

学校充分利用校本课程资源,将学校"嘉如世界"选修课程中的科技俱乐部这一场馆与头脑奥林匹克竞赛活动结合起来。每周四,学校组织一批主动报名参与的学生使用上海市头脑奥林匹克协会统一编写的教材,进行长期题设计和即兴题答题的统一培训和练习。学生通过上课提高水平,并且在科技指导老师的带领下,经常在一起讨论解题思路,设计解题方案,尽量在每一堂课中让学生的思维充分得到锻炼。另外,学校还按时邀请音乐、美术教师指导这些学生进行舞台表演和道具制作的培训,全方位、立体式地对学生进行头脑"OM"技能的有效提高。

2. 年年都有科技节

为了能让更多的学生参与头脑奥林匹克活动,学校将每年的6月份定为学校科技节。科技节成为孩子们喜闻乐见的节日,学校通过举行"三模"比赛、科幻画、美化板等专项比赛及与头脑奥林匹克即兴题比赛,为学生搭建展示自我的平台。同时针对一、二年级学生年纪小的特点,我们还邀请家长和孩子一起参加比赛,既满足了孩子的参赛欲望,也让家长了解了学校的头脑奥林匹克活动,达到了两全其美的效果。2012年,为了让学校的头脑奥林匹克工作开展起来更有序,内容更丰富,学校还成立了"嘉意新"头脑奥林匹克俱乐部,并聘请市区头脑奥林匹克方面的专家、领导作为俱乐部的顾问,每学期到校指导学校的头脑奥林匹克工作,使我校的头脑奥林匹克工作再上一个新台阶。

3. 月月都有挑战赛

学校将头脑奥林匹克纳入学校课程,在三至五年级开发了"挑战创造力"这一学校课程,向孩子们讲授头脑奥林匹克相关知识,培养学生对头脑奥林匹克的兴趣。同时每月举行头脑奥林匹克挑战赛,由奥林匹克辅导员在每月第一周周五的校会上宣布挑战题目,学生回去自由创作,有了作品就可以带着自己的作品来攻擂,做得不好不要紧,老师会和学生一起商量提出修改意见,改好了再来,老师会同时告诉学生,每一次的修改都是一次进步。由于这个"小擂台"题目简单,材料大多是学生所熟悉的废旧品,如一张A4纸、饮料瓶、废报纸、吸管、纸杯等,有效地调动了学生主动探索的积极性和动手能力,更为学生的创作想象提供了广阔的空间,受到了学生的欢迎。同时,奥林匹克辅导员也在比赛中发掘优秀的学生,成立小社团,经常性地进行训练,拓展学生的解题思路,提高学生的解题效率。

三、注重结合,为营造浓厚氛围加油助力

1. 营造浓厚校园氛围

爱玩是孩子的天性,为了给学生创造一个自主、快乐的活动环境,学校充分利用校内各种资源,建立了有趣的头脑奥林匹克活动场所。一是成立了头脑奥林匹克活动室,室内展示着同学们平时制作的各种科技作品,如建筑模型、航空、航海模型、小发明、小制作等;教室中间是同学们活动时的场地,为喜欢动手动脑的孩子们随时提供服务。同时活动室内还配有各种头脑奥林匹克活动专用工具和设备,如多功能机床、台锯、台钻、塑料热熔枪等,给学生平时的训练提供了有利的条件,也给老师的制作准备提供了方便。二是因地制宜,处处都是练习场所。学校在一楼开辟了四驱车天地,购置了四驱车跑道,为爱好四驱车的孩子们开辟了活动阵地;设立了七巧板长廊,为喜欢七巧板的孩子们建立了活动阵地,学生可以利用课余时间,到这里练习拼插七巧板,锻炼动手动脑能力。

2. 家长资源有效利用

学校通过家长会积极向家长宣传头脑奥林匹克活动的意义,

定期召开家委会议,发动家长出谋划策,共同探讨头脑奥林匹克活动的开展,还安排家长观摩学校头脑奥林匹克活动,让家长提出意见,参与方案的调整。学校的科技节,每年都会安排亲子项目,让家长也参与到活动中来,体验活动给家长和孩子带来的乐趣,让更多的家长理解了这项工作,并积极配合学校进行活动的开展。如准备参加全国比赛解题时,每次的解题分析会家长代表都会积极参加,提出宝贵的意见和建议,服装、背景道具的设计更是凝聚了家长和孩子思考的心血。有的家长还帮忙联系加工厂,一些学校没法完成的道具都是家长帮忙解决的。

每一朵花都有盛开的理由,每一片叶子都有向阳的需要。在今后的工作中,我们将继续以培养"爱动手、勤思考、有创意"的"嘉小学子"为目标,努力践行"嘉"文化,开创头脑奥林匹克工作新天地!

第二节

教师篇

攻坚克难 别样精彩

青岛市太平路小学 纪海燕

2013年5月,在美国密歇根州立大学举行的第34届世界头脑奥林匹克竞赛("OM")决赛中,我校科技社团的学生代表中国参加《古典——艺术建筑》音乐剧项目,取得世界第9名的出色成绩,为中国队争得了荣誉,为我校建校80周年献上了一份厚礼。

本次世界决赛共有来自30多个国家的825支大中小学参赛队同台竞技。"OM"比赛分为长期题、即兴题和风格三个环节。我校叶昊楠、孙明钰、戚恒源、高申、匡欣洋、刘骏恒、王卓萱7名学生参加了《古典——艺术建筑》音乐剧项目。该题要求原创一个音乐剧,其中要包含一个建造在公元1000～1600年的古典建筑,创造三个艺术品,艺术品要消失,并由两个角色经过特殊的方式找到,最终成为建筑的一部分,表演过程中要有两首原创的歌曲和两段原创舞蹈。此项目小学组共65支参赛队,其中45支队伍来自美国本土,经过各州的选拔代表参赛,还有来自新加坡、英国等十余个国家的多支老牌劲旅，竞争可谓异常激烈。最终，我校科技社团的学生以长期题168.91、即兴题93.38分（满分100分）、风格40.33分，共302.62的总分赶超多个国际强队，取得了世界第9名的好成绩。特别是即兴题，在没有外部协助、缺少语言优势的情况下，学生们凭借敏捷的思维与创意的表达，得到了93.38分的高分，位列世界第二名，这也是中国参赛队在即兴题项目上取得的最好成绩。

其实，参与比赛的过程并非一帆风顺。奥林匹克竞赛团队刚刚抵达芝加哥，就遇到了一个大难题，盛放重要比赛道具的箱子在机场托运过程中丢失了，大家都十分焦急。两个老师留在机场找箱子，奔波于芝加哥机场一号楼和五号楼之间。但最终机场工作人员只做了这样的答复："箱子已经到美国，但是找不到，我们也没有办法。"接下来的两天，一直没有音讯。身在异国他乡，手头也没有任何可用的材料，语言又有障碍，该怎么办？面对考验，老师和孩子们没有退缩，不等不靠，立刻达成共识——马上动手重新做道具！首先，要解决材料问题。师生们发挥头脑奥林匹克竞赛的团队创新精神，一起讨论、一起想办法寻找替代材料。密歇根州立大学的第一顿晚饭后，老师和孩子们一起向身边的参赛队索要喝剩的饮料杯、吸管，到餐厅厨房要废弃黑塑料袋，到垃圾场捡纸箱。区领导也加入到我们的队伍中，带着孩子们与餐厅服务人员交涉，捡纸箱捆好扛回宿舍……但这些材

料还远远不够。我们寻求到了组委会的帮助，凌晨一点多组委会派出一辆车拉着老师和四个六年级的学生出去购买材料，最终把材料配齐。原本需要几周才能完成的道具，不到两天时间赶制出来可谓天方夜谭，但老师带领学生们迎难而上，一起动手剪裁、制作、涂色……为了确保学生赛前的充分休息，每天海波老师都在学生睡下后继续忙碌，两天一共睡了不到三个小时。比赛还有一天，道具终于到位，但同时也接到了箱子找到的好消息。共同攻坚克难的经历进一步凝聚了团队的精神，鼓舞了每一个队员的士气，最终在比赛中学生超水平发挥，赢得了佳绩，在世界赛场上留下了中国孩子的别样精彩！

　　成绩的取得源于在学校"止于至善"精神的引领下，海波、都喜两位指导教师带领学生长期投入的训练。每个人都对这项富于创造力的比赛充满兴趣和热情，付出了艰辛的努力。学生在海波老师的指导下动手制作各种道具、训练即兴题，充分锻炼了自己的动手能力和创新思维；长期题在都喜老师的指导下，从英语的翻译到表演的质量，关注每一个细节，精益求精。比赛中，同学们的自信和团队精神充分展现了我校学生出色的综合素质，赢得了评委的高度认可。表演结束时全场评委、观众都不约而同地起立，为我们的学生报以热烈的掌声。

　　成绩的取得得益于我校多年来坚持的"让每一个学生分享创造快乐"的科技教育理念，得益于学校对培养学生创新精神和实践能力的高度重视。我校学生身上展现出来的自信、自主、自立、自强的优秀品质，比起任何国家的学生都毫不逊色。这是学校开展"生本"教育成果的充分彰显，为我校建校80周年又献上了一份厚礼，为学校的发展镌刻下浓墨重彩的一笔。

民族的，才是世界的！

青岛宁夏路第二小学　管宏丽

2014年5月27日~6月5日，我有幸代领孩子们赴美国爱荷华州立大学，参加了第35届世界头脑奥林匹克创新大赛决赛。我们参加的是工程技术类《不同寻常的鬼屋》项目比拼，孩子们凭借着机智应变和团队协作，在与全球多个国家57支代表队的比拼中，成功征服现场所有评委，一举拿下小学组季军，这是我区率队参加世界头脑奥赛以来的最好成绩！

回顾比赛点滴，真是欢笑与汗水同在、收获与付出并存啊！让我感触最多的是——民族的才是世界的！

一、传统国粹　吸引世界目光

对于我们选择的《鬼屋》比赛项目而言，赛前的准备，还在于长期题独具匠心的剧本设计与参赛队员精诚合作的表演。如何将幽默诙谐的元素与恐怖惊悚的氛围完美结合？如何将科学揭秘埋藏在一个个搞笑的"包袱"之中？这些都是我和孩子们一起反复探索的内容。真是人小鬼大！孩子们创意惊人，经过反复地讨论、推敲，竟然想到让"备受世界关注的传统京剧艺术和相声小品艺术"融入表演中,依托"穿越"的手段,以《包龙图》的唱腔为引子,把民族传统戏曲中的包公和展护卫两个代表人物,经由惊魂穿梭器被传送到美国比赛现场。时下流行的"穿越"加上中国传统文化中家喻户晓的重量级人物,达到了极佳的组合效果。大龙蟒黑袍、黑满口勾脸、短打武生服、精心雕琢的太湖石、剪纸特色的后花园……这些京剧、剪纸等民族传统艺术元素,让观看者耳目一新。传统文化与现代元素的巧妙融合、完美混搭,让世界评委眼前一亮。

二、独辟蹊径　传承民族智慧

大江东去,浪淘尽,千古风流人物……创新是一个民族发展的灵魂,是一个民族进步的不竭动力。自古以来中华民族就是富有创新精神的民族。参加世界大赛,更要激活参赛队员的每一根神经、调动参赛队员的每一个细胞。本次比赛项目中,服装道具是长期题中最重要的得分点,队员张弘毅一身独具个性的服装非常给力,让评委们眼前一亮——"戴着用水瓢做的帽子,穿着大水桶制成的短装,和一个撑开的雨伞大裙子,裙摆上还挂满了餐勺,极具生活气息"。小解说员则是魔鬼与仙女、正义与邪恶的对立统一体,利用塑料袋搭配而成的"黑白经典"造型,扑朔迷离、神秘独特,给人宽广无比的想象空间。黑色意味着空无、邪恶、恐怖,白色象征着纯洁高尚、有无尽的可能性。黑白所具有的抽象表现力以及神秘感。反差之大让人叹为观止。创新为比赛道具赋予了灵魂!

三、合力拼搏　弘扬民族精神

团结合作是伟大的民族精神之一代代相传,本次比赛中更是需要弘扬民族精神,让孩子们受到熏陶教育。启程前,我们虽然对此次比赛做了充分的准备,但是仍然经历了巨大的困难和挑战,由于该项目的道具众多，而且复杂易碎，在赴美运输中几乎所有道具都出现了不同程度的破损，而且破损程度远远大于我们的预期，真是让人手足无措，紧张气氛骤然增加！初到美国的孩子们顾不得倒时差，就投入到了紧张的机关修复、道具加工中，一忙就是下半夜……风雨之后见彩虹，整个比赛顺利圆满！6名孩子站上领奖台，那一刻，特别激动人心！远在大洋彼岸的颁奖典礼现场升起五星红旗，满场上万人集体呐喊China!China……孩子们在奥赛中分享创造的快乐，收获心灵的成长！当评委笑容满面地为我们佩戴奖牌的时候，当多个国家的数百支代表队，一同大喊着为"China"喝彩的时候，我们再一次领略着这个赛场的迷人：每一支队伍的登场都会引来无数次的欢呼，每一名队员的亮相都会拥有雷鸣般的掌声！阳光的心理、大气的心态，这里不需要语言，不一样的精彩却拥有同样和喝彩！

四、国宝熊猫　传递民族情怀

大熊猫是中国的国宝，也是最具民族象征性的动物，在全世界得到了所有炎黄子孙以及各国人民的认同和喜爱。大熊猫外形憨态可掬，性格温顺随和，在与人、与自然相处时比较融洽，有和平团结之美意。本次比赛，我们队服、队徽的创意灵感都来源于大熊猫，此举广受外国友人的强烈欢迎。各国队员纷纷围绕在孩子们身边，要求交换队服、希望换得队徽，孩子们的眼界开阔了，笑容更灿烂了，性格更活泼了，也敢于开口用英语交流了，面对着孩子们的成长，作为指导教师的我真是喜不自禁！头脑奥赛不仅帮孩子们打开了思维闸门，还为孩子们搭建了了解世界各国文化的平台，真是魅力无穷啊！

鲁迅在"且介亭文集"中写道，"只有民族的，才是世界的"。意思是，只有来自民族大众的东西，经过千百年提炼升华，才具有生命力和持久力，才能被世界认同。"国际化"固然重要，而民族之文化精神不灭则更为重要，只有民族文化不灭，才能永远做到"国际化"。这次大赛把我托到了巨人的肩膀上，对我的思想是个巨大冲击，让我看得更高、望的更远！"经历就是一种成长"，我们收获了成绩与喜悦，也发现了差距与不足。作为一名指导教师，我会将优秀的经验传承，更有实效地走好未来的每一步，让孩子们在学校这片科技教育沃土上更加健康快乐的成长！

"OM" 竞赛——挑战你的思维极限

青岛市第五十七中学　朱华梅

有人说:"能与头脑奥林匹克长期打交道的,是会用脑子思考的人。"这句话不是一句诙谐语。当我参与到头脑奥林匹克活动中时就不自觉地被它的新颖性、创新性所吸引,不仅仅是因为它有趣,可以去表演,可以去竞技,可以去动手创造;最重要的是学生在解题的过程中能够深入思考,自觉运用所掌握的各类知识和技能,去求新创异,通过长时间的训练,他们的想象力、创造力、团队合作的能力都能得到意想不到的提升。这是"OM"独一无二的魅力所在!

头脑奥林匹克竞赛由即兴题和长期题组成,它特别的地方就是没有唯一正确的答案,只有创新的答案。竞赛留有很大的空间让学生去想象、去创造、去拓展。学生的创造力和想象力是没有极限的,可以说给他们多大的空间,他们就能发出多大的光芒。

一、打开大脑另一扇门的——即兴题

在平时的头脑奥林匹克活动训练中,作为教练,我会有意识地选择大量的创造性即兴语言题和动手题,让学生接受系统的思维

训练，这就好比给学生一把开启大脑的金钥匙。在大量的、系统的即兴题训练后，学生的逆向思维将被彻底打开，获得释放，并将在系统、有效的训练中内化为学生特有的逆向思维模式。例如，有一道语言类即兴题题目是"说出一种东西，它把什么和什么联系在一起"，常规性回答是"墙把天花板和地面联系在一起"、"电话把你和我连在一起"、"铁路把城市和其他城市联系在一起"；创造性回答可以是"信仰把老人和小孩联系在一起"、"好字把女和子联系在一起"、"梦把理想和现实联系在一起"。在第一次面对此类题目时，在2分钟内学生说出的答案平均每人只有3个，且大部分都是普遍性的答案，但是在经过一段时间的训练后，学生的答案增加到每人6~7个，而且绝大多数都是创造性答案。在训练过程中，我通常是以激励性语言为主，不断提示学生关注到问题的本质，不要偏题，不要天马行空、不着边际，不形成荒诞即是新异的错误认识。在不断启发中慢慢打开学生的思维，从而激发出创造灵感的火花。这样，学生们一旦掌握了正确的解题思路，智慧之泉将喷涌而出，源源不绝。同时，我发现，博学是做好即兴题的绝对保障。在训练的同时，我鼓励学生广泛地阅读社会、科学、综艺、自然、地理、外国文学等书籍，从群书中汲取智慧和灵感，将思维拓宽拓广。

二、相同中的不同——长期题

在长期题的解题中，学生面对的往往是用非传统的、别人所不能为、不能想的方法去解决一个任务。任务本身可以是制作一个结构，完成一项工程，或者是创作一个表演。奇奇怪怪的问题本身已经不再是问题，难度在于如何用创新的方法、逆向的思路去做前人没有做过的事。一道题的解题常常是师生一起漫天思考、天方夜谭数十日之后才能渐渐浮出水面的。在长期题评分中有一项是表演风格分，它要求的是学生在服装、道具、化妆、背景、队籍制作

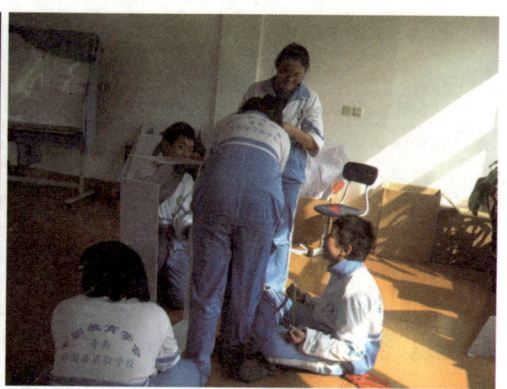

上有独出心裁的表现,在这里,求异思想尤为突出。在表演风格中,我对学生们说:"站在舞台上,你必须是特别的,独一无二的!"这对于每一个没有表演基础的学生来说,将是个巨大的挑战。想要得到高分,那就必须突破自我。从声音、到动作、到服饰、到手中道具、到舞台背景,每一样都必须精心设计,绝无雷同。可以说,即兴题训练是学生的热身运动,长期题的创作使学生渐入佳境,而风格表演才是学生的智慧巅峰。

2011年第一次走上科技辅导教师岗位的我,迎面而来的第一项挑战就是头脑奥林匹克竞赛。2011年青岛市第八届头脑奥林匹克竞赛长期题表演题目是参赛队要创造并表演一个原创的梦。这个梦要时而让人高兴,时而荒谬,时而让人不愉快,并且让人不愉快的部分要含有一个参赛队创设的怪物。这道题的关键在于梦中的不同情感如何用不同寻常的方法表达出来,让人时而发笑,时而又感觉荒诞。当时我和学生经过反复探讨,剧本数十次易稿,最后确定以揭秘金字塔由来为故事背景,创造一个地球人与火星人争抢金字塔中松花蛋的四幕情景剧,想法出人意料,不乏幽默成分。在青岛市的区赛中,我校的参赛队顺利过关夺得第一名。但高兴还为时过早,市少科院有关老师赛后指导我,剧本构思不错,学生的表演很出彩,但是解题还存在许多问题。比如,梦中缺少荒诞情节、没有令人高兴的情景、没有人工制造出的音效、小车转身任务没有完成、小车没有变身……一大堆的问题摆在眼前。

区赛之后,紧接而来的是青岛市比赛。时间紧迫,我们的剧本、服装、道具、声效、背景、队籍、小车动作与外貌全部都需要重新设计与制作。这种种难题,像一座座小山压在我和学生们的身上。怎么办?答案只能是——迎难而上。之后的日子里,我和学生们一起改剧本、找材料、做道具、缝制服装和排练,每天都要忙到晚上八九点。为了让小车顺利转身,孙润安、孙润宁、赵伟堃三个小男生不断地演练,手被棉线拉出了一道道口子却没有一声埋怨。十几个没日没夜的苦战,历经无数次研磨,终于一场精彩的表演展现在大家的面前。服装、发型、动作、对白、上场、出场、场景变换……所有的一切,我们力求做到极致,同学们全部倾力而为。付出必有收获,这一年我们获得了青岛市第8届头脑奥林匹克竞赛初中表演组一等奖,获得中国上海第25届头脑奥林匹克创新大赛参赛资格,并在25届全国头脑奥林匹克竞赛中获得《奥德赛天使》项目初中组第四名。在学校的汇报演出中,我为全校师学播放了一段参赛学生视频,视频的名字就叫《蝶变》。看着这些花儿似的少年,带着梦想,向着明天勇敢出发,在磨炼中成长成材,如蝶似的华丽蜕变,我心中欣喜万分!这个时候所有艰辛的汗水都有所值!所有的付出都有回报!

三、润物细无声——"OM"的渗透

青岛第五十七中学自2011年以来,已经连续参加了三届全国级别的头脑奥林匹克竞赛决赛。经过三年的实践与探究,"'OM'头脑创意课"成功地走进了学生的课堂。"OM"竞赛富有智慧、幽默的竞赛形式和独特的魅力每年都吸引着学校很多的学生投入到

其中来。它对学生综合素质的有效开发,对于学生逆向思维的训练与提升起到了非常积极的作用,让他们享受到其中的无穷乐趣。头脑奥林匹克竞赛活动就像奥林匹斯山上的火种,点燃了学生心中的星星之火,给了追求挑战和追求理想者一个明亮的火把,照亮了通往知识殿堂的道路。

触摸"OM" 感受创新与协作

青岛市莱芜一路小学 王宝秋

以前说起奥林匹克竞赛,很多人都会想起数学奥林匹克竞赛、物理奥林匹克竞赛、化学奥林匹克竞赛等,但说起头脑奥林匹克竞赛,说清楚的就不是很多,以前我也是这种状态。2013年4月,我有幸到上海参加了全国头脑奥林匹克竞赛的培训,终于对这项已经开展多年的活动有了全面深入的了解,也为我决定参与全国头脑奥林匹克竞赛打下了基础。头脑奥林匹克竞赛活动是一种全新的创意比赛,要求队员们有创新能力和团队协作能力,自己选择题目,自己去创意、设计、制作解题所需的材料。通过解题及培训让学生接触、掌握创新的方法,体验创造的经历,获得参与的乐趣。

2014年2月份,我作为辅导教师带领学校的参赛队参加了在上海举行的第35届世界头脑奥林匹克中国区决赛暨第27届中国上海头脑奥林匹克竞赛。这是我们学校第二次组队参加全国头脑奥林匹克竞赛。全国的头脑奥林匹克竞赛与区、市赛的要求是有区别的,它对学生能力的考验更加全面,要求也更高。从第一次的懵懂到现在的透彻了解,也让我更加钟情于此项活动赛事。虽然我校学生发挥出色,尤其是在即兴题的解题过程中取得了参赛学校第二名的好成绩，但最终只是获得二等奖第一名的成绩，没有带领参赛队员获得赴美国参赛的资格，这是我最大的遗憾。

回顾此次和参赛学生一起准备比赛的过程，我感触颇多，从即兴题的训练、长期题目中车辆的制作、道具服装的准备、寒假的加班排练等都能看到学生们努力的身影、参赛的热情。

为了应对这次全国大赛，从 2013 年 10 月份开始区少年宫就开始组织各参赛学校统一进行了强化即兴题的培训。每周五的下午下课后，我都带领学生定时到集训点培训，风雨无阻。学生们不仅认真参与每一次培训，认真做记录，甚至不管给哪个学校出的题，都会自觉地认真记下来并认真解答，当成一次次学习的机会，到下周回学校后我们在一起把做过的题目重新梳理一遍，寻找出最佳的解题方法。这一次次的培训就需要参赛学生放弃很多休息的时间。可他们不仅没有怨言，而且有些盼望，我想这是头脑奥林匹克竞赛的乐趣所致吧！

长期题目中车辆的制作一直贯穿整个活动的始终，从创意的一个个提出再到一个个的自我否定，从制作过程中的技术设计到车辆外形的呈现，我们参赛师生付出了太多的努力，真的是"手工制作"，这也是最能体现解题方法的一项内容。

服装道具的准备全部是参赛学生利用训练的间隙自己动手制作的，纸壳粘一粘就成了一座火山、几块纱布披在身上就是一件礼服、塑料袋包着报纸就成了火山石……这都离不开学生的巧手，尤其是在寒假期间，每当训练完了当天的内容，学生们都会动手制作道具或者结伴出去买材料，虽然最终我们的道具材料相比有的参赛队还是比较简陋的，但却凝结着他们的心血、他们的快乐。

寒假的排练是最累的。当其他同学早上还在被窝睡懒觉的时候，他们已经到校开始了培训；当其他同学中午在家里吃着热乎乎的饭菜的时候，参赛学生还在学校吃着泡面……他们深深体会到一个有收获的结局，离不开过程中的苦涩，所有的努力付出只为了一个目标。

可能参赛学生自己的感受更具有说服力，尤其是在上海比赛的过程中，一个学生写的日记，让我觉得通过参加这一活动，他们的收获比我想象的还要多：

"子时早已过了，每个套间内仍闪烁着灯光。不是不夜的上海的繁华霓虹，是一个队伍执着的梦想。每个人都难得的安静，偶尔会因为讨论与叫人而微乱。每个人都认真地应对着自己的工作，没有人会大叫着'累'而沉沉睡去。为的哪里是名利，是一个不大却让人着迷的梦想。这是比赛前的一晚。"

在此之后，每天早睡早起的孩子体会到了早起晚睡，搬着各种大小物品上楼下楼，累得真想倒在床上大睡特睡，可为了所坚持的、所想要得到的，我们谁都不能，谁都不会。

"OM"不仅仅追求头脑的风暴，我认为还是对精神与自身的一种洗涤。通过苦与累，我们成长了，毕竟"OM"教给我们的远远超越了课堂中能学到的。

用汗水与苦累去浇灌成功的种子，在它还未长大前，请用心地去付出辛苦，这是成功法则不可缺少的元素。为了最后的成功，每个人都不会在付出上松懈。

在合作中创新
青岛市天山小学 马田雨

刚刚接触头脑奥林匹克竞赛的我犹如一名初到人间的婴儿——对未知世界充满了好奇。

从青岛市区赛的磕磕绊绊犹如梦中一般,到一路杀出重围,最终取得市赛的第一名,迈向上海全国比赛之阶,这个结果是我开始没有想到的。在备战的三个月里,老师、家长、学生可谓同呼吸共命运,在苦与累中共同创造着奇妙之旅。虽然只获得了二等奖,没能参加世界赛,走向更大的舞台,但我的内心无憾无悔,因为此次行程让我对生活有了更多的感悟。

一、攻克即兴题难关

全国比赛由两部分组成,一是长期题,二是即兴题。对于即兴题的训练只能靠自学得来。于是我就利用一切业余时间从网上下载资料,利用集训的录像反复研究探求训练即兴题的好方法。每天凌晨四点多钟醒来,思考、揣摩如何让训练更有实效性。我用尽了全心去备战,功夫不负有心人,最终研究出一套适合队员的动手题、语言题、混合题的行之有效的方法。用这套方法,训练队员很快地掌握了即兴题的技巧,以至于在集训中让少年宫的老师们刮目相看,让原本即兴题较弱的我们充满了信心,而我们队员也是竭尽全力训练,最终在全国比赛中取得了第六名的好成绩。

二、别样的服装道具

参加这次比赛让学生深深感受到合作的重要。在制作长期题服装期间,队员孙畅面对复杂的设计图,感觉这是一个不可能完成的任务。孙畅也曾考虑过重新画一张。这时,她的朋友来帮我寻找合适的材料,帮她把想象变成了现实,当她把服装穿在身上的那一刻,感到前所未有的快乐。长期题中,还有一个飞船道具,很大,很笨重,几乎无法移动,但队员们没有放弃这个创意,而是发挥集体智慧,想出一套套办法,终于构思出了合适的设计图。在制作时,队员们一起动手,尽可能用最轻、最软、最方便行动的物品来代替一艘飞船必备的一切。终于,一艘高仿真的自制飞船呈现在我们眼前,只要看到它,队员们心里就荡漾起满足的浪花。

三、排练中的苦与乐

在长期题中,孙畅演的是一个很"花痴"的角色。这对她来说是一个很大的挑战。在这之前,她很难接受极端的角色,最多也只是演一演品格优秀的学生。为了饰演好这个角色,她花费了不少精力和时间,也想过放弃,但想起老师对她的信任、父母对她的希望,她的身体里就好像注入了新的能量,指引她不断向前。最终,她演好了这个角色,并将自己最好的一面展示给了评委们,没有留下遗憾。

四、携手并进中的创造

回顾过去的 2013 年 10 月至 2014 年 2 月,我们的备战过程历经坎坷。对于天山小学来说，这是第一次参加国家级的头脑奥林匹克竞赛，所以参赛的每一个队员，不论是真正参赛的学生还是"家长组"都为比赛付出了极大的努力，在剧本与道具编写制作的过程中老师和同学们也常常为了一个问题争得面红耳赤。在吵吵闹闹的过程中，思维发生了一次次碰撞，问题也就一个一个地解决了。每次争论过后，大家相视而笑，关系越来越融洽，越来越紧密了。在这个赛程中，我们参与的每个人，都在感动着、收获着。

就拿寒假为例，我们为了完善细节，从早九点到晚七点，几乎整整一天都泡在学校，共同想创意，共同加笑料，共同做道具，共同练表演。期间，张校长经常到实验室陪孩子们排练，嘘寒问暖。作为辅导老师的我也充当妈妈的角色，为孩子们准备新鲜的水果。令人感动的是孙畅的爸爸在配合道具制作时已约好动手术，但在当时正是关键时期，为不耽误进度，他把手术日期推后，坚持把自己负责的道具过关后才安心地接受治疗。还有尹雨欣姥爷近七十岁，仍旧在为道具鸟、虫的制作出谋划策，在详细分析比赛规则后，本着废物利用的原则，带领孩子们手工制作每一个道具，在修改中手部受伤多次，但老人认为只要对比赛有帮助，一切都是无所谓的，不要计较太多个人得失。类似的这种场景真是数不胜数。

繁忙的三个月已成为历史的一瞬，然而它留给参与者的是个人潜能的激发，彼此间友情的加深，成长中正能量的植入，这是"OM"有别于其他任何一项竞赛的地方，是"OM"给予的特殊礼物。在这份特殊礼物中，让我真实地看到了自身的价值，让我自信地行走在人群中。愿这份自信传递给身边的人，让我们共同活出精彩绚亮的人生。

无悔头脑奥林匹克

青岛市第二十三中学　彭蔚

我总是在想：究竟是我选择了"OM"，还是"OM"选择了我？

2012年1月，一个非常生疏的概念闯入了我近20年的音乐教学生活中——Odyssey of the Mind（简称"OM"）。"OM"，头脑奥林匹克，多么新鲜的事物！"OM"是一个没有标准答案的活动，所追求的一切就是创造和实践。课堂学习强调规范、准确、标准以及个体，而"OM"却与之互补，鼓励独特、灵活、创造以及团队合作。如果说传统教育给一个学生带来的是知识和技能，那么"OM"活动带给学生的是精神、勇气和创造。

从参加"OM"竞赛到现在，我始终认为，知识和技能好比IQ（智商），是一种内在的能量；而"OM"鼓励的创新精神好比EQ（情商），这是真正确定能量发挥和输出的关键！我在自己的音乐教育教学领域中取得过一定的成绩，而"OM"是我冒着风险和阻力，从事过的几项看似无法完成的任务之一。事实上，我并没有这方面的经验，同时，也得不到更多的技术支持。除了我自己，没有人能够了解，面对这样的任务，能够无畏自信地去实践和完成的决心来源于哪里，我想这应该就是"OM"给我带来的精神和力量。

在"OM"活动的日子里,时间总是过得特别快。完成本职教学工作之后,我与学生一起放弃了几乎所有午休和课间休息的时间,所有的周末都一起在学校里度过,一刻也不让自己的大脑停止思考。初中学生不如高中学生那么观察细致,也没有比较稳定的合作能力,在很多方面还存在依赖性。但是,他们百折不挠的进取精神和层出不穷的创造力,是让我惊喜的。与学生们在一起工作的日日夜夜,我在学习他们身上的那种神奇气质,那种会让人永远年轻的力量!

看到学生一张张青春的笑脸,那一刻的我,明白了:我真正成为了一位与学生荣辱与共、奋力追求创新的"OM"教练!我的幸福是无价的!

在"OM"比赛中,没有一道题是一个队员就能解决的,都是需要团队合作完成的。有研究显示,团队合作能力不是本能,而是能力,也就是说需要靠后天培养。在整个准备比赛的过程中,我和我的学生们经历了那么多的第一次:第一次集体讨论完成剧本,第一次拿起针线自制服装,第一次跑材料市场与老板讨价还价,第一次知道废品回收站是怎样运作的,第一次为了一个零件和道具的使用与学生们争得面红耳赤,第一次为了赶进度而通宵不睡觉,第一次……人的记忆是有选择性的,我相信在学生们短暂而精彩的初中时代,有那么一大段深刻难忘的记忆是属于"OM"的。

2012年我们一路过关斩将,在全国比赛中脱颖而出,来到美国参加第33届世界头脑奥林匹克决赛。在艾奥瓦大学的校园里,我们疯狂地体验着异国带来的快乐,体验着国际比赛的兴奋。在那个大大的体育馆里,我们注视着鲜艳的五星红旗缓缓升起,我们倾听着嘹亮的国歌久久回荡,激动的心不能平静,这份感受铭刻于心。短短几个月的"OM"赛事让我和我的队员们感到自豪,这种自豪并不在于奖牌,而是一直存在我们内心世界的"OM"精神!

结束"OM"生活，留下的见证物或许是几个奖杯，或许是几面锦旗，或许是几张做工精美的证书，它们代表着你曾经取得的成绩，曾经拥有的辉煌。但事实上，它们却无法随着时间的流逝陪伴你迎接人生路上新的挑战。而能够一直伴随着你，并在未来的生活中继续给你提供莫大帮助的，则是"OM"活动留给你们的"心灵遗产"，它远远超出了物质所能表达的最大意义，并且闪闪发光，照亮路途。

与"OM"对话——培养学生的创造力与团队合作能力

青岛市大名路小学　修文箐

一把勺子，几根橡皮筋，几个曲别针，一个纸盘，一个纸杯，你能组建一支乐队进行即兴表演吗？盒子周围全是大头针，你能利用手中的工具在不直接接触气球的情况下，将气球通过盒子并运输到桌子的对面而且完好无损吗？50根牙签，一块橡皮泥，你能做出一个"悬臂"装置吗？或许你会说，这是些什么题目啊，小学生能做吗？这是需要天赋和灵感的，是可遇不可求的。在没有接触"OM"之前，我的想法和你们是一样的。但是在对学生们进行"OM"的训练中，他们做到了。"OM"的创始人、年逾七旬的美国人米克卢斯博士始终相信，只要有合适的教育方法，孩子的想象力、创造力、团队合作的能力可以日益丰盛。

"OM"活动具有一种特殊的魅力：它始终贯穿一个宗旨，即"让我成为知识的探索者，让我在未知的道路上漫游，让我用创造力把世界变得更美好"；它培养两种精神，即"创新的精神和团队的精神"；它倡导三个结合，即"动手与动脑相结合、科学与艺术相结合、自然与人文相结合"。学生们进行"OM"训练，受益匪浅。"OM"活动使学习变得快乐，使学生变得聪明，每个学生在活动中都有发挥自己才能的余地，通过创造性的解题过程，培养了学生们的创造力和团队合作的能力。

一、队员的多样性有利于促进学生们的合作意识

在第 26 届全国"OM"竞赛中，我校首次参与了比赛，我很荣幸参与到学生训练中，与学生们共同感悟和感受了"OM"竞赛。"OM"竞赛分为长期题和即兴题。"OM"长期题为学生提供了一个深入解决问题的机会。每道题都鼓励学生扩散思维，并把独特的想法融入与众不同的实际解题中。计时 8 分钟，搬装置、摆背景、定位、拼接，一气呵成；解题开始，放音乐、转换背景、发送邮件、接收邮件，顺畅流利。在筹备比赛选择队员的时候，我们选择了由具有艺术特长、写作特长、思维敏捷、头脑灵活、反应迅速、沉稳仔细等不同特长、不同特点的队员组成。在整个合作的过程中，学生们学会了欣赏与自己不同的人，并充分认识到自身的技能和才能的价值。

现在的大多数孩子，是家中的"小皇帝"、"小公主"，自我意识很强，认为自己的观点是最正确的，自己的解题方法是最好的。在训练时，为了一个解题的方案，他们会争吵上几十分钟，最后什么也没有解决。慢慢的，他们意识到，争吵、狡辩、哭鼻子，甚至耍赖是解决不了任何问题的，只是浪费时间。他们学会了倾听，学会了谦让，学会了欣赏，学会了取长补短。

二、在"OM"训练中提高学生的创造力

什么是创造力？它是根据一定的目的和任务，开展能动的思维活动，产生新认识，创造新事物的能力。"OM"即兴题的训练，恰恰可以使人的创造力得到发展。如果我们要寻找创造力，便会发现它就在我们的周围。虽然我们置身于创造力之中，但因为缺少对它的认识，就会阻碍它的进一步开发。要知道，学生们的创造

力可是无与伦比的。

在训练同时,我也简单地记录了一下学生们在即兴题回答中所表现出的创造性:

这是第一次的头脑奥林匹克竞赛训练。从抽签分组到选举组长,孩子们的表现是出乎我意料的好。回答问题时,没有争抢、没有嘲笑,有的是全小组成员的精诚合作,而且能认真地倾听,发表自己的看法,分析问题的所在,真的令人感动。

今天的题目是语言即兴题——《把纸撕碎》:"造一张纸很难,但是撕碎一张纸很简单。""把这张纸撕碎,就是撕碎了好几棵大树。""把撕碎的纸拼一拼,就会变成一幅漂亮的拼图。""你看,把撕碎的纸卷起来,就是一支粉笔。""如果有一台碎纸机,我撕纸的时候就不会那么费劲了……"

《毛毡》可以做什么?游泳圈、黑眼圈、面包圈、飞碟、帽子、马桶垫,卷起来当话筒、听诊器……有趣着呢。看来,孩子们对这种语言类的即兴题非常感兴趣……

"OM"即兴题的训练,只有短暂的七八分钟时间,但是,却能很好地开拓学生的思路,让那些稀奇古怪、异想天开的答案表现出来。即兴题是没有标准答案的,全队同心协力,为了创造性地解题,融合了每个人的创造力,克服各种不同的冲突,他们的创造力得到了承认、鼓励和培养。他们说着不寻常的话,做着新颖的事情,他们有一个不受人压抑、可以表达自己意见的地方,那就是"OM"。

在"OM"活动中,最终的结果并不单单是在比赛中获得好的奖项,更为重要的是,在解题的过程中学生们学到了东西。当他们一旦获得机会,就会充满自信地表现自己,打开思路,激发创意。隐约之中,似乎成了"OM"队员的第二天性。当他们得到同伴们的鼓励和充分尊重后,面对复杂和困难,他们渴望做得更好。这就是创造力和团队合作,这也是与"OM"对话的魅力所在。

探究 创造 合作 发展
青岛市平安路第二小学 张丽丽

有幸作为辅导教师带领学校的孩子们参加了在上海市晋元高级中学举行的第 34 届世界头脑奥林匹克中国区决赛暨第 26 届中国上海头脑奥林匹克创新大赛。这是我们学校第一次组队参加头脑奥林匹克比赛，从一开始的一无所知到后来的一知半解直至现在的透彻了解，我们经历了很长一段学习和摸索的时期。在这个过程中，我对这项活动也有了完整、深入的了解。

头脑奥林匹克是由美国葛拉斯堡罗州立学院的教育博士米克卢斯教授发起的一项用于提高中小学队员创新能力的竞赛活动，它分为长期题和即兴题两种。对于长期题，参赛者有很多时间翻阅资料、思考，从而选择最佳方案。为了反映队员的真实水平，头脑奥林匹克竞赛还设置了即兴题。即兴题在比赛时当场公布，参赛队员必须在规定的几分钟时间内完成，即使有队员在成人的帮助下在长期题上取得高分，那么在即兴题中也有可能失败。

头脑奥林匹克竞赛活动是一种全新的创新力比赛，它要求队员们像科学家、艺术家那样，自己选择课题，自己去创造，自己去设计,自己去制作;让他们从小掌握创造的方法,体验创造的经历,获得创造的乐趣。

在和同学们一起准备这次比赛的过程中,我真的感触颇多。下面我结合我们本次比赛的题目《宠物计划》来谈谈辅导学生参加头脑奥林匹克竞赛的体会。这个题目要求学生设计、制作并操作三辆从不同区域出发的小车,小车要通过障碍完成零件的运送,这些零件用来装配一个宠物。那怎样让学生在这个过程中既增长知识、提高动手能力又开发他们的创造能力,这是我们作为辅导老师所应该解决的主要问题。

一、理论为基础,指导孩子探究、实践

题目一出来,我就组织"OM"小组的同学一起来讨论,理解规则,通过学习、研究、讨论,大家得出了一致的看法:第一,三辆小车的动力必须不同;第二,宠物的表演要有融合性和独立性;第三,要确立一个主题来表演,将小车的运行和宠物的装配融合在这个表演中。然后让每位同学都回去自己构思,按照自己的想法进行创作,这样给每个孩子一次发挥自我创造力的机会。

二、自主探究学习,发挥自我创造力

几天之后,各位队员完成了自己剧本的构思和小车动力、宠物的构想,大家凑在一起,各抒己见,讨论每一个方案的可行性。最终,大家一致通过了《企鹅家族》的方案,同时敲定了三辆小车的推动系统——气泵、橡皮筋、陀螺。在这个过程中,每一个队员都充分发挥了自主学习的主动性、积极性,提高了自我创造力。

三、激发学生的自信心,鼓励学生自己创造

方案定好之后,就要开始实际操作了。头脑奥林匹克竞赛的

主旨就是鼓励学生自己动手,自己创造。因此在整个制作过程中,辅导员只起到了鼓励、打气的作用,鼓励每一个孩子发挥创造力,鼓励大胆想象,进行创新思维。队员们将幕布做成了一件衣服,穿在了一名队员的身上,让幕布动起来,成为舞台上的一道风景。大家还用家里的废旧物品给自己缝制了服装,垃圾袋、包装袋、塑料片……这些都成为了他们手中的法宝。小车的制作也采用了一些废弃物品:用可乐瓶子和气球泵做出了一辆"气车";塑料片和橡皮筋制成了"橡筋车";玩过的陀螺制成了"陀螺车"。他们还将家里的电动娃娃拆卸开,研究里面的电路,自己动手制作了一个眼睛会亮、嘴巴会动、会走路、会唱歌的"小企鹅"。在这个过程中,队员们自主探究、动手创造,做了许多从未做过的事情。在大家的共同努力下,困难被一个个地排除,技术难关被一个个地突破,学生的意志在活动中受到磨炼,创造力和创新精神得到提升。

四、培养学生团结合作,共同发展

头脑奥林匹克竞赛的首要原则是团体努力、相互合作。所有的竞赛活动都是以队为单位来完成的。一个队是一个整体,在活动的全过程中都要体现整体精神。长期题的选择、解题方案的讨论、装置和道具的制作等工作都由大家一起完成。只有集中大家的智慧,才能完成一个最佳方案。每个队员在队中的表现,都将影响整个队的成绩。在竞赛当中,团体合作至关重要。每个队员都要听从指挥,决不能有出风头的思想。因此,在准备之初,我就引导队员们自己选出了一个队长,整个训练过程中,大家都以队长为中心,完成一切活动,这样就很好地培养了队员们的团队精神,谋求共同发展。

头脑奥林匹克活动,为孩子们提供了一次机会,让他们充分地发挥自己的聪明才智;也为他们提供了一个场所,让他们将更多的创造变为现实。孩子们通过这次活动,得到了各方面的锻炼和提高,培养了团队协作精神和创新精神,为他们今后的发展之路开拓了一片新的天地。

如何指导学生参加"头脑奥赛"
青岛市综合实践教育中心　袁淑萍

青岛市的头脑奥林匹克竞赛("OM")从 2004 年开始举办,10 年间获得了喜人的成果,最近 3 年都获得赴美参加世界头脑奥林匹克竞赛的资格,并曾夺取结构类长期题小学组世界第一名的桂冠。作为一名参与了 10 年头脑奥林匹克竞赛工作的裁判员,我在比赛中能看到参赛同学和老师们的辛勤付出,也深深地为他们的失误而感到惋惜。为了减少同学们的失误,我从裁判的角度谈一下指导教师(即教练)在指导学生参加头脑奥林匹克竞赛时应该做的工作。

一、熟悉规则,把握好大方向

头脑奥林匹克竞赛覆盖范围很广,从幼儿园到大学的学生都可以参加。不管是哪个年龄段的学生,刚接触到头脑奥林匹克竞赛时都是茫然的。这就要求指导教师在熟知"OM"竞赛理念和比赛规则的基础上,先培训学生建立起对"OM"的认识。

比如:"OM"是一个没有标准答案的活动,所追求的一切就是创造和实践;"OM"的精神是鼓励独特、灵活、创造以及团队合作;"OM"的誓言、宗旨和要求是什么;"OM"的长期题、即兴题以及风格是怎么回事;比赛的上场时间是多少,从什么时候开始计时……

在这里要特别引起指导教师注意的是比赛的参赛人数问题:青岛市的比赛要求不超过 5 名学生参加,全国的比赛要求不超过 7 名学生,世界的比赛要求不超过 7 名学生。每年在市级比赛中都会有几个队的学生数超过 5 名,这些参赛队不是临时减人数让参赛效果大打折扣;就是能表演,但是要被扣掉 50 分,直接失去了和其他参赛队竞争的资格。不管上述哪种情况出现,都会极大地打击学生的参与热情,让辛苦的准备付之东流。每次出现这样的队,裁判们都不禁扼腕叹息。

熟悉规则之后,指导教师还要在整个过程中把握好废旧材料、学生动手和创意这三个大方向。

1. 废旧材料

"OM"比赛强调环保意识,提倡用废旧材料来制作比赛时使用的道具、服装和背景。赛前要上交的成本表就是环保意识的体现,它的目的是希望参赛队重视节约。

因此,在比赛中出现的巨大的背景架、大量的喷绘图等道具,虽然会让舞台效果很炫,但是得分却不会太高。

2. 学生动手

"OM"比赛旨在培养学生的创造力、动手能力和合作能力,强调由学生来完成所有的道具制作、剧本编写、角色表演以及其他所有的工作。因此队员登记表要填写队员的分工,搬道具必须由学生搬进场(幼儿组和小学低年级组除外),比赛过程中有外部协助的扣分。

裁判们如果看到场上出现了完全不符合学生年龄段的道具也不会给太多分数,出现这种情况最多的还是背景。好多背景的画功非常高,图案非常精美,大大超出了场上比赛的小学生或者中学生的水平,这样的背景当然不会给学生们增加印象分。

外部协助也是很容易扣分的地方。有的家长和老师在观看比赛时比学生还紧张,学生们有哪句话没说对,或者是位置站的不好,他们都难以控制自己指挥的冲动。其实表演中的小失误很正常,有些失误甚至小到裁判都难以察觉,孩子们在场上也有一定的应变能力完全能弥补失误,可是家长和指导教师们的"帮忙"反而让孩子们扣了外部协助的分数,真是得不偿失。

因此,指导教师要放手让学生完成题目,组织学生多练习,协调好家长不要帮倒忙。

3. 创意

孩子们的创意经过碰撞之后往往会产生智慧的火花,指导教师在充分尊重孩子们创意的情况下,还要帮孩子们一个忙:就是帮他们把一把关,看看创意的方向有没有跑偏。比如说,学生们的点子有没有侮辱性的语言,有没有不合时宜的内容等。

二、精心指导,不放过小细节

前面说到注重学生动手,帮学生把握好大方向,在这里我就列举几个指导教师能帮上学生的小细节。

1. 得分点

每个长期题发到手之后,学生们都会仔细看题目要求,但是题目要求后面的评分表是很重要的地方,得分点往往在这里。比如说题目里有"无生命的物体要复活"这个要求,可是这个无生命的物体什么时候复活,复活前有什么要求,复活后什么状态呢? 这些答案就在评分表里:"开场时无生命的物体是无生命的样子 0 或 5 分。"根据这一项,我们就不会让表演"无生命的物体"的同学开场时蹦蹦跳跳着进场了,这 5 分就拿到了。

2. 道具的大小

道具如果做得太大，会影响携带，不方便搬进场地。在青岛市比赛还好说，如果去参加全国或者世界比赛，舟车劳顿之后发现道具走样就麻烦了。因此，在制作道具的时候，指导教师就要提醒学生们注意道具的尺寸，尽量让道具方便携带，不易损坏。

3. 表演

"OM"比赛要求科学与艺术相结合，所以不管是哪个题目都要求学生在完成任务的情况下要有符合要求的表演。指导教师要组织学生多练习，避免上场后紧张、忘词；还要注意提醒学生表情丰富、自然，这样会给裁判留下好的印象；最重要的是千万不要背对裁判说台词，裁判要是听不清台词，看不到表情，多好的剧本都白写了，对表演质量影响非常大。

4. 风格表的填写

风格表的填写会让好多指导教师头疼，感觉无从下手，但是这50分可是非常重要的。每年我们都会遇到不会填写风格表而导致失分的情况，下面我就说一下填写风格表的要点。

风格表的1、2项的句式都是"一个队员的服装"类的，千万要给裁判改成"队员——小企鹅的服装"等等，不要让裁判猜是哪一个，否则裁判不知道该给哪一个队员的服装打分。而且上例中"小企鹅的服装"也不能出现在评分表中，比如说，评分表中有"小企鹅的服装1~3分"这个项目之后，"小企鹅的服装"就不能出现在风格中了——裁判是不能重复打分的。

风格表的3、4项是"自由选择"，千万不要以为这是裁判"自由选择"的机会，这是参赛队自由选择的机会！"自由选择"项的目的是让参赛队填写他们认为自己最突出的优点，让裁判只给自己队优点打分，从而提高本队成绩。这可是个难得的机会，一定要再三斟酌。除了评分表中规定的项目，参赛队有很多选择，比如说某段舞蹈增加了什么效果，某个情节的设计很幽默，队籍标志造型很新颖等。

只有风格表第 5 项是不需要参赛队修改的——整体效果。

风格表下边还需要描述一下前 4 项是如何增强解题效果的，200～300 字就可，只要把意思描述清楚就好，不要长篇大论，裁判在节奏紧凑的比赛时是没有时间看很多内容的。

要准备一次头脑奥林匹克竞赛的参赛题目是很辛苦的，要付出很多时间、精力和汗水，可是学生和老师们都说，参加"OM"比赛，成绩和名次并不是他们最大的收获，他们最大的收获是合作的体验、动手的乐趣、创作的快乐。一分耕耘一分收获，希望所有头脑奥林匹克竞赛的参与者都能乐在其中，取得更多的硕果。

"头脑奥赛"历程体验

青岛市崂山区第三中学　王莉丽

崂山区第三中学头脑奥林匹克训练队组建于2012年春。校领导有感于区实验小学的参与成果，决定在崂山三中也为老师和同学们搭建这样一个科技创新的平台。经过班级推荐和培训筛选，最终王舒、宋睿、王景熠、白贝斯、辛秀脱颖而出，成为了崂山三中头脑奥林匹克竞赛训练队中第一批队员。

在青岛市第26届头脑奥林匹克竞赛中，我们选取了"迎接世园"这样一个题目。题目要求参赛队利用球的运动作为能量来完成一系列"迎接世园"的任务。另外，参赛队必须创作和表演一个世园会的主题。

这是一个技术加表演的题目。创新的解题方案与引人入胜的艺术表演的完美结合，是我们追求的目标。奔着这个目标，我们一边开始解题，一边开始出剧本。在一轮又一轮的培训中，孩子们磨合出了有着自己独特见解的解题方案，老师引领学生一起，把个人的思路取长补短，汇总成了一个优化解题方案。与此同时，小剧本在反复斟酌中逐步完善，一出"植物大战僵尸"新鲜出炉！

训练的日子是艰苦而紧张的。暑假伊始，孩子们放弃了睡懒觉和出游的机会,利用废旧物品精心准备服装和道具,全心扑在小剧操练上。对于技术类题目来说,熟练度往往是成功操作的关键。于是,老师和孩子们不得不一次又一次在操作前后检查装置,一次又一次被成功鼓舞、被失败警醒。

2012年7月19日,我们的头脑奥林匹克竞赛参赛队伍第一次心怀忐忑地走进了青岛赛区的比赛。回报老师们焦急等待的是赢得青岛市初中组第一的好成绩! 激动、感动、自信! 它让我们相信:只要努力,就会有回报。崂山三中头脑奥林匹克竞赛的行程,从此扬帆起航了!

夏去秋来,在青岛赛区出线的我们迎来了参加全国头脑奥林匹克竞赛的机会。2012年11月,第34届世界头脑奥林匹克竞赛中国赛区的比赛题目发布,共有:宠物计划、电子邮件、翻滚结构、古典音乐剧、古怪与正常、海洋探秘(幼儿园)等题目。新一轮选题解题又开始啦!

和青岛赛不同的是,全国赛的规则更加细致具体,并且有了英文版。这就要求我们在解题时要更加细心地解读和研究题目,并且思想思路要站在更高的台阶上去瞭望世界赛。我们这次选择的是一个全新的比赛类型,题目叫做:《古怪与正常》。这是一个从2012年开始新增加的表演类题目,要求包含解题方案的艺术表演必须具有幽默性。

比赛上了一个更高的台阶,难度和要求更高了、压力更大了! 青岛少科院的周杰主任语重心长地告诉我们:要想去美国参赛,必须在全国赛中拿到前三名才行;要想在全国赛中出线,必须付出超级努力击败上海一群强有力的对手才成! 有压力才有动力,因为压力大所以破釜沉舟! 已经不记得在选题伊始做过了多少比较和假设,也记不清楚为了题目中需要的相关知识和素材做了多少必备的"功课"。2012年12月初,围绕得分点我们先拟定了两名主角"古怪和正常"的行为,接下来就是小剧主题的创作了。其实,参加过这个比赛的老师们都清楚一点,单纯的科技创新或艺术表演都好说,难就难在两者要完美结合。解题方案再好,融不进引人入胜的艺术表演,吸引不了别人的眼球,一切等于白做。解题方案必须清楚明了,小剧剧情必须有吸引力。于是在小剧的创作中,我们充分发动孩子们的想象力和创造力,先以自己的剧本为例,教孩子们如何写剧本,然后带领大家细读得分点、扣分点和风格要求,最后让孩子们回家创作。等孩子们拿回他们的作品后,我一一点评,不放过一丝引发灵感与想象的想法和表达。最终,确立了"魔鬼"复制"人"的主题。这个具有科幻题材的主题幻想了人类在科研道路上权力欲望与正义的较量,从而深化了"有思想的灵魂不会被复制的"的深邃内涵。于是我们创设的第一主角——科学家"魔鬼"的助手、"灵魂"的"复制人"在这种情景中产生了。在剧情创作上,我坚持剧情可读性和思想深度并行的原则,中间我们穿插了另一个主角——中国少女"揪耳朵"的出场。她的出现,犹如小剧中一缕明媚的阳光。我们赋予这个活泼调皮的女孩一个可爱的"怪癖"——初次见面时,喜欢揪人家耳朵!而这个怪癖,恰恰是巴西民间表达新年祝福的一个风俗!于是我们为她设定了一个巴西新年的场景。伴随着大家寻找印加王拯救灵魂、"复制人"言行"古怪"到令人惊讶"掉出眼珠","揪耳朵"的怪癖在巴西得到了认可,她的行为由"古怪"转化成了"正常"。而这一切切入主题,恰恰扣住了题目的得分点。

剧本定稿后,我们从 2012 年 12 月底开始了分工制作服装和道具,学生和家长齐参与,我们的第一批服装在 2013 年元旦假后面世。应该说,服装的制作与家长们的密切配合是分不开的!

元旦假期,我们正式开始了长期题小剧的排练。还记得那是 2012 年最冷的几天,全校都放假了,头脑奥林匹克竞赛训练队的老师和同学们坚守在学校，孩子们隔天一来的车轮战累病了我。于是上午训练、下午打点滴成了我在那个元旦假期的独特生活方式。世界上没有随随便便的成功！

孩子们参加长期题训练很是艰苦。天气冷，老师要求严格，往往一句台词要练几十遍才能达到要求。董福锦同学为了能更好地演绎"卓别林"的角色，每天坚持比别人早到半小时，一遍又一遍默默地练习；陈子涵、辛芊等同学训练完毕仍旧能坚持回家揣摩角色；臧文涵、王琪澳同学在老师的指导下不厌其烦地制作和修改道具，每次都能出色地完成任务。小剧的主角之一李佳俊和他的孪生兄弟李佳信在剧中要始终保持言行相同，只有通过大量的练习才能做到这一点。于是小哥俩有了一个天天必做的功课——训练之余再练习一个小时。陈子涵同学在感想中这样描述那段训练时光：那些岁月，我们迎着早八点的太阳，说笑着走进校园；那些岁月，我们仔细揣摩自身角色的特点，设计表情动作；那些岁月，我们忙碌于剪刀与彩纸之间，努力将手工做到最好；那些岁月，我们围坐在桌旁，一句句创造性回答随着不断跳跃的思维脱颖而出；那些岁月，我们同老师一起，为着这样一个目标而执着追求！那些岁月，欢笑过、悲伤过、苦过、累过。但是无论如何，我们的目标永远不会改变，我们依旧充满信心。

2013年寒假对于崂山三中头脑奥林匹克竞赛训练队是个难忘的假期。在这个假期里，孩子们跟我一起做手工，一起改编小剧台词，一起改进道具，一起进行即兴题和长期题的准备，充实而又快乐。

孩子们刻苦的训练不会白费，辛苦总会有回报。

2013年2月28日，我们终于成行。奔赴上海比赛给了我和孩子们一个实现心愿的机会。

"第一名，山东省青岛市崂山区第三中学代表队！"

"耶!"

当组委会宣布我们获得全国赛的第一名时,看着孩子们兴奋的脸庞和挥舞的双手,我们深切地感受到:头脑奥林匹克竞赛的宗旨——培养孩子的团队精神,已在孩子们的心里开花并结了果!这正是:宝剑锋从磨砺出,梅花香自苦寒来。

通过比赛我感觉头脑奥林匹克竞赛的难点在于:一是解题方案要与艺术表演完美结合;二是创新没有顶级标准,创新尺度无极限。山外有山,人外有人,如何进行发散性思维,充分利用创造力设计好最佳解题方案,并以引人入胜的剧情、适当的艺术表演形式呈现给观众,这是一个值得参赛者深入探索的问题。在和学生一起探索的过程中,我越来越深切地感受到:头脑奥林匹克竞赛宗旨中提到的"培养孩子的创新能力和团队精神"意义非凡。

赴美参赛日记

青岛市开发区黄浦江路小学　张燕

2011 年 5 月 26 日　周四　天气 晴　上海到纽约飞机

带着"新"情启程

终于盼到了这一天——2011 年 5 月 26 日,是中国·青岛·开发区黄浦江路小学科普队参加"第 32 届世界头脑奥林匹克竞赛"的日子。

迎着晨曦,4 点 50 我们齐聚在学校门口。十人的团队,送行的来了近二十人。最小的刘兰鸣九,是一年级的,只有六岁,爷爷、爸爸、妈妈都来送行,一家人围着他殷殷地叮咛,小家伙却手一摆,扔下一句"没问题",人就坐到了座位上,那份自信真让我为他自豪!最大的是六年级十二岁的崔元一和程小莉,爸爸开车送来,没有再多说一句话,放心地走了……

一切妥当,车门一关,霎时,老师又多了一份做父母的使命。

不愧是创新大赛,连学生管理也来了个创新。管校长别出心裁地推出了"我的比赛·我做主·我来管老师"的活动方案,变以往的"老师管学生"为"学生管老师、管校长"。每三个学生管一名教师,承包到人,全面负责,比比谁管的效果好。具体要求有:不要让老师离开你的视线，提醒老师随身携带背包，不要随便帮团队外的人拿东西，提醒老师什么东西不能买，老师有事要向你请假等。孩子们个个热情高涨，严格"看"着老师、"看"着校长，将注意事项一一地"告诉"我们，一不准二不准三不准……听着孩子们一个个变成了"出国通"，我们的心里乐开了花。

与孩子们十天的朝夕相处，除了师生的情谊，将多一份承载父母使命的亲情。走向世界的创新大赛，又缔结了教师管理学生的新思路。

2011年5月27日　周五
落地与时间赛跑

行程一万三千米，历经15个小时，我们终于平安降落在纽约肯尼迪机场。

我们不顾旅途劳顿，直奔曼哈顿华尔街，因为晚上住在纽约，我们想利用这个机会，尽可能多地了解美国。多数学生第一次坐飞机，15个小时的行程已非常疲倦，但好奇心驱使大家都同意先顺路看景点后再吃饭。

漫步华尔街，两边宏伟的建筑见证着发达国家的历史，熙攘的人群尽显都市的繁华，如今的中国娃见惯了高楼大厦，不深入了解难得其中的奥秘。随团的王老师是美国通，她让我们知道华尔街是纽约市曼哈顿区从百老汇延伸到东河的一条大街，以"美国的金融中心"闻名于世。从地理上华尔街非常小，而在真正意义上，华尔街是美国资本市场乃至金融业的代名词。

华尔街奔牛、9·11遗址、自由女神、时代广场、帝国大厦，一处处景点，向学生们诉说着一个国度的发展史。奔牛是美国金融鼎盛时代的产物；9·11遗址呼唤着人类对和平的心声；自由女神是民主、和平、自由的化身；时代广场真正引领世界潮流；高318米、建成100多年的帝国大厦不仅是纽约全景的观赏处,更是一个发达国家的历史丰碑。

和孩子们一起看,一起思,更要一起追赶。

2011年5月28日　周六
纽约小学与我们手拉手

带着12小时时差的困顿,我们疲倦地赶到了比赛场地马里兰大学。一切手续办妥,带着比赛证和房卡来到我们住的203房间,一到门口,门上两张紫色的便条温馨跃入眼帘,一张用英文写着"Welcome to the USA Bvddy Team！ My name is chris. I am the coach of your buddy team from new York. We would like to meet you. My room is 3118. Leave a note if I am not there."另一张用汉语写着"欢迎来到美国！我是你们的好友队教练。我的名字叫克瑞思,很高兴认识你,我的房间号码是3118(同一栋楼),如果我不在房间,门上会留下一张纸条。"

很高兴,我们即将增添一个新朋友和一个异国联谊学校。

扔下行李,重要的任务是按秩序册的安排去找比赛场地。刚下楼,克瑞思已等在楼下,他高兴地问:你们就是中国·黄浦江路小学？你的名字叫这个？看到老外知道我们学校,知道我们的名字,很自豪。克瑞思带着一名中国翻译,她热情地帮我们讲解。我们相互留了地址、Email、电话等,孩子们互换了礼物。中国的孩子从一年级开设英语,多少都能讲几句,美国的孩子很羡慕,热情地向他们学习汉语。艺术无国界,孩子们与美国朋友唱起了英文歌、跳起了圆圈舞,还表演了我们的国粹——京剧、戏曲等,一片草坪、一棵大树、一群光脚丫的中美孩子……组成了一幅美丽、快乐的画面。

2011年5月29日　周日
三次"踩点"

美国的大学全都是开放式的,没有大门,没有院墙。我们比赛的马里兰大学面积很大。本次比赛有14个国家参加,分大学、小学、初中、高中组。明天是即兴题比赛的时间,为了比赛顺利,下午管校长、孙逸如和翻译小王坐了近20分钟的车,又走了20多分钟,照秩序册去比赛场地踩点,回来时已近10点了。但管校长思来想去还是不放心,因为从住的地方怎么到达比赛场地心里还是没底,虽然是在大学校园里,但白天转来转去,又乘车又步行,路线不清晰。于是我们决定由孙逸如考虑明天即兴题比赛注意事项,我和管校长进行第二次"踩点"。

带着地图,走走、标标、问问,华盛顿40多摄氏度的高温更升腾了我们的信心,管校长不时地擦着汗,拧着毛巾,T恤衫背部全湿透了。路过的汽车主动停下来问:"Can I help you?"这句话一晚上我们多次听到,非常亲切。最感动的是走到一个车站时,一个黑人小伙正在打电话,这时已是夜里11点15分,他看到我们停下来等待问他问题时,他马上终止电话,耐心地告诉我们行走路线,然后才继续打电话,那份耐心、热情让我们无比感动。在白人、黑人、司机的帮助下,我们第二次"踩点"成功!找到了一条从住处到比赛场地最近的路,只需12分钟。

清晨,刚刚起床,碰到管校长风尘仆仆地从外面回来,我问她:"你去观景了吗?"她笑眯眯地说:"我不放心,又去走了一遍。"三次"踩点",这份责任和使命让我们无愧于每一个孩子。我们会让你们成为世界上最幸福的孩子中的一员。

2011 年 5 月 30 日　周一
成功进行即兴题比赛

今天的十点四十七分,是孩子们即兴题比赛时间。纽约小学的克瑞思带领他们的队员为我们加油,在祝福声中我们开赴场地。

特别的候场让我们大开眼界。一位戴着漂亮的羽毛帽子、手里拿着夸张话筒的大鼻子美国人将孩子们引进等待室。教室后面墙上有一张大纸,地下散乱着各色的笔,各国同学们可随意涂鸦。涂鸦是美国艺术,组织者以夸张、滑稽的打扮吸引孩子,增添轻松快乐氛围,随时鼓励各国孩子们上台表演。中国的孩子落落大方,在孙逸如老师的带领下与美国、巴西、加拿大等多国小朋友演出、合影,获得阵阵掌声。很幸运的是我们还与世界头脑奥林匹克竞赛的主管 Joy 交上了朋友,合影留念,给我们签了名,送来了"祝我们好运"的祝福。

赛前,主管将比赛的意图与孩子们做了充分交流,让每个孩子明白比赛不是为了第一、第二,这个比赛是为世界各国小朋友提供一个展示、交流的平台,你们都很棒,比赛不可以相互埋怨,要包容,要快乐,大胆地说出自己的想法,直到每个孩子放松下来,才正式进去比赛。孩子们比赛完时自信而愉快地告诉我们:很顺利、不错。这就是成功!

因为比赛是同一题目,所以大赛要求一旦走出场地,只字不得提比赛内容,孩子们说考题是"世界机密,不能告诉",事后才得知考题是:给你三个抱枕,一个粉色带花、一个迷彩色、一个黑色,请你随便说出"关于他们",一个团队人人轮流、不间断地说 4 分钟,孩子们按要求做到了,自我感觉很好。孩子们的快乐就是我们最大的快乐。

"头脑奥赛"感悟

青岛市开发区黄浦江路小学　陈杰　朱丽娜

青岛市第九届头脑奥林匹克竞赛已过去两个多月了,想起来真是累并快乐着……

本届头脑奥林匹克竞赛,我校参加了"迎接世园"项目的比赛。本项目要求制作一个利用球体的运动作为能源,完成一系列任务的装置。

在选择这一题目后,学校发动学生踊跃报名,经历初赛、复赛,挑选了五名动手能力强、喜欢搞小创造发明的同学。在解题之初,我们选择了规定的四项任务,同时还计划设置三个自选任务——一个舞动的"世园会"吉祥物、为竹林浇水、大树生长。

思路有了,我们便开始着手制作装置,并在制作的过程中不断进行了调整。第一个任务我们设计的是撞破气球,这应该是最简单的一个机关了,由薛东平同学负责。他在小球落入第二个轨道处设计了一块可以转动的木板,木板前头有一个钉子,当小球撞击木板的时候,木板就会倒下,前面的钉子就把气球扎破了,同时,钉子又会让木板有一定的坡度,不至于让小球滚到相反的方向。机关虽简单,但也体现了他严谨细致的做事态度。

　　随着小球的继续下落,到整个机关的中心位置,原来计划的"世园会"吉祥物准备放在这里,可是我们发现这个会动的吉祥物并不是很适合。在设计制作舞动的吉祥物时,因为要用到220伏的电源,考虑到学生制作、试验和表演中的安全问题,大家讨论一致同意放弃这一任务,换成了相对简单的触发机械音乐盒的任务。在制作的时候,怎么让音乐盒从固定不响到旋转响起来,同学们颇动了一番脑筋。大家想了各种办法,可是要么固定不住固定住了但触发不响。到最后把学生带来的音乐盒弄坏了也没找到合适的办法。后来学生来找我,说要放弃这一任务。我了解了情况,就鼓励他们,让他们从音乐盒内部结构入手考虑,是不是会有所突破。一句话提醒了他们,他们立刻围在一起开始拆解音乐盒,打开以后发现里面有一个横摆,在音乐盒响起来的时候这个横摆会高速转动。调皮的谭诚用手一碰这个横摆,音乐盒竟然停住了。困扰了大家好长时间的难题就在不经意间解决了。最后,我又帮他们在新音乐盒的外壳上抠了一个小洞,用一块小铁片挡住那个可以转动的横摆,轻松地就把音乐盒控制住了。铁片可以很轻松地拉出,音乐盒就会响起来。

在制作用喷壶为竹林浇水的机关时,我们发现也不是很适合。机关完成后效果还不错,可是每次试验都会有水淋到地上弄脏地面,考虑到比赛场地的环境卫生,还有可能会因此被扣分,所以我们就放弃了这个任务,宋颢宇建议可不可以换成直接让竹林缓慢长出来。我觉得这个主意也不错,就让学生设计方案,进行了改造。当滚动的小球落入小桶,会带动小桶下落。小桶下落的过程中会合上装置后面的电闸接通电路,由电动玩具车改装的减速齿轮便会转动,把竹林缓缓升起。当竹林升到合适的位置就会碰触这个电路上的另一个开关,切断电路,竹林就会停止上升。同时会接通大树生长的电路开关。

大树生长跟竹林生长原理接近,但不完全一样。于佳卉提出可不可以把大树分成树叶和树干分别长高。大家就试着去做,我把去年参加全国头脑奥林匹克竞赛的一个枯树发芽的道具拿给他们看,他们从中得到启发,很快就找到了解决的方法,用两根细线分别控制树叶和树干就能分别让树叶长出、树干长高。在动力上,也是选择了电动机带动减速齿轮。我们唯一一个带有减速齿轮箱的玩具车被用在了竹林生长的机关里了,为了控制成本,我从家里找了一个旧水表,拆下里面的齿轮用在了这里。当第一个小球带动小桶落下的时候,它就不能再提供能量了。第二个球的触发是不能人为给予动力的。于是李嘉欣就在大树下连接了一条丝线,大树生长的时候由连接的丝线拉动释放第二个球,当球下落时,撞开固定金鱼的机关,金鱼被释放到鱼缸里,同时拉动连接遮挡"美丽世园·和谐青岛"文字的红纸,展示对青岛"世园会"的美好祝愿。小球继续沿着轨道下落,经过一个翘起的弯道跳过落在小桶里的第一个球。至此所有任务完成。

我们学校自2004年以来连续参加了多届头脑奥林匹克竞赛,从摸着石头过河、到积累经验、到柳暗花明,苦辣酸甜,各种滋味尽

享其中。本届头脑奥林匹克竞赛首次尝试技术类与风格表演类的长期题竞赛项目,更是经历了暑期高温、经验不足、时间短、任务重等困难。大家出点子、想办法,认真研究比赛项目,详细制订活动方案,仔细分析解题过程……每一步都是全体师生群策群力的结果,每一天都发生着一个又一个感人的故事。经历过后就是感动、思考,挑战头脑奥林匹克竞赛新的项目,让身为辅导教师的我们,认识到孩子的能力是不可估量的,给他一个平台、一个机会,就会收获很多惊喜。在参与活动过程中教师自身的水平也得到了提升,和同事的配合也更默契了。大家在相互合作中取长补短,把想解决的问题变为现实,在动手动脑的过程中,尝试了一次又一次飞跃。

头脑奥林匹克参赛随笔

青岛市九中　周杉

青岛市第五届头脑奥林匹克竞赛,这是我校首次组队参加该类竞赛,本次竞赛,各校高度重视,因此参赛队及参赛人数创历史之最,全青岛市有上百所学校报名参加了竞赛。本次竞赛包括奥林匹克结构、奥运圣火、奥帆小主人三个项目的比赛,分成小学组、中学组和大学组,其中仅中学组就达 50 余支队伍。接到通知后,学校领导十分重视,进行了充分动员,在学生自愿报名的基础上,进行选拔,最后选出水平较高的三支队伍代表学校参加了全部三个项目的比赛。我校尽管是第一次参加这种比赛,缺少经验,但最终还是取得了优异成绩:奥运圣火传递组获第一名;奥帆结构组荣获第二名;奥帆小主人组获得第三名。

这次比赛活动,我们更加清楚地认识到,开发青少年的创造力,培养青少年的创造精神和团队精神是头脑奥林匹克的宗旨之所在。

教师如何教学、如何指导才能在最短的时间内让学生获得最大的进步和发展这一直是我在思考的问题。由于应试教育的惯性,很多学生习惯于单一、被动的学习方式。学生缺乏积极参与实践,勤于思考的过程，更难以谈及如何创新。在头脑奥林匹克活动过程中，教师以项目学习方式来激发学生拓展学习的多元空间，通过自主探索、合作交流和实践活动等多样化方式，畅通学习的多元渠道。

在奥运圣火传递的项目中，要求设计车辆可以连续跨越5厘米高的方台，这就要求车辆有一定的稳定性同时还要有足够的动力，为此我们在设计上试验了轮式车辆和履带式车辆，并且分别比较了双电机和单电机的动力与方向控制的差异。这些工作充分激发了学生与众不同、敢于独创的精神，最终我们选定了单发动机履带式车辆。通过4节5号碱性电池就可以完成跨越的要求。

为了保证在8米的直线行驶或翻越行驶中车辆的方向依然正确，在方向控制上我们采用单电机，可以使两条履带同步，但是这还不够，学生考虑到了增加车辆的自身配重，但随之而来的问题是，对于这样的重量可能电池的功率不足以保证把整个车推上5厘米的高台。面对这个问题，学生通过改变配重的位置，一方面在提高车的自重同时降低车的重心，另一方面是把重心前置，并且增大了履带与地面的接触角。这样车辆在爬越5厘米台阶时，当重心超过台面后，车辆在重力矩的作用下就会以台面棱边为转轴发生转动，这样就使的车身完全上升到台面上了。

另外为了模拟点燃圣火，我们设计了利用空气动力学原理中流速与压强的关系，依靠流动的风吹拂起红色塑料膜模拟圣火点燃，又通过简单机械的斜坡元件把车辆水平运动转为竖直运动从而控制了圣火的点燃。

竞赛中的风格表演，对于学生来讲，更是创意的事。学生团体努力、互相合作设计了变形金刚的剧本，利用废旧纸壳制作了服装，把机器人与汽车相联系，把能源和奥运相联系，这次表演充分说明学生喜欢这样多元方式的创新学习。

通过此次参赛,我有以下体会。

1. 制订活动计划要完善

凡事预则立,不预则废。一个好的计划,可以少走弯路,出奇制胜。须先弄懂竞赛的目标、规则、要求,再根据自己的实际情况确定发展方向,选择学生,准备作品的材料等初步的方向。拟订活动时间表;准备活动用具;腾出活动教室;发放学生动员传单,罗列出对科技活动有兴趣的学生名单,作为第一轮入围人选。

2. 学生的选择要全面

科技活动的内容包括智力、体力、技巧、社交、语言、表演等方面,同时涉及理化、生物、心理、社会等各个层面。学生科技活动是以创新为中心,以在校学生为对象,以促进和学习科技知识为目标,因此学生是把握整个科技活动的命脉,在整个活动的自始至终都起着举足轻重的作用,不容忽视。科技活动既强调了知识的学习,同时也强调了最终达到创新的目的。科技小组活动不同于一般学习,因为科技活动以制作和创新为中心,面向部分学生,小组成员要有高度的灵活性,并且还要和其他相关人员密切合作,完成各种学习任务。正由于科技活动范围广泛,知识面大,灵活性强,才对小组成员提出了较高的要求。因此,活动计划制订后,依照竞赛要求,从德、智、体、社交等方面来确立人员。

3. 材料的运用要丰富

根据竞赛规则,制作车辆的材料种类繁多,品种各异,那么正确选择恰当匹配的车辆材料就显得至关重要了。材料的选择匹配恰当了,就可以用最少的精力获得最佳的效果,若违背选择原则而盲目运用材料创作制造,往往会适得其反。在选择车辆材料时,以"轻、直、牢、薄"为要点,发动学生寻找,充分运用材料的可利用性,以体现我们的创新特色。这样做,一方面可以扩展学生的信息渠道、有更多的学习思路,另一方面可以使学生夺得家庭和社会的支持,提高动手能力,最终达到创新的思维境界。具体方法如下。

(1)从学生中获取。

让学生认识和收集材料,首先遇到的是如何认识和收集材料的问题。教师应让学生明确材料选择的特征、要求,指导学生尽可能多种途径收集资料,如从生活经验、互联网、家长问询、请教长者等途径中收集有关的材料。

(2)从现实生活中获取。

根据学生的信息提示,我本人也对生活中的细节进行关注,学校——社会——家庭这三部曲中,时刻留意身边的一事一物。

在头脑奥林匹克活动中,创造将让我们拥有一个一个的快乐。当我们在未知的道路上漫步的时候,当我们展开想象的翅膀,当用双手实现一个又一个梦想的时候,当我们在平凡中创造独特的时候,迎接我们的一定会是快乐,一种战胜自我的快乐,一种实现自我的快乐,一种展现个性的快乐!

第三节

学生篇

世界"头脑奥赛",我们来了
——参加第三十四届世界"头脑奥赛"纪实
青岛市第七中学　郝欣

　　2013年的5月注定是不平凡的,2013年的春天是忙碌的。这个春天,青岛七中头脑奥林匹克竞赛小组在老师们的带领下一路汗水、一路耕耘,顺利闯进了第三十四届世界头脑奥林匹克竞赛的大舞台,并取得了第六名的优异成绩。

　　以下内容是比赛从准备到参赛的纪实,它是我们青岛七中头脑奥林匹克竞赛小组全过程的真实记录,我们的汗水、我们的奋斗在一天天的努力中迎了青春的怒放!

　　一、即兴题的准备

　　参加头脑奥林匹克竞赛除了参加长期题和风格比赛外,还要参加即兴题的比赛。即兴题题目事先是保密、不公开的,当参赛队进入比赛房间后,裁判才向参赛队宣读题目,宣读完题目后参赛队

马上开始解题。即兴题比赛时,教练、家长、记者、竞赛工作人员、非本赛题组裁判都不能进入即兴题比赛房间和即兴题比赛区域。比赛时任何人不得摄影、摄像,不得干扰队员比赛。

即兴题的准备难度是相当大的,我们头脑奥林匹克竞赛小组,每天中午利用午休时间或课后时间,集中在一起,进行语言类及动手类即兴题的训练。语言类及动手类即兴题需要大家利用发散性思维、创造性思维和多角度思维共同努力解题。一开始,大家的答题结果不是很到位,随着训练强度的增加,我们的思路越来越开阔,越来越充满创造力,在一天天的进步中我们收获着奋斗的成功。

一、长期题的准备

头脑奥林匹克竞赛长期题是要求让 5～7 名队员组成一支参赛队,在教练的指导下解题。内容涉及车辆、建筑、旅游、考古、广告、买卖、金融、环保等,我们学校选择了宠物计划的长期题。

2013 年宠物计划题目是这样要求的:

参赛队的问题是设计、制作并操作三辆从不同区域出发的小车,小车要通过障碍完成零件的运送,这些零件用来装配一个宠物。每一辆小车必须以不同的方式来驱动,并需要完成至少三段旅程,将零件运送至装配区。参赛队需要发出信号,让观众知道哪一辆小车将在下一轮运行。一旦装配完成,宠物将表演一个把戏,或者成为戏法的一部分。参赛队需要为表演创作一个主题,表演包含运送零件和动物。

重点：表演的主题、小车和小车是如何运行的以及宠物的装配。

三、长期题的解题

在老师的指导下，经过多次的修改，为了体现中国特色，我们终于确定了所参加的长期题的思路和剧本。

我们运用国内外中学生都喜欢的蓝精灵和《西游记》中唐僧师徒四人的卡通形象，运用现代幽默语言以及动作，通过共同努力，以小车运送作为载体，设计使小恐龙复活的精彩剧目。

在准备中，我们采用了中国著名的《西游记》唐僧师徒取经桥段及经典的蓝精灵卡通形象。唐僧运用夸张搞笑的动作发现9个零件，通过3辆外形独特、动力新颖的小车——气动可乐车、老鼠夹子车、摇篮车运9个

零件到装配区组装成一只可以走动、发光、发声、变戏法摇尾巴、外形精美的小恐龙，宠物复活，队员跳欢快舞蹈以示庆祝。其中孙悟空的角色极具亮点，他化了中国京剧脸谱妆容，穿上凸显人物特征的虎皮裙、紧箍咒，手拿金箍棒，既展现了中国风，也与蓝精灵等国外卡通形象形成鲜明对比，让人记忆深刻。

2. 剧本的准备

在老师的指导下，剧本的编写和翻译经过大家反复的推敲和

琢磨，先完成了中文版的剧本，然后又翻译出英文版剧本，并且请外教老师给我们进一步指导和加强。在8分钟的宠物计划长期题解决过程中，同学们不仅在剧本的编写上，而且在英语的学习上都获得了极大的提升。

3．道具和服装的准备

本次长期题的背景和服装全部是同学们动手操作的成果，出于环保节约的目的，我们充分利用了报纸、简易雨衣、可乐瓶、量衣尺、废旧物品等，制作了五颜六色充满梦想的背景和演出服。

四、美国之行

经过3个月的准备，我们终于盼到了出发的日子。不管结果如何，我们相信阳光总在风雨后。带着老师、家长和同学们的期望，我们信心满满地踏上了征程！经过13个小时的长途跋山涉水，我们终于踏上了美国的土地。

2013年5月22日，第34届世界头脑奥林匹克决赛在美国密歇根州立大学拉开帷幕，来自世界不同国家和地区的800余支代表队参赛，其中初中组共280支队伍参赛。中国共有20支代表队参赛，青岛市共5支代表队参赛，我们青岛七中是来自市南区唯一的一支参赛队，我们感到无比自豪和兴奋！

在密歇根州州立大学校园内和友好学校的队友们进行交流、和友好团队的团员互相交换礼物、紧张有序的赛前准备、比赛准备间隙的开心微笑、本届头脑奥林匹克竞赛的可爱会标、严肃的比赛现场、很棒的其他国家的参赛队,都深深地留在我的记忆中。

当我们带着世界第六的好成绩回到青岛,说真的,当时真的很有为国争光、凯旋的感觉呢!

感谢头脑奥林匹克竞赛,感谢学校,感谢老师家长们,感谢这288个小时的行走!有一些东西是会被融化的,融化成一种习惯、一种生活状态,渗透到你日后的生命里去。头脑奥林匹克竞赛的创新与开拓、团结与协作精神,潜移默化地影响着我们的性格和思想,它们已不再是我们的回忆,而是一种植入骨髓的精神。这种精神,就是""OM"精神!我相信""OM"精神会不断地鼓舞我们前进。

难忘,那次击掌

青岛太平路小学　孙明钰

参与头脑奥林匹克竞赛的两年时光,给我带来了无限的快乐,留下了诸多美好回忆。至今让我久久不能忘怀的,还是那次2013年5月赴美国密歇根州立大学参加第34届世界头脑奥林匹克创新大赛。在那里,我经历了一次次特别的"击掌"。

当时是到达美国比赛地的第二天,也是我们长期题比赛的日子。天蒙蒙亮,老师们就领着大伙儿把几大箱道具运到了楼下。迎着清晨习习的凉风,我心里有一种说不出的紧张!心想:这次比赛,大家付出了这么多的努力,而且还要代表中国孩子的水平,我可不能丢中国人的脸啊!想完,手不禁抖了起来,道具差点都被我碰倒。

"Hello!"友好队的问候打断了我的愁绪。头脑奥林匹克竞赛很特别的一点就是每个外国参赛队都会安排一个"友好队",一般是当地的参赛队,他们就住在我们对面,经常和我们一起交流,帮助我们解决一些困难。今天是我们的比赛日,一大早,友好队支援我们拉道具的车就早早停在楼下了。

当我们刚要准备上车时,"意外"发生了。友好队的7名队员齐刷刷地跑过来,他们有的还穿着睡衣,似乎睡眼惺忪,但每一个人都是满脸微笑。他们跑过来,伸出了双臂。哦,这是我们特别的"仪式"——击掌。7个黄头发、蓝眼睛的美国孩子,和我们每个人一一有力地击掌,还不停地用刚刚学会的一点儿中文对我们说:"加油!加油!"顿时,我心里说不出来的激动,紧张感消失了一半。友好队的减压办法还挺灵啊,一次普通的击掌,会有如此之大的威力,我不由得在心里也给自己打气。

车很快把我们拉到了比赛地,我们拖着道具进了入口。一看顺序,还有两个就轮到我们了。环顾四周,都是外国人,他们有的开心地笑着,有的在追逐玩耍,看起来一点都不紧张。听着他们流利的英语,我们愈发紧张。虽然已经把英文背得滚瓜烂熟,但毕竟是外语,评委能听懂吗?这又让我不知不觉产生了压力,心里沉甸甸的。

咦?这些人是……啊,原来是友好队的队员们,他们居然也赶过来为我们加油,真是意外惊喜!"到你们了。"工作人员的提醒打断了我的思绪,紧张也达到了顶点。此时,一双双手,再次举起,是他们,我们友好队的朋友们,他们再一次伸出友谊之手,与我们一一击掌。"啪啪……"清脆的击掌声震动着我的心。虽然相隔万里,虽然互不熟悉,但头脑奥林匹克让我们聚到了一起,成为一个大家庭。"让我成为知识的探索者!让我在未知的道路上漫游!让我用我的创造力把我居住的世界变得更美好!"头脑奥林匹克的誓言在我的耳边回响,心中,再一次蓄满了力量!

接下来的比赛,我们超水平发挥。台下,除了掌声,还是掌声。比赛结束,评委和全场观众几乎都站起来喝彩,当然,也有我们的友好队,他们鼓掌特别卖力,笑得特别灿烂。感谢头脑奥利匹克,它让我感受到了前所未有的光荣与自豪;感谢这伟大的比赛,它让我充满自信、尝试创新、懂得合作;感谢教练员老师,他们付出了辛勤的努力;感谢每一个队友,与他们相处是我永远不会忘怀的美好回忆!

一次击掌、一场比赛、一段经历、一生珍存!真诚希望能有越来越多的同学们参与到头脑奥林匹克创新大赛之中,让我们共同分享创造的快乐吧!

"OM"竞赛,梦想的舞台

青岛市第五十七中学　李晓琦

3月的上海是多变的,刚到的第一天还是晴空烈日,不久便淅淅沥沥地飘着雨丝。我们的心情也如这天气般多变,带着满满的信心与期望而来,却带着小小的失望和遗憾离开。我们获得了"古典建筑——音乐剧"项目初中组第5名,与一等奖仅相差不到5分。但是,虽然有遗憾,第26届全国头脑奥林匹克竞赛依旧带给了我们无可磨灭的快乐体验与成长。

2013年的寒假,整整一个月,除了大年三十到大年初二这三天的短暂休息,其他所有时间我们和训练的科技、美术、音乐老师一起制作道具,缝制衣服,绘制背景,刻苦训练。那时的我们是在困难中成长的。我们一起商讨、设计道具,我们一起为制作大量的道具而手忙脚乱,我们在训练后互相帮助、互提建议。在这个过程中,每一个人都展现出了独特的才能,每一个人都得到了成长,我们的团队也从一开始的互不熟识、各自为战,逐渐变成了互帮互助、相互契合。在排练演出时,有时一个眼神、一个手势就能让彼此理解。在这个团队中,每个人的能力都能得到体现,各有所长。但是,队员们具有互异性的同时,有一点是共通的,那就是无论在比赛中还是在准备阶段,每个人最先想到的一定是这个团队而非自身,我想这也就是头脑奥林匹克竞赛所要求的团队精神的体现。

除此之外,在头脑迅速运转、队员间默契配合的语言类即兴题中,我们锻炼了自身的创新能力及思维能力,练就了好口才;在实践性非常强、看重团队合作的动手题及道具制作中,我们大大提高了自己的动手能力。这次比赛,让我们这些平日鲜做家务的孩子成为了动手能力绝佳、能修能补能创作的好手。甚至比赛中的遗憾也让我们学到了许多,仅仅因为一个小的失误,便使我们与去美国的机会失之交臂,这看上去实在有些不可思议,但是,其背后却也反映出我们的粗心及对表演的不够娴熟,虽然我们平时练习得非常多,但我们依旧没能做到事无巨细、将每一个细节烂熟于心,这也是我们在今后的生活中所要改进的不足,需要铭记于心。

头脑奥林匹克竞赛也给我留下了深刻的记忆,帮助我快速成长。作为队长,我肩负着制订前进方向、领导队员完成任务、协调好团队成员间关系、合理分工使队员能各得其所、各尽所长的重任。因此,了解我的每一位队员、参透赛题要求、与队员进行良好的沟通、善于接纳意见与建议等便成了这一职务对我自身的要求。可以说,我也是我们这次参加比赛的队伍中反思最多的学生,不断地在错误与困难的坎坷中,重新爬起,不断完善这个团队与自身,继续向前走去。在道具的制作过程中不断改进设计中的不足,在动手题的困扰中摸索着成长,甚至,在一队因现场道具等出现问题而将必胜的决心化作遗憾、与一等奖失之交臂之时,我依旧重新振作,带着二队继续前进,并带领二队队员同样摘得了全国二等奖的奖牌。在这个过程中,我学会了承担责任,学会了永不言弃。

头脑奥林匹克竞赛不求对错,只求合理的创新,这为我们每一个参赛者的思想都插上了一双翅膀,能够让我们有勇气展示自己的想法,让自己的创造力展翅飞翔。这个赛场为我们提供了一个成长的舞台，一个梦想的舞台。正是头脑奥林匹克竞赛，真正令它倡议的口号在我们每一位参赛者的身上体现："让我成为知识的探索者！让我在未知的道路上漫游！让我用我的创造力把世界变得更美好！"

正是有了全国头脑奥林匹克竞赛这一珍贵的比赛经验，在接下来的青岛二中直升生测试中，我将自信坚持到了最后，勇闯难关，以优秀的成绩直升到青岛二中。感谢头脑奥林匹克竞赛，将这些美好的精神带进了我的思想世界，在以后的道路中，我会继续带着这种永无止境的探索精神不断勇敢向前。

参赛比获奖更重要
青岛市宁夏路第二小学　张嘉琦　王佳凝

张嘉琦如是说：

我认为，每一次经历都是生活给予的宝贵经验，是成长的必然。这次参加头脑奥林匹克比赛也不例外。参加这次比赛让我深深感受到参赛比获奖更加重要。

这次比赛有很多参赛队没有拿到奖牌，但他们并没有气馁，而是以非常乐观的态度来对待。最令我感动的就是：当宣布中国山东青岛宁夏路第二小学获得第三名的时候，其他国家代表队还为我们高声欢呼喝彩！这种精神让我很受触动，也让我感受到了"友谊第一，比赛第二"这句话的深刻含义！参加这次比赛的每一位队员，都能做到并遵守这个原则。欣赏他人，学习他人的长处，也相信自己，让自己表现得更好。我还要告诉自己：不要因为这次比赛取得成绩而自我满足，我还有许多地方要努力，尽量多抓住每一次提高自己能力的机会，从每一件事中找到进步的目标，让自己变得更加优秀。

王佳凝如是说：

从区赛——市赛——全国赛——世界级的头脑奥林匹克竞赛，一步一步让我深刻领会了"OM"比赛的宗旨：开发青少年创造力，培养两种精神：创造精神——鼓励与众不同；团队精神——鼓励全体队员共同努力。在这样的宗旨指引下我们不断创新，因为创新是没有固定答案的，只有敢创造就一定有收获。

从取得全国比赛的资格开始，长达半年的训练，虽然辛苦，但更多的是收获！与队友分享各自的创新思维，为顺利完成比赛题目，各抒己见，取长补短让我们的即兴题解答能力日益提高，长期题表现更加精彩！参加"OM"竞赛，更深刻地理解到"团队的力量是无穷的！"

在比赛中我们充分发挥了自己的水平，取得了世界第三的好成绩！但在比赛中由于没有理解力臂原理，造成没有把动手题"高和低"成功完成！不过，我们在比赛的关键时刻及时做出放弃拿全部分，机动灵活、以最大限度地运用自己掌握的知识，争取最多得分的决定，这次果断的决定让我明白——有舍才有得！

"OM"比赛，让我学会了创新，学会了用简单的方法做事！让我收获了友谊，收获了知识，掌握了好的学习方法！养成了好的生活习惯！"OM"比赛，让我领略了获奖之外的收获！

张嘉琦妈妈如是说：

孩子有幸参加世界级的头脑创新大赛，作为家长我感到很自豪。孩子在比赛中逐渐成长，懂得了团队合作的重要性，遇到问题会多动脑筋，敢于承担责任；变得不再那么自以为是。她从美国回来后很激动地对我说："妈妈，国外的小伙伴不会嫉妒我们得奖，他们还会和我们一起欢呼，一起庆祝！"这看似简单的一件事情却是我们很多人都缺少的。现在女儿遇到问题会先替别人考虑，在学习上遇到问题也会积极求索，而不是像以前那样知难而退。现在的她都已经成了我们家的小老师，经常给我们大人讲一些她所谓的"大道理"！

头脑奥林匹克竞赛不但改变了孩子，也改变了我们。孩子们创新跳跃式的思维方式会带给我们无限的想象空间，让我们不再局限于自己的思维。孩子在国外长了见识，开阔了眼界，这些都将成为孩子今后成长道路上的宝贵财富，而我将和孩子共同成长！

头脑的风暴　头脑的洗礼
——记"头脑奥赛"美国之行

青岛市七中　张昊哲

2013年,在春暖花开的5月,我们50多人组成的青岛代表队参加了在美国举办的世界头脑奥林匹克竞赛决赛,我有幸成为其中的一员,既兴奋又紧张,其中经历的一幕幕,都是那么的令人难以忘怀。青岛七中队的队员,共同经历了比赛前的繁忙与紧张的准备和训练。我们利用了课前、课间、课后所有能利用的时间认真地进行着训练,动手题、即兴题不断挑战着我们的极限,我们一次次迸发的思维火花碰撞着、交流着……再来一次,再来一次,我们的能力在提高,我们的合作在提升,我们7个队友,已经能够彼此心领神会了。

还记得对于道具,虽然我们那么用心地制作,但还是遇到了许多困难。比如在制作背景板的时候,就是因为后面的箱子没有放稳竟然倒塌导致背景板拦腰折断。看着我们努力很久的"心血"被折断,我都不知道有多灰心。没办法,我们只能重新再画。就这样奋斗了两周,背景板总算是再次制作出来了,但是效果却令人很不满意,上面的小溪和草地一点层次感也没有。这让我们很苦恼。

最后,杜老师出马了,杜老师说:"草地上方的云你们画得很漂亮,怎样能让草地和天空明亮起来啊?你们也可以贴点什么啊。"一语点醒梦中人,我们环顾左右,有棉花:本色沾上是朵朵白云,染色沾上是小草、花朵,我们终于"画"好了一幅满意的背景。可是还没高兴一会,又有新情况出现了:我们的一个小车因为不小心,轮子被踩掉了,这可是光碟充当的轮子,要粘结实,还要能灵活地转动可不是那么容易的,我们试了好多次,发动了集体力量,好不容易才将它粘上。何老师可是功不可没啊,在他的指导下,我们省了很多事。

点点滴滴见真情,同学、老师在不知不觉中增加了对彼此的了解。形成了难得的默契,使我们的美国之行充满了欢乐和成功。我们走过安检,在家长和校长的祝福中踏上征途。当飞机降落在美国国土上时,我们除了兴奋就是兴奋,因此在美国的比赛更是让我们记忆深刻。到达美国后,我们抓紧每分每秒将因托运而拆开的小车重新拼装起来,将因托运割开的背景板重新拼装。忙碌的准备,让我们忘记了比赛,比赛前的每一天我们都过得十分充实。

比赛日终于到来了,我们先进行的是即兴题。比赛前我们都非常紧张,生怕抽到语言题。因为语言不通的原因,语言题要通过翻译,对我们很不利,所以我们更希望抽到动手题。结果还真如我们所愿,竟然抽到了动手题。动手题的大体要求是让我们分别在倒置的纸杯和螺帽上放置得分物体,有铅笔、积木、纸张、玻璃球等一些物品。当裁判宣读了题目要求后,我们几乎没有思考的时间。在裁判第二次宣读题目的时候,我一边紧张地浏览着面前摆放的比赛要求,一边快速地运转着大脑:纸杯放什么?小小的螺母怎么往上放东西?我迅速地整理着思路。这时裁判一声令下,计时开始,我们7个人马上讨论。创意有了马上行动,我和两位同学先往纸杯面上放得分物品。要知道我们只有8分钟时间,我们决定往上放积木,积木虽然不算规则,但还是比较好放的。我们发现还有皮筋,就当机立断用皮筋把不太好放置的玻璃球成功地绑在了积木上。这时我们几个一点也不敢放松,因为在螺母上放置物品更加困难,你猜我们想出了什么办法？我们利用被放置物品中的铅笔把纸张"缝"起来,做成了一个小盒子,然后把玻璃球等难以放置的物品轻松地放在了小小的螺母上,不到8分钟,我们完成。临走前看着裁判的微笑,我觉得心情十分舒畅。从后来的成绩来看,即兴题我们得分非常高。

后来妈妈问起这些点子都是谁想起来的,我想了一下说,我还真没注意是谁想出来的,甚至后来也没关注这个问题,是我们大家一起想出来的,投入比赛时我们就成了一个人。从小就学习要以集体利益为重,而这次比赛让我们真正做到了团队合作,只有大我,没有小我。我真感谢头脑奥林匹克竞赛,让我这个独生子女学会了独立,学会了包容,学会了直面困难,学会了感恩,学会了很多很多。

第二天,我们迎来了最后的长期题比赛。带着满满的信心,我们走上了赛场。开始时我们没遇到什么困难,只是因为电压的不同,本来能自己动的小恐龙需要我来手动。但是到了跑小车的时候却出现了问题。需要小车运输的一包恐龙碎片找不到了,我们绞尽脑汁就是没想起来原来有三个装零件的袋子,这会儿怎么变成了两个？唉,快急疯了！可是我们仍很沉着,并未因此乱了阵脚。好在我们运气好,第三个袋子找到了,原来是放在另一个袋子中了。我们都深深地舒了一口气,型号找对了,长期题我们很少扣分。

比赛结束后,我们才有心情参观一下校园。我们是在美国东部的密歇根州州立大学参加的比赛,学校很大,要去其他校区靠走是不行的,得乘校际车,我觉得它就像是个小城市,校园很美,我们漫步在其中，欣赏着美景，心情格外轻松。

除了比赛，赛委会还为我们结成了友好团队——一个美国代表队，他们特别热情，我们交换了小礼物，一起打起了橄榄球。更让我难忘的是我们在橄榄球场上举行的"OM"闭幕式，让我们激动的时刻就那样到来了，我们取得了青岛市历史上的最好成绩——第六名。接着青岛的另一个代表队超过了我们，得了第一名。听到大会的宣布，我更加高兴了，我们青岛真棒。后来说起这件事，妈妈说她突然发现我长大了，我学会了为自己和别人的成功一起高兴。闭幕式后的节目是狂欢Party，我们和友好团队一起参加了一次美式狂欢，彻底放松了。

感谢这次比赛，不仅提高了我的动手能力，还让我真正学会了团队协作，学会了欣赏别人。比赛使我受益匪浅，真盼望下次有机会还能参加。

快乐,不仅是一瞬间的

青岛市第五十中学　郑柏楠

快乐是什么？有人说笑容满面那是快乐的象征；有人说家和万事兴是快乐；有人说有了亲人朋友就快乐；也有人说有了钱就快乐。到底什么才是快乐呢？

参加这次头脑奥林匹克竞赛让我们确确实实感受到了真正的快乐！快乐是在没有头绪时队员们鼓励的话语；快乐是当我们准备放弃时,老师们肯定的微笑；快乐是我们用自己的双手做出了一件件漂亮的道具；快乐是用自己的付出和努力得到了回报；快乐甚至是那一对对为了想题目晚上不睡觉留下的黑眼圈；快乐更是在一次次失望后又重拾希望的晶莹泪光。

"古典——生存还是毁灭——第二组——第二名——青岛市第五十中。"天哪！真的不敢相信！我们本来是抱着前五名的希望去的,真的没想到竟然是第二！站在那绚丽的领奖台上,我脑子里忽然浮现出排练时的点点滴滴——绝望、开心、幸福、欢乐……一颗颗晶莹的"金豆子"不由自主、不争气地流了下来。

还记得一开始,所有的人都不是很了解题目,网上翻译的也不大准确,只能凭借自己的理解去不断地思考——是凉拌还是热炒？

是现实还是梦想？是拼图还是地图？直到最后一个月，校长发现这些题目的两个选择都不是对立面，要我们重新换题目。当时真的很纠结！我们的剧本已经排好了，又要从头再来？！还有一个月的时间，要重新写一个剧本，重新制作道具，简直是太困难了。真的很想很想放弃。不过总算功夫不负有心人，我们想出来一个"无懈可击"的题目——是减肉肉还是长胖胖。

剧本很快确定好了，我们便开始奋力做道具。辅导老师从各个班级找了一些画画好的、写字好的同学来帮忙。现在想想，他们其实更伟大，他们是幕后的英雄。"冰激凌"的衣服不好做，我们改成了"糖果"；"汉堡"的衣服很难成功，改成了"薯条"；"鸡腿"的衣服很难看，于是改成了"巧克力"……就这样，一遍一遍地改，一遍一遍地实验，离比赛还有一个周，我们终于完成了道具。

为了达到最好的效果，我们一遍一遍地改剧本，每天排练到八九点钟，哪怕在火车上都还在想自己的台词怎么说才能更加完美，更打动评委和观众，自己的哪些地方可以做得更好，拿到更多的分，即兴题到底该怎么解答，等等。

其实，真的特别特别累，累并快乐着。或许，有的同学会说，这样不值得还耽误学习。以前，我也曾这样想过，可是现在，我可以大声地说：参加这次头脑奥林匹克竞赛，我一点都不后悔！甚至我还要感谢自己，感谢我给了自己这么好的机会！

"你是我心中最美的云彩，让我用心把你留下来！"还记得这首歌吗？我们的队歌！重要的不是结果，而是一个个精彩的过程。留恋那两个月，留恋教室里的欢声笑语；留恋那激动的眼泪；留恋老师一句句有力的斥责；留恋同伴一句句肯定的话语……真的好想把那一个个精彩的瞬间留下来，让它们成为心中最美的云彩！

快乐，你一直都在。

一次难忘的经历

青岛市寿光路小学　黄飞翔

2012年3月我和学校的几名同学代表青岛市市北区参加了在上海举行的头脑奥林匹克竞赛,虽然这件事已经过去一年多了,但每当想起从筹备到比赛的过程,记忆的列车便会载我驶入那段难忘的时光中去。

最初接到学校的比赛选拔通知时,我十分紧张但充满自信,紧张的是,这是一次重要的比赛,代表市北区的小学生,代表整个学校;自信的是,我是一个"老演员",从小就上台表演。可是当我昂首挺胸地参加选拔赛时,却第一次感受到天外有天、人外有人了。参加选拔的同学有的表演生动,有的知识广博,有的思维敏捷,而我显然不是其中的佼佼者。第一轮我顺利过关,而第二轮却惨遭淘汰。我的失意可想而知,我是多么渴望能参加这一次的比赛啊。我久久地沉浸在落选的苦恼中。然而就在我失去希望的时候,一名参赛学生因有事不能参加,我意外地得到了一次面试的机会。这一次我十分认真地对待,好好表演,最终入选了。我的心情如出笼的小鸟,一下子飞上了蓝天。由于这次意外的出现,让我意识到机会的来之不易,使我坚定了珍惜比赛、认真对待训练的决心。

我们的训练是从假期开始的,比赛分即兴题和长期题两部分。即兴题的训练过程比较枯燥,题量很大。因为是考察选手思维和创造性的,要求选手知识面较广。我每次除了准时到校训练,回家也做练习。虽然我不一定参加这个项目,但我想好好准备,这既是对自己的一个提高,也是为了万一上场比赛会有好的表现。这个训练了一个多月后,长期题的训练开始了。这是我比较喜欢和拿手的,同学们一起创造剧本、设计道具,虽然很辛苦,但很开心。然而有一天发生了一件事对我触动很深。我们剧本的成形是要经过反复排练和改变的,时间一长我的顽皮和不认真的劲儿就出来了。当同学们都认真无误地说着台词进行表演时,我却在随意发挥。记得有一句台词我竟然在几次的排练中说得都不一样,指导老师给我指出来,我却不以为然。我心想都说得是一个意思,干嘛要一字不差。看出我情绪的大队辅导员詹老师训练结束后单独把我留下,她对我说:"你的思维活跃是一件好事,说明你聪明机灵。然而这是一个集体的表演,你任意地改动台词,别的同学会不清楚如何接你的台词,要考虑到别人,要有大局观。"詹老师的话语重心长,虽然话语简短,却一下子点醒了我,这些是我从未意识到的事情。我十分感谢詹老师给我指出问题的同时也维护了我的自尊心。我明确了自己该怎么做,所以接下来的训练我一丝不苟,而且越练越投入,得到了老师的表扬。

比赛的日子一步步向我们逼近,剧本的完善、表演的深加工、道具的准备、行程的安排、每件事情同学和老师们都有条不紊地准备着。我们进行了一次次的彩排,同学们越来越投入了。终于一切就绪了,我们也迎来了出发的日子。这是我第一次离开家人远行,我的心像小兔子一样激动地蹦跳。当列车开动时,望着站台上爸爸妈妈那牵挂和不安的眼神,我拼命挥手,我要告诉爸爸妈妈:放心吧,儿子会好好表现,我们一定会凯旋归的。

到上海的第四天，我们开始了比赛。第一场即兴题比赛我不参加，上场前我们一起给队员们加油。我们场外几个同学默默地为他们祝福。轮到我上场比赛了，因为训练充分，我一下子进入到角色中。当我顺利地完成表演时，我再一次由衷地感谢指导老师，是他们给我的帮助，才使我今天比赛时能如此从容、如此自信。我们将这100多天的努力，完美地呈现给了大家。在比赛中，我真正开阔了眼界，每个参赛队的表现都十分精彩，来自不同地区、不同民族、不同国家的小演员们，带来了各种各样的奇思妙想，有的道具别具一格，有的剧本构思巧妙，有的语言生动幽默，我感觉自己的思维也随之活跃起来。在和其他小演员的交流中，我发现自己需要学的东西特别多，特别是和国外的小演员交流时，我觉得自己还要加强外语的学习。

　　最终我们取得了《奥德赛天使》比赛的三等奖。虽然这不是最好的名次，但老师和同学都很开心，这是我们付出努力后的收获。我永远记着詹老师对我们说过的话："取得的成绩已成为历史，学到的知识、开阔的眼界是我们永恒的财富。"

"头脑奥赛"赛后感

青岛市崂山区实验小学　耿逸尘

读万卷书,行万里路。在北京时间2013年5月22日凌晨4点,我们踏上了美国广阔的领土。这次的美国之行,并不是游玩观光,而是满载着全国人民对我们的期望来参加第34届头脑奥林匹克竞赛的世界决赛的。过度的兴奋和激动把原本浓浓的睡意一下抛到了九霄云外。

到达的第二天便要比赛了。老师们把我们安顿好后便开始连夜组装道具,直到凌晨3点多才彻底完工。休息了不到3个小时,新的一天又开始喽！首先是化妆,在王丽丽老师的"魔幻手"下,不一会儿,我们就变成了巴拉拉小魔仙、铠甲勇士、芭比娃娃、天线宝宝……一个个精神抖擞,容光焕发。但高兴的心情并没有持续多久,一阵"噼里啪啦"的声音打断了我们的思绪——下雨了！

这可怎么办啊?！孟老师在屋里来回踱步,周老师和朱老师到处找人联系寻求帮助,而我们几个则用一次性雨衣将我们的宝贝道具"包装"起来。过了将近半小时后,事情终于有了眉目。我们的友谊学校雪中送炭,帮我们联系了一辆车将道具和三名学生加一位老师"运"过去。这又给我们出了个难题,一共七个学生让哪三个坐车啊？于是我们开始互相推辞，最后经投票决定，将三位重量级的需要压杠铃片的同学送上了车。而我们三名女生顶着一把弱不禁风的小伞，一路小跑地来到了比赛场地。

　　本以为已经没事了的我们，又遇到了当头一棒：组装道具时发现队籍标志大熊猫用 LED 灯做成的眼睛被撞碎不亮了，控制胳膊转动的电池也没电了，斜坡裂了一道缝，于是我们又开始飞速补救。当我们办好手续去看场地时已是第三组在准备了，而我们是第五组。斜坡和结构还没检查，我和朱老师急得焦头烂额。我飞速跑回去给队员们说明场地布置，朱老师则带领两名队员去检查结构和斜坡。当我们调整好状态来到比赛的地点的时候，不早不晚正轮到我们。

　　在比赛过程中，队员们精诚合作，齐心协力，以最好的状态完成了比赛，赛后受到了大家的一致好评。

　　第二天的即兴题我们做的是一道动手类题目，要求我们用所给的材料将一些积木从一个方框里移到另一个方框里，一次只能移动一个积木，严禁用手触碰积木，用完的工具要放进箱子。比赛开始后，作为队长，我首先将队员们分成两组并把所给的材料也分成两个部分，让每人选择自己喜欢的材料作为工具，然后将队员从一到五编号，要求按顺序移动。一个队员在移动时，下一名等待，以此类推。移动完后，我们按照规则将用完的工具放回箱子。大家移动的方式各不相同：有的像在打高尔夫球，有的用铅笔当筷子夹着走，还有的用纸折飞机当运输工具，创意十足，把裁判逗得开怀大笑。整个过程，大家没有埋怨和争吵，而是互相提醒、加油，比赛始终在轻松愉快的气氛中进行，最后出色地完成任务。

　　功夫不负有心人，我们以 328.5 分的好成绩获得了《翻滚的结构》小学组第一名！激动与泪水交融，心血与成绩相配——我们成功啦！

通过这次比赛,我知道了作为团队的一员,第一,要充分发挥潜能,尽力做好自己的工作;第二,遇到一个问题时,必须集中整个团队的智慧,形成一个统一的计划,然后按照计划去实施,及时调整方法和策略;第三,决不轻言放弃,增强勇气和毅力,相信自己能做到;第四是学会换位思考,站在对方的角度,替他人着想,多一份理解,多一份关爱。

动手动脑　创造精彩

青岛市平安路第二小学　冯羽轩　刘汉霖

2013 年 3 月，我们代表学校参加了在上海举办的头脑奥林匹克比赛，并在这次比赛中取得了优异成绩。我为我们的"OM"小组而自豪，也为自己是其中的一员而骄傲。通过这次活动，我的动手能力以及创造能力得到了充分的锻炼和提高，我深深地体会到了"动手动脑才能创造精彩"。

这事还得从去年的 10 月份说起。暑假结束开学的不久，学校接到了参加全国头脑奥林匹克比赛的通知，于是一场全校范围内的海选如火如荼地开展了起来。作为一名科技爱好者，我也积极地投入到了这场"大战"中，过五关斩六将，杀出重围，最终我成为了学校第一批"OM"小组的成员。

头脑奥林匹克竞赛的主旨就是鼓励同学们自己动手，自己创造。因此在整个准备过程中，辅导员只是给我们理论上的支持，鼓励我们每个人发挥创造力，大胆想象，进行创新思维。

大家积极地开动脑筋，经过几次讨论研究，我们确立了《宠物计划》的主题，决定以企鹅的演化过程作为我们表演的主题，中间穿插三辆小车来完成任务，最后拼装成一个小宠物。我们将幕布做成了一件衣服，穿在了一名队员的身上，让幕布动起来，成为舞台上的一道风景。大家还用家里的废旧物品给自己缝制了服装。垃圾袋、包装袋、塑料片……都成为大家手中的法宝。

  在小车的制作中，我首先观察周围各种各样的小车，有马路上随处可见的汽油做动力的车、有我经常玩的电动汽车、还有用发条做动力的小车。它们几乎包含了我所见到的动力：汽油天然气、电能、弹簧储能。有没有其他的动力来源呢？我经常玩的陀螺引起了我的注意：我把它们分成了几种，有的可以原地不动打转，有的可以飞速地向其他地方移动，还有一些则专门用于移动中与别人的碰撞。如果能让陀螺转动带动着小车前进该是多么奇特的小车啊！我和老师说了我的想法，大家都认为很有创意。但能实现吗？我们都打了个大大的问号。从那时起，我也开始了一遍遍实验的历程。陀螺是转的，小车是直线跑的，怎样把这个能量转换过去呢？我想到了可以用橡皮筋实现这一转换，于是我制作了一辆小车进行实验。由于橡皮筋太紧了，小车没跑几步就不动了，于是就采用线绳，可小车又跑得太慢了。小车太重了，就减少小车的零件；轮子摩擦力大了，就换光滑的。经过反复试验，我发现悠悠球的KK轴承转动时间是超级长，于是我把4个KK轴承用在了我的创意小车上。这辆充分展现了我的创造力的小车，受到了大家的好评。

  参加"头脑奥林匹克"竞赛让我终生难忘，它让我学到了在书本上和课堂上根本学不到的东西。动脑思考、动手创造的过程让我真正感悟到了学习是为了更好地创造，我们应该用自己的双手去探索、寻找科技的乐趣，成为名副其实的有用之才，为自己创造更精彩的生活。

附录

历届头脑奥林匹克竞赛青岛市获奖学校

附录
历届头脑奥林匹克竞赛青岛市获奖学校

1. 历届世界头脑奥林匹克竞赛获奖回顾

2011 年

5月26日～6月4日，世界第三十二届头脑奥林匹克竞赛在美国马里兰大学举行，本次大赛有来自世界32个国家及地区的856支代表队约1.4万名学生，经过激烈角逐，青岛市崂山区实验小学取得《古典导游》竞赛项目世界第7名，是我国参赛队参加世界比赛以来在古典类项目中取得的最好成绩。同时，开发区黄浦江路小学在《变来变去》竞赛项目中也取得了优异成绩。

2012 年

5月22日～5月31日，世界第三十三届头脑奥林匹克创新大赛在美国衣阿华州立大学举行，青岛市少年科学院组织我市中小学生参赛队赴美参加了此次比赛。本次比赛有来自世界各地的856支队伍参加，经过激烈角逐，青岛第二十三中学在《奥德赛天使》竞赛项目中取得世界第10名的成绩。青岛第五十中学在《神秘的科学》竞赛项目中取得世界第11名。崂山实验小学在《奥德赛天使》竞赛项目中取得世界第14名。

2013 年

5月24日至27日,世界第三十四届头脑奥林匹克决赛在美国密歇根州立大学举行,我市五所中小学校的35名选手参加了此次比赛。崂山区实验小学在"翻滚的结构"竞赛项目中一举夺得世界冠军,这是青岛市代表队在世界头脑奥林匹克竞赛中获得的首个冠军。青岛太平路小学取得"古典艺术建筑"竞赛项目的世界第9名。青岛第七中学取得"宠物计划"竞赛项目世界第6名。青岛第五十中学取得"古典艺术建筑"竞赛项目初中组世界第10名。崂山区第三中学取得"古怪与正常"竞赛项目世界第17名。

2014 年

5月27日至6月1日,世界第三十五届头脑奥林匹克决赛在美国艾奥瓦州立大学举行,青岛市五所中小学校的33名选手参加了此次比赛。崂山区实验小学在《叠加的结构》竞赛项目中蝉联小学组世界冠军,成为本次世界决赛中国取得的两个世界冠军之一。青岛宁夏路第二小学在《不同寻常的鬼屋》竞赛项目中取得世界季军。另外,青岛太平路小学、青岛第五十九中学和青岛实验初级中学也分别在各竞赛项目中取得优异成绩。本次参赛创出了我市在世界头脑奥林匹克竞赛中的最好成绩。

2. 全国历届头脑奥林匹克竞赛获奖回顾

2007 年第二十届	青岛徐水路小学	第一名（古典类）
2009 年第二十二届	青岛李沧路小学	第三名（结构类）
2010 年第二十三届	青岛市少年科学院小院士代表队	第一名（古典类）
	城阳区第二实验小学	第三名（表演类）
2011 年第二十四届	青岛理工大学	第一名（车辆类）
	青岛理工大学	第一名（古典类）
	青岛第四十七中学	第二名（表演类）
	崂山区实验小学	第三名（古典类）
2012 年第二十五届	青岛理工大学	第一名（结构类）
	青岛第五十中学	第一名（工程类）
	青岛第五十中学	第二名（古典类）
	青岛第二十三中学	第二名（表演类）
2013 年第二十六届	崂山区实验小学	第一名（结构类）
	崂山区第三中学	第一名（表演类）
	青岛第五十中学	第二名（古典类）
	青岛太平路小学	第三名（古典类）
	青岛第七中学	第三名（车辆类）

2014年第二十七届	青岛第四十七中学	第三名（表演类）
	开发区黄浦江路小学	第三名（古典类）
	青岛实验初级中学	第一名（古典类）
	青岛宁夏路第二小学	第一名（装置类）
	胶州市香港路小学	第一名（表演类）
	青岛太平路小学	第二名（装置类）
	青岛第五十九中学	第二名（车辆类）
	崂山区实验小学	第二名（结构类）
	李沧区少年宫	第二名（结构类）
	青岛第七中学	第三名（车辆类）
	青岛第五十一中学	第三名（装置类）
	青岛安国路小学	第三名（古典类）
	青岛普集路小学	第三名（车辆类）
	青岛第二十三中学	第三名（古典类）
	青岛虎山路小学	第三名（结构类）
	青岛第六十三中学	第三名（表演类）

3. 青岛市历届头脑奥林匹克竞赛获奖回顾

2004年青岛市首届中小学生头脑奥林匹克竞赛获奖名单

一、"重物慢速下落"竞赛项目

第一名：青岛南京路小学　　　第五名：青岛宁夏路第二小学
第二名：青岛合江路小学　　　第六名：青岛莘县路小学
第三名：青岛市北实验小学　　第七名：青岛大名路小学
第四名：青岛新世纪学校　　　第八名：青岛市实验小学

二、"摧毁球的撞击"竞赛项目

第一名：青岛师范学校　　　　第五名：青岛四十二中学
第二名：青岛四十二中学　　　第六名：青岛五十中学
第三名：青岛五十一中学　　　第七名：青岛师范学校
第四名：青岛中心聋校　　　　第八名：青岛五十七中学

2005年青岛市第二届中小学生头脑奥林匹克竞赛获奖名单

一、"古怪的圆柱"竞赛项目
小学组
第一名：青岛新世纪学校　　　　　　第五名：青岛徐水路小学
第二名：开发区辛安小学　　　　　　第六名：莱西第二实验小学
第三名：青岛李沧路小学　　　　　　第七名：平度同和小学
第四名：即墨第一实验小学　　　　　第八名：青岛大名路小学
初中组
第一名：即墨第二十八中学　　　　　第五名：青岛第四十二中学
第二名：青岛育才中学　　　　　　　第六名：青岛第四十七中学
第三名：青岛第四十八中学　　　　　第七名：青岛第二十八中学
第四名：青岛第二十六中学　　　　　第八名：青岛第四中学
高中组
第一名：青岛师范学校　　　　　　　第二名：青岛幼儿师范学校
第三名：青岛第十九中学

二、"水驱动车"竞赛项目
小学组
第一名：青岛辽源路小学　　　　　　第五名：青岛新昌路小学

第二名：青岛北仲第一小学　　　第六名：青岛徐水路小学
第三名：青岛四方实验小学　　　第七名：青岛李沧路小学
第四名：青岛寿光路小学　　　　第八名：青岛新世纪学校

初中组

第一名：青岛育才中学　　　　　第五名：青岛第四十三中学
第二名：青岛艺德学校　　　　　第六名：莱西第七中学
第三名：青岛第四十二中学　　　第七名：青岛第五十中学
第四名：即墨第二十八中学　　　第八名：青岛第三十九中学

高中组

第一名：即墨第二职业高中　　　第二名：青岛师范学校

三、"奇装异服"竞赛项目

小学组

第一名：青岛徐水路小学　　　　第五名：青岛杭州路小学
第二名：青岛顺兴路小学　　　　第六名：青岛北仲第一小学
第三名：青岛李沧路小学　　　　第七名：青岛四方小学
第四名：青岛四方第二实验小学　第八名：青岛鞍山路小学

四、特殊团队奖

青岛中心聋校

2006年青岛市第三届中小学生头脑奥林匹克竞赛获奖名单

一、"收缩的结构"竞赛项目

小学组

第一名：青岛洛阳路第一小学	第二名：青岛沧海路小学
第三名：青岛新世纪学校	第四名：青岛北仲路第一小学
第五名：青岛辽源路小学	第六名：青岛顺兴路小学

初中组

第一名：青岛第五十一中学	第二名：青岛第四十三中学
第三名：即墨第二十八中学	第四名：青岛超银中学
第五名：青岛中心聋校	第六名：青岛第五十九中学

高中组

第一名：青岛市中心聋校	第二名：即墨市第一中学
第三名：青岛师范学校	第四名：青岛幼儿师范学校
第五名：即墨市创新学校	第六名：青岛海山学校

二、"逆风行驶"竞赛项目

小学组

第一名：青岛顺兴路小学	第二名：青岛大名路小学
第三名：青岛北仲路第一小学	第四名：青岛徐水路小学

第五名：青岛中心聋校　　　　　　第六名：青岛新世纪学校

初中组

第一名：青岛第五十一中学　　　　第二名：青岛育才中学

第三名：青岛中心聋校　　　　　　第四名：青岛第四十三中学

第五名：青岛第七中学　　　　　　第六名：青岛第三十九中学

高中组

第一名：青岛幼儿师范学校　　　　第二名：青岛中心聋校

第三名：即墨市第一中学　　　　　第四名：即墨创新学校

第五名：青岛师范学校　　　　　　第六名：即墨市第二职业中专

三、"自编寓言"竞赛项目

小学组

第一名：青岛顺兴路小学　　　　　第二名：即墨市第三实验小学

第三名：青岛文登路小学　　　　　第四名：青岛市市南区第二实验小学

第五名：青岛开发区香江路第二小学　第六名：青岛大枣园小学

初中组

第一名：青岛育才中学　　　　　　第二名：青岛第五十七中学

第三名：青岛第七中学　　　　　　第四名：青岛第三十八中学

第五名：青岛第五十中学　　　　　第六名：青岛第四十八中学

2007年青岛市第四届头脑奥林匹克竞赛获奖名单

一、"奥运结构"竞赛项目
小学组
第一名：青岛朝城路小学　　第二名：青岛洛阳路第一小学
第三名：即墨第二实验小学　　第四名：青岛太平路小学
第五名：青岛宁夏路第二小学　　第六名：平度同和小学
初中组
第一名：青岛第七中学　　第二名：青岛第二十六中学
第三名：青岛第四十三中学　　第四名：青岛第六十二中学
第五名：青岛第四十四中学　　第六名：青岛第五十九中学
高中组
第一名：青岛师范学校　　第二名：青岛幼儿师范学校
第三名：即墨创新学校　　第四名：青岛第十九中学
大学组
第一名：青岛理工大学　　第二名：青岛幼儿师范学校
第三名：青岛师范学校

二、"奥运接力车"竞赛项目
小学组

第一名：青岛燕儿岛路第一小学　　第二名：青岛寿光路小学
第三名：青岛徐水路小学　　　　　第四名：青岛宁夏路第二小学
第五名：青岛城阳区流亭小学　　　第六名：青岛开发区黄浦江路小学

初中组
第一名：平度西关中学　　　　　　第二名：青岛艺德实验学校
第三名：青岛第五十中学　　　　　第四名：青岛第三十九中学
第五名：青岛第五十九中学　　　　第六名：青岛第二十六中学

高中组
第一名：即墨第二职业中专　　　　第二名：青岛师范学校
第三名：青岛第十九中学　　　　　第四名：青岛幼儿师范学校
第五名：即墨创新学校

大学组
第一名：青岛理工大学1队　　　　第二名：青岛理工大学2队
第三名：青岛幼儿师范学校　　　　第四名：青岛师范学校

三、"奥运纪念物"竞赛项目

幼儿组
第一名：青岛铁路四方幼儿园　　　第二名：青岛金钥匙幼儿园
第三名：青岛东港幼儿园

小学组
第一名：青岛徐水路小学　　　　　第二名：青岛开发区黄浦江路小学
第三名：青岛莱芜一路小学　　　　第四名：青岛城阳区城阳街道古庙小学
第五名：青岛莘县路小学　　　　　第六名：青岛城阳区流亭小学

初中组
第一名：青岛育才中学　　　　　　第二名：青岛第二十六中学
第三名：青岛第二十四中学　　　　第四名：青岛第七中学
第五名：青岛第六十五中学　　　　第六名：青岛志成实验中学

高中组

第一名：青岛第三十九中学　　第二名：青岛第十九中学

第三名：青岛幼儿师范学校　　第四名：青岛师范学校

第五名：青岛城阳实验中学　　第六名：青岛城阳第一中学

大学组

第一名：青岛幼儿师范学校　　第二名：青岛师范学校

2008年青岛市第五届头脑奥林匹克竞赛获奖名单

一、"奥林匹克结构"竞赛项目

小学组

第一名：青岛李沧路小学　　　　第二名：青岛宁夏路第二小学
第三名：青岛宁夏路小学　　　　第四名：青岛虎山路小学
第五名：青岛北京路小学　　　　第六名：青岛市市南区实验小学
第七名：青岛市城阳区流亭小学　第八名：青岛徐水路小学　青岛
　　　　　　　　　　　　　　　　　　　上海支路小学

初中组

第一名：青岛第二十六中学　　　第二名：青岛第六十二中学
第三名：青岛第七中学　　　　　第四名：即墨市第二十八中学
第五名：青岛第六十四中学　　　第六名：青岛第五十一中学
第七名：青岛第二十四中学　　　第八名：青岛智荣中学

高中组

第一名：青岛第三十九中学　　　第二名：青岛第九中学
第三名：青岛第五十八中学　　　第四名：即墨创新学校
第五名：青岛第十九中学　　　　第六名：青岛幼儿师范学校
第七名：青岛师范学校　　　　　第八名：即墨市第一中学

大学组
第一名：青岛理工大学1队　　第二名：青岛师范学校（大专班）
第三名：青岛理工大学2队

二、"奥运圣火"竞赛项目

小学组
第一名：青岛虎山路小学　　　第二名：青岛开平路小学
第三名：青岛市城阳区流亭小学　第四名：青岛寿光路小学
第五名：青岛燕儿岛路第一小学　第六名：青岛宁夏路第二小学

初中组
第一名：崂山区第九中学　　　第二名：城阳区实验中学
第三名：城阳区第六中学　　　第四名：青岛第四十四中学
第五名：青岛第三十九中学　　第六名：平度市西关中学
第七名：崂山区第八中学　　　第八名：青岛育才中学

高中组
第一名：青岛第九中学　　　　第二名：即墨创新学校
第三名：青岛第十九中学　　　第四名：即墨市第一中学
第五名：青岛幼儿师范学校　　第六名：青岛第五十八中学　即墨市第二职业中专

大学组
第一名：青岛理工大学　　　　第二名：青岛师范学校（大专班）

三、"奥帆小主人"竞赛项目

幼儿组
第一名：市南区晨光幼儿园　　第二名：市北区第一教工幼儿园

小学组
第一名：青岛市实验小学　　　第二名：城阳区实验小学
第三名：青岛天山小学　　　　第四名：青岛上海支路小学
第五名：青岛市崂山区实验小学　第六名：青岛市城阳区流亭小学

第七名：即墨市鳌山卫镇盘龙庄小学

第八名：青岛徐水路小学　城阳区第二实验小学

初中组

第一名：青岛第二十四中学　　第二名：青岛育才中学

第三名：青岛第三十九中学　　第四名：青岛第四十七中学

第五名：青岛第七中学　　　　第六名：青岛求真中学

第七名：青岛志成实验中学　　第八名：青岛第五十九中学

高中组

第一名：青岛第十九中学　　　第二名：青岛幼儿师范学校

第三名：青岛第九中学　　　　第四名：青岛第五十八中学

第四名（并列）：青岛第二中学　第六名：青岛第三十九中学

大学组

第一名：青岛师范学校（大专班）

第二名：青岛幼儿师范学校（大专班）

2009年青岛市第六届头脑奥林匹克竞赛获奖名单

一、"冲击结构"竞赛项目

1. 小学组

一等奖　青岛李沧路小学　平度市实验小学　青岛李沧区科技馆

二等奖　青岛上海支路小学　青岛宁夏路第二小学　青岛虎山路小学　青岛市北区实验小学　青岛福州路小学

三等奖　平度市古岘小学　青岛海利丰学校　青岛郑州路第二小学　青岛四方实验　小学城阳区实验小学

2. 初中组

一等奖　青岛第六十二中学　青岛第六十三中学　青岛第四十二中学

二等奖　青岛第三十九中学　青岛第二十四中学　青岛育才中学　青岛第二十六中学

三等奖　青岛第五十九中学　青岛第四十四中学　青岛第四十一中学　青岛第三十七中学　崂山区第九中学　青岛第五十三中学　青岛第七中学

3. 高中组

一等奖　即墨创新学校　胶州市第三中学

二等奖　青岛天山实验中学　青岛幼儿师范学校

三等奖　青岛师范学校　青岛第五十八中学　青岛第十九中学

4. 大学组

一等奖　山东科技大学

二等奖　青岛理工大学　青岛师范学校(大专班)

二、"翻山越岭"竞赛项目

1. 小学组

一等奖　青岛虎山路小学　城阳区流亭小学

二等奖　城阳区实验小学　青岛寿光路小学　青岛市北区实验小学

三等奖　青岛宁夏路第二小学　青岛开平路小学　青岛沧海路小学　青岛燕儿岛路第一小学

2. 初中组

一等奖　城阳区第六中学　青岛育才中学

二等奖　青岛第四十四中学　青岛第三十七中学　崂山区第九中学

三等奖　青岛第三十九中学　青岛大学附属中学　莱西市实验中学　青岛第四十七中学

4. 高中组

一等奖　青岛第二中学

二等奖　青岛幼儿师范学校

三等奖　青岛第十九中学　青岛第五十八中学

5. 大学组

一等奖　青岛师范学校(大专班)

二等奖　中国海洋大学　青岛幼儿师范学校(大专班)　青岛理工大学

三、"大笑一场"竞赛项目

1. 小学组

一等奖　城阳区第二实验小学　城阳区实验小学

二等奖　青岛虎山路小学　青岛市实验小学　青岛开平路小学

三等奖　崂山区西韩小学　崂山区中韩小学　青岛市北区实验小学　莱西市泰光小学　青岛郑州路小学

2. 初中组

一等奖　青岛第三十九中学　青岛第四十二中学

二等奖　青岛第四十四中学　莱西市武备中学　青岛第四十七中学

三等奖　青岛第四十一中学　青岛求真中学　青岛第三十七中学　青岛第五十三中学　青岛第七中学

3. 高中组

一等奖　胶州市第三中学

二等奖　青岛第二中学　青岛幼儿师范学校

三等奖　青岛天山实验中学　青岛第十九中学

4. 大学组

一等奖　青岛幼儿师范学校（大专班）

二等奖　青岛师范学校（大专班）

四、"海洋动物园"竞赛项目

1. 幼儿组

一等奖　青岛爱莉丝·小哈佛幼儿园　平度市实验幼儿园

二等奖　青岛市北区实验幼儿园　青岛市北区第一教工幼儿园

2. 小学组

一等奖　崂山区实验小学　城阳区第二实验小学

二等奖　青岛徐水路小学　开发区黄浦江路小学　青岛市北区实验小学

三等奖　莱西市月湖小学　青岛德县路小学　青岛顺兴路小学　青岛北仲路第一小学　青岛上海支路小学

2010年青岛市第七届头脑奥林匹克竞赛获奖名单

一、"齐心协力"竞赛项目

1. 小学组

一等奖　青岛榉园学校　青岛南京路小学　青岛顺兴路小学　青岛李沧路小学

二等奖　青岛宁夏路第二小学　青岛燕儿岛路小学　青岛太平路小学　青岛北京路小学

三等奖　青岛八大峡小学　青岛宁夏路小学　青岛金门路小学　青岛福林小学　青岛洮南路小学

2. 初中组

一等奖　青岛第七中学　青岛第二十四中学　青岛第五十七中学　青岛第四十二中学

二等奖　青岛第三十九中学　青岛第五十九中学　青岛第六十二中学　崂山区第五中学

三等奖　青岛育才中学　青岛大学附属中学　青岛第四十七中学　青岛第五十三中学　青岛第六十三中学

3. 高中组

一等奖　青岛第二中学　即墨市实验高级中学

二等奖　青岛第二中学　青岛第二中学分校

三等奖　青岛第九中学　青岛第五十八中学　青岛师范学校

4. 大学组

一等奖　青岛师范学校（大专班）　山东科技大学2队

二等奖　青岛理工大学　山东科技大学7队

三等奖　山东科技大学1队　山东科技大学6队　山东科技大学8队

二、"团结合作"竞赛项目

1. 小学组

一等奖　李沧区科技馆　李沧区实验小学

二等奖　青岛东仲小学　胶州市香港路小学　平度市灰埠镇灰埠小学

三等奖　青岛基隆路小学　青岛寿光路小学　青岛台湛路小学　青岛芙蓉山小学

2. 初中组

一等奖　青岛第五十中学　李沧区少年宫　莱西市第四中学

二等奖　青岛第二十六中学　青岛第六十一中学　青岛第六十三中学　青岛第六十四中学

三等奖　青岛第三十七中学　青岛第三十九中学　青岛第七中学　青岛大学附属中学　莱西市武备镇中心中学

3. 高中组

一等奖　青岛第二中学分校

二等奖　青岛第五十八中学

三等奖　青岛第二中学　即墨市第二职业中专

4. 大学组

一等奖　青岛理工大学

二等奖　青岛师范学校（大专班）

三、"环游地球"竞赛项目

1. 小学组

一等奖　青岛实验小学　青岛顺兴路小学　开发区黄浦江路小学

二等奖　青岛香港路小学　崂山区实验小学　城阳区实验小学
　　　　开发区香江路第一小学

三等奖　青岛莘县路小学　青岛河西小学　开发区珠江路小学

2. 初中组

一等奖　青岛第七中学　青岛第二十六中学　青岛第四十七中学

二等奖　青岛第五十九中学　青岛第四十三中学　青岛第四十四中学

三等奖　青岛育才中学　青岛第三十七中学　青岛第三十九中学
　　　　青岛第六十三中学

3. 高中组

一等奖　青岛幼儿师范学校

二等奖　青岛第二中学分校

三等奖　青岛第五十八中学

4. 大学组

一等奖　青岛幼儿师范学校(大专班)

二等奖　青岛师范学校(大专班)

四、"环境的挑战"竞赛项目

1. 幼儿组

一等奖　青岛海怡名都幼儿园

2. 小学组

一等奖　青岛文登路小学　崂山区实验小学

二等奖　青岛莘县路小学　青岛镇江路小学

三等奖　青岛寿光路小学　青岛台湛路小学　平度开发区实验小学

2011年青岛市第八届头脑奥林匹克竞赛获奖名单

一、"释放乒乓球"竞赛项目

1. 小学组
一等奖　青岛南京路小学　青岛北山小学　青岛李沧路小学
二等奖　青岛市南区实验小学　青岛宁夏路小学　青岛太平路小学
　　　　青岛宁夏路第二小学　青岛虎山路小学
三等奖　青岛福林小学　青岛基隆路小学　青岛燕儿岛路第一小
　　　　学　青岛文登路小学　青岛鞍山二路小学　崂山区实验
　　　　小学　平度市实验小学

2. 初中组
一等奖　青岛实验初级中学　青岛第三十九中学　青岛第六十一
　　　　中学
二等奖　青岛第七中学　青岛第二十四中学　青岛第四十二中学
　　　　青岛超银中学（四方）　青岛第二十一中学
三等奖　青岛第三十七中学　青岛第五中学　青岛第四十七中学
　　　　青岛第五十三中学　青岛第六十四中学　平度市西关中学

3. 高中组
一等奖　青岛第一中学　青岛第二中学

二等奖　青岛第二中学分校　青岛第九中学　青岛第五十八中学

三等奖　青岛幼儿师范学校　即墨实验高级中学　胶州市职业教育中心

4. 大学组

一等奖　青岛理工大学Ⅰ队　青岛理工大学Ⅱ队　青岛理工大学Ⅲ队

二等奖　青岛幼儿师范学校（大专）　山东科技大学（挑战极限）　青岛理工大学Ⅵ队

三等奖　山东科技大学　山东科技大学（一鸣惊人队）　山东科技大学（飞扬 magic 队）

二、"迷你越野车"竞赛项目

1. 小学组

一等奖　青岛李沧区实验小学　青岛北山小学

二等奖　青岛陵县路小学　青岛寿光路小学　青岛北仲路第二小学

三等奖　青岛基隆路小学　青岛南京路小学　青岛宁夏路第二小学　青岛虎山路小学　胶州市北关育才小学

2. 初中组

一等奖　青岛第三十九中学　李沧区少年宫

二等奖　青岛第五十九中学　青岛第二十三中学　崂山区第九中学

三等奖　青岛第七中学　青岛第四十七中学　青岛第五十中学　青岛第六十一中学

3. 高中组

一等奖　青岛第二中学

二等奖　青岛第一中学　即墨市第一职业中专

三等奖　青岛第二中学分校　即墨市实验高级中学

三、"梦中之旅"竞赛项目

1. 小学组

一等奖　青岛实验小学　青岛太平路小学　开发区江山路第一小学
二等奖　青岛基隆路小学　青岛台湛路小学　青岛安国路小学
　　　　开发区薛家岛小学
三等奖　青岛八大峡小学　青岛莘县路小学　青岛寿光路小学
　　　　青岛南仲家洼小学　城阳区第二实验小学　胶州市里岔镇里岔小学

2. 初中组

一等奖　青岛实验初级中学　青岛第七中学　青岛第五十七中学
二等奖　青岛第三十九中学　青岛第四十二中学　青岛第五十三中学　城阳区第六中学
三等奖　青岛第二十四中学　青岛第四十七中学　青岛第二十三中学　平度市西关中学　开发区第三中学

3. 高中组

一等奖　青岛第二中学
二等奖　青岛第十九中学　青岛幼儿师范学校
三等奖　青岛第五十八中学　即墨市第一中学　胶州市职业教育中心

4. 大学组

一等奖　青岛幼儿师范学校（大专）

四、"太空旅行"竞赛项目

1. 幼儿组

一等奖　青岛银海幼儿园

2. 小学组

一等奖　青岛虎山路小学　城阳区实验小学

二等奖　青岛镇江路小学　青岛北仲路第一小学
三等奖　青岛莘县路小学　崂山区实验小学　即墨市董村镇第一小学

2012年青岛市第九届头脑奥林匹克竞赛获奖名单

一、"高度的选择"竞赛项目

1. 小学组

一等奖　青岛大名路小学　青岛李沧路小学

二等奖　青岛市南区实验小学　青岛南京路小学　青岛鞍山二路小学　青岛升平路小学

三等奖　青岛银海学校　青岛金门路小学　青岛朝城路小学　青岛宁夏路第二小学　青岛李沧区实验小学　青岛北山小学　平度市实验小学

2. 初中组

一等奖　青岛第二实验初级中学　青岛第六十一中学　城阳区实验中学

二等奖　青岛实验初级中学　青岛第二十四中学　青岛银海学校　青岛第四十二中学　青岛第五十三中学　青岛第六十三中学

三等奖　青岛第十六中学　青岛第三十七中学　青岛第五十七中学　青岛第四中学　青岛第六十五中学　青岛第六十四中学　胶州市第八中学　平度市西关中学

3. 高中组

一等奖　青岛第九中学

二等奖　即墨市第一中学　即墨市实验高级中学

三等奖　青岛第二中学　青岛第二中学分校　平度市第一中学

4. 大学组

一等奖　青岛幼儿师范学校(大专)

二、"迎接世园"竞赛项目

1. 小学组

一等奖　青岛李沧区科技馆　青岛李沧区实验小学

二等奖　青岛莱芜一路小学　青岛大名路小学　青岛平安路第二小学　开发区黄浦江路小学

三等奖　青岛南京路小学　青岛德县路小学　青岛陵县路小学　青岛重庆路第三小学　青岛永宁路小学　开发区香江路第二小学

2. 初中组

一等奖　青岛第三十九中学　崂山区第三中学

二等奖　青岛实验初级中学　青岛第七中学　青岛第四十七中学　青岛第二十一中学

三等奖　青岛第五十九中学　青岛大学附属中学　青岛第四十二中学　胶南市实验中学　莱西市第四中学

3. 高中组

一等奖　青岛第九中学

二等奖　青岛第二中学分校　即墨市第二职业中专

三等奖　青岛第二中学　即墨市第一中学

三、"破除迷信"竞赛项目

1. 小学组

一等奖　青岛市实验小学　青岛太平路小学　青岛普集路小学　开发区黄浦江路小学

二等奖　青岛嘉峪关学校　青岛莘县路小学　青岛定陶路小学　青岛北京路小学　崂山区西韩小学

三等奖　青岛八大峡小学　青岛朝城路小学　青岛上海支路小学　青岛李沧区第二实验小学　开发区富春江路小学　崂山区东泰小学

2. 初中组

一等奖　青岛实验初级中学　青岛第七中学

二等奖　青岛第五十七中学　青岛第四十二中学　青岛第四十四中学　青岛第六十一中学

三等奖　青岛第三十九中学　青岛第五十一中学　青岛第四十七中学　青岛第六十三中学　城阳区实验中学　莱西市第四中学

3. 高中组

一等奖　平度市第一中学

二等奖　青岛第二中学分校　即墨市第一中学

三等奖　青岛第九中学　即墨实验高级中学

4. 大学组

一等奖　青岛幼儿师范学校（大专）

四、"海底旅行"竞赛项目

1. 幼儿组

一等奖　莱西市滨河幼儿园　开发区第一幼儿园

2. 小学组

一等奖　青岛市实验小学　青岛平安路第二小学　青岛嘉定路小学　青岛人民路第二小学

二等奖　青岛镇江路小学　青岛同安路小学　城阳区实验小学　开发区黄浦江路小学

三等奖　青岛延安二路小学　青岛寿光路小学　青岛李沧区第二实验小学　开发区薛家岛小学

2013年青岛市第十届头脑奥林匹克竞赛获奖名单

一、"发现青岛"竞赛项目

1. 小学组

一等奖　青岛平安路第二小学　青岛长沙路小学　青岛安国路小学
二等奖　青岛人民路第二小学　青岛富源路小学　青岛同安路小学
　　　　开发区江山路第一小学　城阳区实验小学
三等奖　青岛基隆路小学　青岛寿光路小学　青岛顺兴路小学
　　　　崂山区西韩小学　胶州市香港路小学

2. 初中组

一等奖　青岛实验初级中学2队　青岛第五十九中学　青岛第五十中学1队
二等奖　青岛第七中学　青岛超银中学（鞍山路校区）　青岛第二十三中学　城阳区第六中学
三等奖　青岛实验初级中学1队　青岛第三十七中学　青岛第二十一中学　青岛第五十中学2队　青岛第六十五中学

3. 高中组

一等奖　青岛第二中学分校1队
二等奖　青岛第二中学分校2队　青岛第九中学　即墨实验高中

三等奖　青岛幼儿师范学校　黄岛区第五中学　城阳区第一高级中学　平度市第一中学

二、"世园游览车"竞赛项目

1. 小学组

一等奖　青岛普集路小学　青岛平安路第二小学

二等奖　青岛莱芜一路小学　青岛大名路小学　胶州市北京路小学

三等奖　青岛富源路小学　青岛虎山路小学　胶州市常州路小学　平度市南京路小学

2. 初中组

一等奖　青岛第七中学　青岛第二十一中学

二等奖　青岛第二十六中学　青岛大学附属中学　青岛第二实验初级中学　青岛第二十三中学

三等奖　青岛实验初级中学　青岛第三十七中学1队　青岛第三十七中学2队　青岛第三十九中学　青岛超银中学（广饶路校区）

3. 高中组

一等奖　青岛第二中分校2队

二等奖　青岛第二中分校1队

三等奖　城阳区第一高级中学　即墨实验高中

三、"结构的保护"竞赛项目

1. 小学组

一等奖　青岛宁夏路第二小学　青岛升平路小学　青岛虎山路小学

二等奖　青岛太平路小学　青岛福林小学　青岛银海学校　青岛鞍山二路小学　青岛北京路小学

三等奖　市南区实验小学　青岛南京路小学　青岛平安路第二小学　青岛大名路小学　崂山区西韩小学

2. 初中组

一等奖　青岛第五十一中学　青岛第六十三中学　李沧区少年宫

二等奖　青岛第二十六中学　青岛大学附属中学　青岛第五十三中学　青岛超银中学（广饶路校区）

三等奖　青岛第五中学　青岛第五十七中学　青岛第二十一中学　青岛第五十三中学　青岛第六十五中学

3. 高中组

一等奖　青岛第二中学　青岛第二中学分校 2 队

二等奖　青岛第二中学分校 1 队　即墨实验高中　即墨市第二职业中专

三等奖　青岛第一中学 1 队　青岛第九中学　青岛幼儿师范学校

四、"海洋的生命"竞赛项目

1. 幼儿组

一等奖　青岛东港幼儿园　青岛实验幼儿园

二等奖　城阳区惜福镇街道中心幼儿园

三等奖　城阳区惜福镇街道中心幼儿园

2. 小学组

一等奖　青岛天山小学　青岛平安路第二小学　青岛郑州路第二小学

二等奖　青岛文登路小学　青岛德县路小学　青岛嘉定路小学　青岛宜阳路小学　城阳区第二实验小学

三等奖　青岛包头路小学　青岛广饶路小学　青岛人民路第二小学　青岛启元学校平度市南京路小学

参考书目

[1] 陈伟新,卢晓明,姚惠祺.挑战创造力[M].上海:上海教育出版社,2007.

[2] [美]C·塞缪尔·米克卢斯,等.头脑风暴[M].刘蕾,等,译.上海:上海辞书出版社,2012.

[3] [美]C·塞缪尔·米克卢斯,等.愉快学习[M].刘蕾,等,译.上海:上海辞书出版社,2012.

[4] [美]C·塞缪尔·米克卢斯,等.挑战创造力[M].刘蕾,等,译.上海:上海辞书出版社,2012.

[5] [美]C·塞缪尔·米克卢斯,等.幽默与创造力[M].刘蕾,等,译.上海:上海辞书出版社,2012.

[6] [美]C·塞缪尔·米克卢斯,等.竞赛激发创造力[M].刘蕾,等,译.上海:上海辞书出版社,2012.

[7] [美]C·塞缪尔·米克卢斯,等.创造力和团队合作[M].刘蕾,等,译.上海:上海辞书出版社,2012.

[8] [美]C·塞缪尔·米克卢斯,等.运用你的创造力[M].刘蕾,等,译.上海:上海辞书出版社,2012.

[9] [美]C·塞缪尔·米克卢斯,等.创意互动[M].刘蕾,等,译.上海:上海辞书出版社,2012.

[10] [美]C·塞缪尔·米克卢斯,等.创新无止境[M].刘蕾,等,译.上海:上海辞书出版社,2012.

[11] [美]C·塞缪尔·米克卢斯,等.思潮澎湃[M].刘蕾,等,译.上海:上海辞书出版社,2012.